U0456976

权威·前沿·原创

皮书系列为

"十二五""十三五""十四五"时期国家重点出版物出版专项规划项目

BLUE BOOK

智 库 成 果 出 版 与 传 播 平 台

核能发展蓝皮书

BLUE BOOK OF NUCLEAR ENERGY

中国核能发展报告

（2024）

THE CHINA NUCLEAR ENERGY DEVELOPMENT REPORT

(2024)

中国核能行业协会

主　编／中核战略规划研究总院有限公司

中智科学技术评价研究中心

社会科学文献出版社

SOCIAL SCIENCES ACADEMIC PRESS (CHINA)

图书在版编目（CIP）数据

中国核能发展报告 . 2024 / 中国核能行业协会 , 中
核战略规划研究总院有限公司 , 中智科学技术评价研究中
心主编 . -- 北京 : 社会科学文献出版社 , 2024. 8.
（核能发展蓝皮书）. -- ISBN 978-7-5228-4103-8

Ⅰ . F426.23

中国国家版本馆 CIP 数据核字第 202407FV15 号

核能发展蓝皮书

中国核能发展报告（2024）

　　　　　　中国核能行业协会
主　　编 / 中核战略规划研究总院有限公司
　　　　　中智科学技术评价研究中心

出 版 人 / 冀祥德
组稿编辑 / 张建中
责任编辑 / 吕　剑
责任印制 / 王京美

出　　版 / 社会科学文献出版社·文化传媒分社（010）59367004
　　　　　地址：北京市北三环中路甲29号院华龙大厦　邮编：100029
　　　　　网址：www.ssap.com.cn
发　　行 / 社会科学文献出版社（010）59367028
印　　装 / 三河市东方印刷有限公司

规　　格 / 开　本：787mm×1092mm　1/16
　　　　　印　张：18.5　字　数：275千字
版　　次 / 2024年8月第1版　2024年8月第1次印刷
书　　号 / ISBN 978-7-5228-4103-8
定　　价 / 158.00元

读者服务电话：4008918866

编委会名单

主　　任	张廷克	中国核能行业协会副理事长兼秘书长
	白云生	中国核工业集团有限公司战略与管理咨询委员会委员
	李闽榕	中智科学技术评价研究中心理事长
首席专家	王毅韧	中国核能行业协会专家委员会特邀顾问
副　主　任	曹述栋	中国核工业集团有限公司战略与管理咨询委员会委员
	高立刚	中国广核集团有限公司总经理
	卢洪早	国家电力投资集团有限公司副总经理
	张　涛	中国华能集团有限公司副总经理
	杨　波	中国核能行业协会副秘书长
专家委员会	叶奇蓁	张华祝　赵成昆　贺　禹　徐玉明
	黄　峰	邱建刚　郝东秦　郑玉辉
编　写　组	白云生	陈　荣　王加胜　陈公全　伍　浩
	冯　瑞	唐伟宝　邹　杰　杨文伟　刘　玮
	朱　博	张　明　陈　超　陆浩然　尹向勇
	董　玲	赵　伟　张红林　闫丽蓉　高　彬
	刘　达	王娅琦　王　墨　王鹏飞　张海军
	王　峥	张　璎　王　茜　何　昉　姜　衡
	石　磊	李言瑞　崔增琪　胡　健　刘　日
	陈　诺	刘　艳　夏　磊　廖　勇　李　凯

主要编撰者简介

张廷克　高级工程师。现任中国核能行业协会副理事长兼秘书长。曾任中国华能集团公司副总经理。长期从事能源、电力行业投资与项目建设运营的管理工作。目前主要从事核能行业的发展战略、规划、管理和政策等研究。

白云生　研究员级高级工程师。现任中核集团战略与管理咨询委员会委员。曾任中核战略规划研究总院院长，主要从事核能技术及产业发展战略与规划、核工业管理政策法规、体制改革、核能经济等问题研究。

李闽榕　经济学博士。现任中智科学技术评价研究中心理事长、主任，福建师范大学兼职教授、博士生导师，中国区域经济学会副理事长，中国科学院海西研究院产业发展咨询委员会副主任。主要从事宏观经济学、区域经济竞争力、现代物流等问题研究。

王毅韧　现任中国核能行业协会专家委员会特邀顾问。曾任国家国防科技工业局副局长、国家原子能机构副主任、国家核事故应急办公室主任、国际原子能机构理事、中国核能行业协会副理事长。长期从事核行业管理、规划与政策研究等工作。

郑玉辉　研究员级高级工程师，现任中国核能行业协会专家委员会委员。曾任核工业部教育司司长、中国核工业经济研究中心主任。长期从事核工业发展战略、规划、政策、法规、经济、管理等研究工作。

陈　荣　研究员级高级工程师。现任中国核能行业协会战略研究部主任。主要从事核能行业发展战略规划与政策研究、行业发展趋势分析、核能立法研究等。

王加胜　博士，研究员。现任中国核工业集团有限公司战略与管理咨询委员会委员。主要从事战略规划、重大课题研究、综合管理等工作。

陈公全　高级工程师。现任中国广核集团有限公司战略规划部副总经理。长期致力于核能/能源产业政策、体制机制，以及企业发展战略、经营管理与改革等方面的研究。

伍　浩　正高级工程师。现任国家电力投资集团有限公司核能安全与发展部副主任。主要从事核能的发展规划、体系建设、项目开发及管理等。

冯　瑞　高级工程师。现任中国华能集团有限公司核电事业部副主任、华能核能开发有限公司副总经理。主要从事核电项目前期开发、核电工程建设及管理。

唐伟宝　教授级高级工程师。现任上海电气核电集团有限公司首席科技专家。主要从事核电设备制造的总体技术和发展规划研究，以及科技信息管理、标准化等工作。

邹　杰　教授级高级工程师。现任中国东方电气股份有限公司核能事业部副总经理、核设备设计所所长。主要从事核能装备产业项目、质量、设计、科研管理工作。

杨文伟 高级工程师。现任哈尔滨电气集团有限公司核电办公室产业协调室副经理。主要从事哈尔滨电气集团有限公司核电产业发展规划制定及执行、核电政策分析以及核电办公室内外部统筹协调管理工作。

刘 玮 高级工程师。现任中国核能行业协会战略研究部副主任。主要从事核能行业发展战略与政策研究、行业发展趋势分析等。

张 明 研究员。现任中核战略规划研究总院院长助理。主要从事战略规划、政策法规、科技创新、体制改革等问题研究。

陆浩然 研究员。现任中核战略规划研究总院规划所副所长（主持工作）。主要从事核工业战略规划、核领域政策法规等问题研究。

前　言

　　2023 年是全面贯彻落实党的二十大精神的开局之年，是实施"十四五"规划承上启下的关键之年，对于推动高质量发展和全面建设社会主义现代化强国具有特殊的意义。核能作为推动经济社会发展的重要力量，在支撑"双碳"目标实现、推动现代能源体系建设、保障能源安全的过程中发挥着越来越重要的作用。在"积极安全有序发展核电"方针的指引下，我国核能发展进入一个新的阶段。

　　发展核能成为全球共识。在国际战略格局以及全球能源结构的深度调整下，核能在应对气候变化和保障能源安全中的特殊作用受到国际社会的普遍关注和重视。传统核能国家纷纷调整能源政策推动核能复兴，更多国家开始推动新建核电项目助力本国能源转型发展。国际原子能机构、世界核协会等多个国际组织发表研究报告，都对全球核能发展前景保持积极乐观态度；美法英等 22 国在第 28 届联合国气候大会上发起了 2050 年《三倍核能宣言》；美国、俄罗斯、法国、英国等国都出台了支持本国核能发展的政策文件。随着核能复苏的步伐不断加快，世界核能将迎来蓬勃发展的新时代。

　　我国核能高质量发展呈现新常态。核能具有技术密集、资金密集等固有特点。随着科技创新的不断突破和科技自立自强水平的不断提高，核能产业发展的规模和质量不断提升，应用场景、领域、维度、空间等不断拓展，核能成为优化能源结构、保护生态环境、推动国民经济发展的重要力量，核能发展的整体效应和作用不断展现和凸显。2023 年 9 月，习近平总书记在主

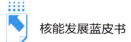

持召开新时代推动东北全面振兴座谈会上，明确强调加快发展风电、光电、核电等清洁能源，建设风光火核储一体化能源基地。2023年我国再次核准10台核电机组，海阳、秦山、红沿河等核电基地居民供暖面积持续扩大，国内首个工业用途的核能供汽工程田湾核电蒸汽供能项目顺利完成调试，核能综合利用取得新的进展。可以预见，我国核能发展将进入提质增效的新阶段，核能在构建新型电力系统、助力"双碳"目标实现等方面将发挥更重要的作用。

2024年是中华人民共和国成立75周年、我国第一颗原子弹成功爆炸60周年，我国核工业发展也即将迎来70周年，中国核能行业协会、中核战略规划研究总院有限公司、中智科学技术评价研究中心继续联合组织核能行业的企业和机构力量，连续第七年编制"核能发展蓝皮书"，力求全面、系统、客观、及时地记录我国核能行业的发展轨迹，展现我国核能行业发展的最新进展，提升我国核能产业的影响力。作为核能行业的权威出版物，本蓝皮书既有对2023年我国核能行业发展情况的记录与总结，也有对国内外核能发展趋势的解读与展望，可供政府相关主管部门、研究机构、行业相关单位、高校及关心核能产业的各界人士参考。

本蓝皮书在编制过程中，得到了国家原子能机构、国家能源局和国家核安全局等有关部门的关心和支持，得到了有关专家的指导和帮助，在此衷心表示感谢。本蓝皮书力求客观反映我国核能产业发展情况，内容仅代表第三方智库观点，不反映政府和企业立场。由于经验不足和水平有限，报告中难免存在疏忽和不当之处，恳请读者批评指正。

中国核能行业协会副理事长兼秘书长

2024年4月

摘　要

　　核能发展已成为国际社会应对气候变化和保障能源安全的重要共识。截至 2023 年 12 月底，全球在运核电机组 413 台，总装机容量 371510MWe，分布在 31 个国家。2023 年，全球有 5 台机组新并网发电，其中中国 1 台，斯洛伐克 1 台，美国 1 台，白俄罗斯 1 台，韩国 1 台；共有 5 台机组永久关闭，包括比利时 1 台，中国台湾 1 台，德国 3 台；有 5 台核电机组新开工建设，其中中国 4 台，埃及 1 台。核能凭借其能源禀赋和固有优势，成为世界各国加强气候治理、加快能源结构转型、应对国际风险挑战的战略选择，全球迎来了核能蓬勃发展的新形势。三代核电技术正在全球开展大规模商业部署，小型模块化反应堆成为未来发展的焦点，第四代核能系统和核聚变堆等先进核能技术竞相发展，核燃料市场和供需格局重塑步伐日趋加快。2023 年，国际能源署预测，全球核电装机容量预计将从 2022 年的 4.17 亿千瓦增加到 2050 年的 6.2 亿千瓦，全球核能快速发展引发国际社会普遍关注。

　　本报告全面系统地介绍了 2023 年我国核能产业发展的最新进展。在核能产业发展方面，2023 年，我国商运核电机组数量达到 55 台，额定装机容量达到 5703 万千瓦，位列全球第三。全年核电发电量 4333.71 亿千瓦时，位居全球第二，占全国累计发电量的 4.86%。截至 2023 年 12 月底，我国在建核电机组 26 台，总装机容量 3030 万千瓦，在建核电机组规模继续保持全球第一。核电设备利用小时数继续保持高位，商运核电机组运行安全情况保持全球最高水平。核能综合利用的场景不断拓展，核能在供暖、工业供热、海水淡化等非电领域的应用逐渐展开，核能助力实现"双碳"目标作用不断凸显。核能产业链供应链能力持续提升，核燃料循环产业及核电设备供应体系不断完善。一批关键设备和关键材料相继实现国产化，一批国际领先 / 先进的大型试验台架和设施建成，国家培养了一批专业技术人才。核技术应用产业高速发展，产业成熟度显著提升，核心平台、装备及材料自主化供给能力不断增强，核技术应用产业在工业、农业、医疗、环境保护、社会安全等领域的应用不断拓展，成为健康中国、美丽中国、平安中国建设的重要助力。在核能科技创新方面，2023 年，大型先进压水堆及高温气冷堆核电站科技重大专项持续推进，高温气冷堆核电站科技重大专项示范工程正式商运投产，钠冷快堆、铅铋堆、熔盐堆、小型堆、聚变堆等关键技术持续取得新突破，核燃料循环全产业链系列技术取得新进展。在核能国际合作方面，我国海外国际多边合作与双边合作成果丰硕，国际科技创新合作取得新进展，积极参与核能双边合作，在国际核电建设、天然铀、技术服务合作方面取得新成果。在核能行业管理和安全保障方面，2023 年核能行业政策法规体系建设稳步推进，核与辐射安全监管能力持续提升，行业管理有序开展，核应急管理不断完善，核安保与核材料管制进一步加强，核能行业交流更加广泛，管理体系和能力现代化水平持续提升。在核能科普宣传方面，政府层面设立核能科普专栏并积极组织指导各类科普活动；企业与学校、媒体、社会组织等深入合作，持续创新核能科普内容与形式；科协、协会、学会等积极发力，发挥科普工作主要社会力量作用。

本报告分析了核能当前发展的新形势和新挑战，并提出了若干思考建议：持续核能规模化发展，助力我国"双碳"目标实现；强化科技创新引领，保障核能可持续发展；出台相关政策支持，推动核能纳入绿色低碳政策体系；加大统筹规划力度，推动核技术应用产业高质量发展；进一步优化核能发展环境，加强涉核公众沟通和核科普。

关键词： 核能高质量发展　核电技术　核技术　先进核能　核能综合利用

目 录 ⤷

Ⅰ 总报告

Ⅱ 产业篇

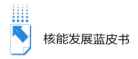
Ⅲ 专题研究篇

Ⅳ 国际篇

皮书数据库阅读**使用指南**

总 报 告

B.1
中国核能发展与展望（2024）

中国核能发展报告总报告课题组 *

摘　要： 本报告全面介绍了2023年我国核能产业发展取得的最新进展。2023年，我国商运核电机组达到55台，全年核电发电量为4333.71亿千瓦时，同比上升了3.98%，在建核电机组规模继续保持世界第一。同时，核能多用途利用场景不断拓展，核能助力实现"双碳"目标作用不断凸显。核能产业链供应链能力持续提升，天然铀生产、核燃料加工、乏燃料与放射性废物管理、核电装备制造、核技术应用等取得新进展。我国核能科技创新取得一系列新成果，"国和一号"示范工程建设持续推进，高温气冷堆示

---

*　本报告由中国核能发展报告总报告课题组编制，主要编写人员：王毅韧（首席专家）、白云生（编写组长）、郑玉辉、陈荣、王加胜、陈公全、伍浩、冯瑞、唐伟宝、邹杰、杨文伟、刘玮、朱博、张明、陈超、陆浩然、尹向勇、董玲、赵伟、张红林、闫丽蓉、高彬、刘达、王娅琦、王墨、王鹏飞、张海军、王峥、张璎、王茜、何昉、姜衡、石磊、李言瑞、崔增琪、胡健、刘日、陈诺、刘艳、夏磊、廖勇、李凯。
首席专家简介：王毅韧，中国核能行业协会（CNEA）专家委员会特邀顾问。曾任国家国防科技工业局副局长、国家原子能机构（CAEA）副主任、国家核事故应急办公室主任、国际原子能机构理事、中国核能行业协会副理事长，长期从事核行业管理、规划与政策研究等工作。

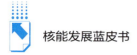

范工程已投入商运，扎实推进快堆、聚变堆技术研发。核能国际合作稳步推进，核能行业管理和安全保障各项工作取得显著成效。针对核能未来发展面临的新形势和新挑战，本报告从推动核能规模化发展、强化科技创新引领、明确核能清洁低碳属性、统筹核技术应用产业发展、优化核能发展环境等方面提出相关政策建议。

关键词： 核能产业　核能科技创新　核能国际合作　核安全　绿色低碳

一　核能产业发展取得新进展

2023 年，我国[①]商运核电机组数量位列全球第三，核电发电量位居全球第二，核电设备利用小时数继续保持高位，商运核电机组运行安全业绩良好，核能综合利用的场景不断拓展，核能助力实现"双碳"目标作用不断凸显。产业链供应链能力持续提升，核燃料循环产业及核电设备供应体系不断完善。核技术应用产业高速发展，成为健康中国、美丽中国、平安中国建设的重要助力。

（一）核电产业安全有序加快发展

2023 年，我国在运、在建机组合计达 8733 万千瓦，已居全球第二位。运行机组安全业绩保持良好，在建工程稳步有序推进，安全质量进度有效控制。

1. 商运核电机组数量位列全球第三

2023 年，我国新增商运核电机组 2 台，即防城港核电二期 3 号机组和石岛湾高温气冷堆核电站示范工程，商运核电机组数量达到 55 台，额定装机容量达到 5703 万千瓦，位列全球第三，仅次于美国、法国。1994~2023 年累计投入商运核电机组数量及装机容量见图 1[②]。

[①] 本报告中所指我国均指我国大陆地区，不包含香港、澳门和台湾地区。

[②] 如无特殊说明，本报告中所有图、表数据均来源于中国核能行业协会统计。

图1　1994~2023年我国累计商运核电机组数量及装机容量

我国投入商运的核电机组分布在沿海的8个省（自治区），从北至南依次为辽宁省、山东省、江苏省、浙江省、福建省、广东省、广西壮族自治区和海南省。2023年，我国上述各省（自治区）的商运核电机组装机容量及数量见图2。其中，广东省商运核电装机规模最大，占全国商运核电总装机容量

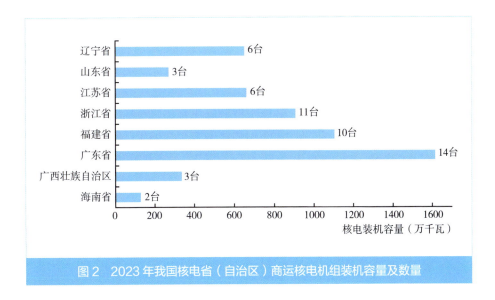

图2　2023年我国核电省（自治区）商运核电机组装机容量及数量

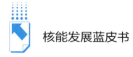

的 28.4%，福建省、浙江省分列第二、三位，上述省（自治区）的商运核电机组装机容量占全国核电总装机容量的比重情况见图 3。

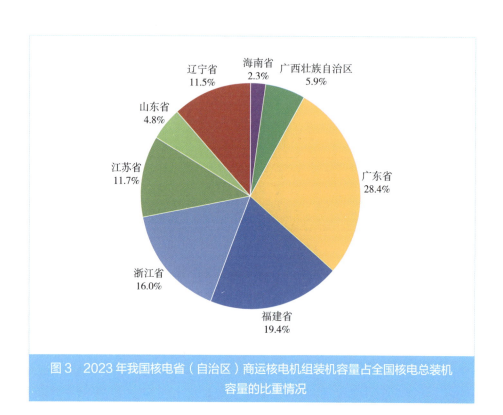

图 3　2023 年我国核电省（自治区）商运核电机组装机容量占全国核电总装机容量的比重情况

2. 核能发电量持续保持增长

2023 年，我国运行核电机组全年累计发电量为 4333.71 亿千瓦时，仅次于美国，位居全球第二，与 2022 年相比上升了 3.98%；累计上网电量为 4067.09 亿千瓦时，比 2022 年上升了 4.05%，其中市场化交易电量占上网电量的 45.2%。1994~2023 年我国核电机组历年发电量和累计发电量情况见图 4。

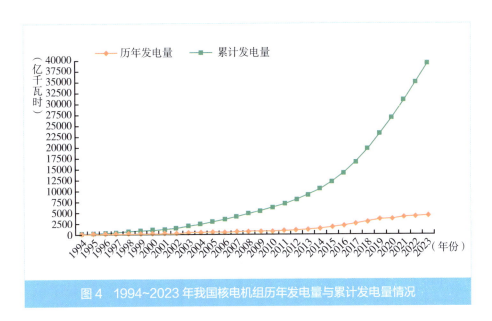

图 4　1994~2023 年我国核电机组历年发电量与累计发电量情况

2014~2023 年，我国核电发电量与上网电量均逐年提升，具体情况见图 5。

图 5　2014~2023 年我国核电发电量与上网电量

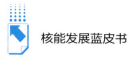

2023 年，我国核电月度发电量及累计发电量情况见图 6。2000~2023 年我国的电力结构变动情况见图 7。2023 年，我国核电发电量占全国累计发电量

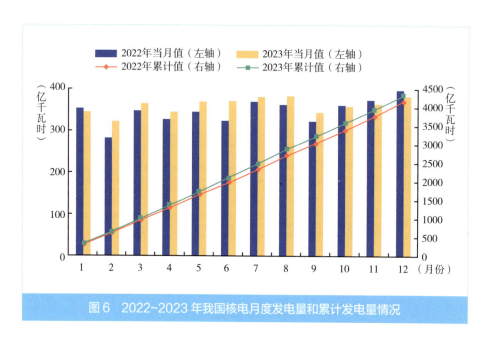

图 6　2022~2023 年我国核电月度发电量和累计发电量情况

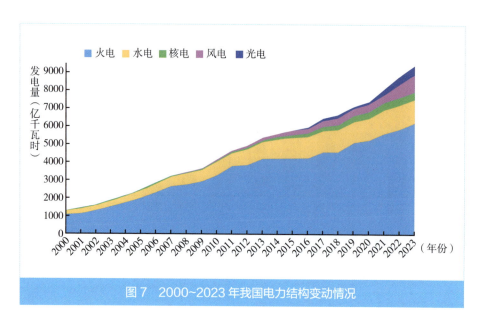

图 7　2000~2023 年我国电力结构变动情况

的 4.86%，与法国（62.5%，2022 年）、韩国（30.4%，2022 年）、美国（18.2%，2022 年）、加拿大（12.9%，2022 年）等国家以及全球平均水平（9.8%，2021 年）相比，我国核电发电量占比仍然较低，我国核电还有较大的发展空间。

2023 年，我国有核电运行的省（自治区）的核电发电量以及上网电量见图 8。其中，广东省核电发电量最大，占全国核电发电总量的 27.24%，福建省、浙江省、江苏省、辽宁省、广西壮族自治区、山东省和海南省分列第 2~8 位。上述省（自治区）的核电发电量占全国核电发电总量的比重情况见图 9。

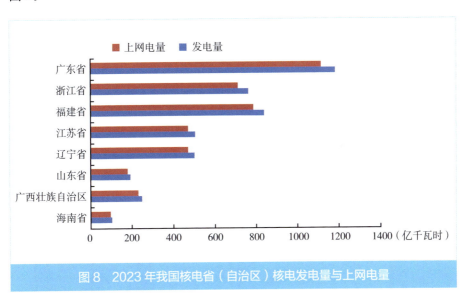

图 8　2023 年我国核电省（自治区）核电发电量与上网电量

在核电发电量占本地发电量的比重方面，福建省已经高达 27.32%，辽宁省、海南省也超过 22%，2023 年上述省（自治区）的核电发电量占对应省（自治区）总发电量的比重情况见图 10。

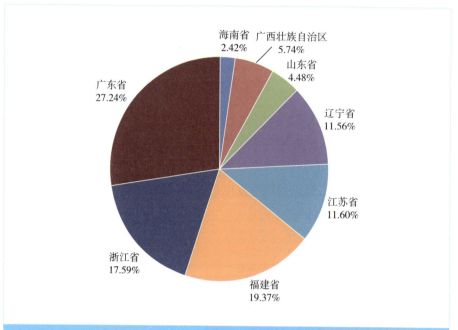

图 9　2023 年我国核电省（自治区）核电发电量在全国核电总发电量中的占比情况

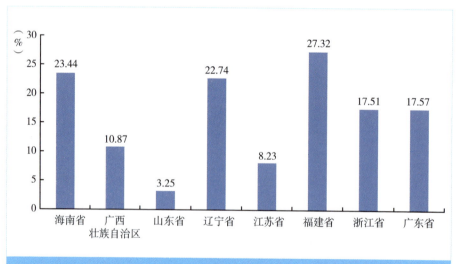

**图 10　2023 年我国核电省（自治区）核电发电量在对应省（自治区）的
总发电量中的占比情况**

3. 核电设备利用小时数保持高位

近年来我国核电设备平均利用小时数情况见图 11。2023 年，我国全年核电设备平均利用小时数为 7661.08 小时，同比上升 1.50%；机组的平均能力因子① 为 91.25%，同比下降 0.49 个百分点。

图 11　2005~2023 年我国核电设备利用小时数情况

资料来源：中国电力企业联合会，中国核能行业协会。

2023 年，全国 54 台商运机组中，秦山核电厂 1 号机组，大亚湾核电厂 1 号机组，秦山第二核电厂 1、3、4 号机组，岭澳核电厂 1、3、4 号机组，秦山第三核电厂 2 号机组，田湾核电厂 2 号机组，宁德核电厂 2、3 号机组，福清核电厂 1 号机组，阳江核电厂 1、4 号机组，方家山核电厂 1、2 号机组，三门核电厂 1 号机组，昌江核电厂 2 号机组等 19 台机组的利用小时数均高于 8000 小时，占商运机组的 34.54%。商运核电机组的平均能力因子情况见图 12。

---

① 机组能力因子即核电设备可利用率，是指一定时期内可用发电量与同一时期内额定发电量之比，用百分数表示，机组能力因子反映为在优化计划停堆活动和降低非计划能量损失方面电厂管理的综合效果。核电设备平均利用率也称为机组负荷因子，是指一定时期内机组的实际发电量与同一时期内额定发电量之比，用百分数表示，它既与核电设备可利用率［在世界核电运营者协会（WANO）指标体系中称之为"机组能力因子"］有关，又与电网对核电输出电量的消纳状况有关。

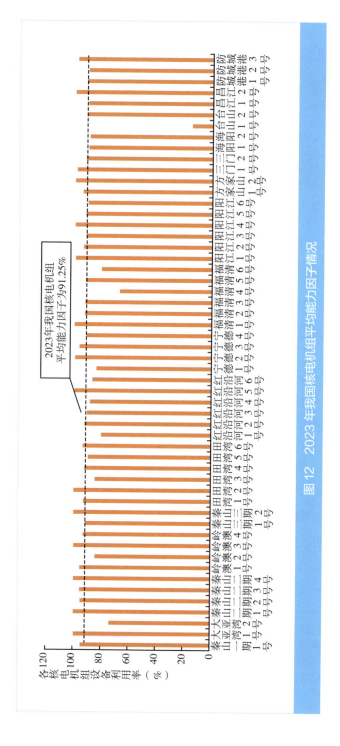

图 12 2023 年我国核电机组平均能力因子情况

4. 核电机组保持安全运行

2023 年，我国运行核电厂严格控制机组的运行风险，未发生国际核事件分级表[①]（INES）1 级及以上的运行事件；未发生一般及以上辐射事故；未发生较大及以上生产安全事故；未发生一般及以上环境事件；未发生职业病危害事故及职业性超剂量照射。

我国运行核电厂严格遵守国家环境保护法规和环境辐射监测标准以及国家核安全局批准的排放限值，对放射性流出物的排放进行了严格控制，对核电厂周围辐射环境进行了有效监测。2023 年 1~12 月放射性流出物排放统计结果表明，我国在运核电厂放射性流出物的排放量均低于国家核安全局批准限值。历月辐射环境监测数据表明，各在运核电基地外围监督性监测自动站测出的环境空气吸收剂量率在当地本底辐射水平正常范围内，未监测到因核电机组运行引起的异常。

2023 年我国满足 WANO 综合指数计算条件的 54 台机组中，有 33 台机组的 WANO 综合指数达到满分（100 分），占比 61.11%。我国核电机组的 WANO 综合指数满分比例和 WANO 综合指数平均值均高于美国、俄罗斯、法国、韩国等主要核电国家，同时优于全球机组的平均水平。

5. 核能助力实现"双碳"目标作用不断凸显

与燃煤发电相比，2023 年我国核能发电相当于减少燃烧标准煤 1.23 亿吨，[②]减少排放二氧化碳 3.23 亿吨、二氧化硫 104.89 万吨、氮氧化物 91.31 万吨。[③]1994 年至 2023 年，我国核电发电量累计达到 39322.4 亿千瓦时。相较于燃煤发电，核能发电大幅减少温室气体及大气污染物排放，相当于减少约 10.31 亿吨燃烧标准煤，约 29.64 亿吨二氧化碳排放、约 961.76 万吨二氧化硫排放、约 837.30 万吨氮氧化物排放。

---

① 国际核事件分级表把核事故共分为 7 级，其中将对安全没有影响的事故划分为 0 级，影响最大的事故评定为 7 级，1 级到 3 级被称为核事件，4 级到 7 级被称为核事故。
② 国家能源局 2023 年 12 月 20 日发布信息显示，2023 年 1~11 月我国火电供电煤耗为 303.4 克标准煤 / 千瓦时。
③ 减排计算方法来源于国家统计局网站，按照工业锅炉每燃烧 1 吨标准煤产生二氧化碳 2620 千克、二氧化硫 8.5 千克、氮氧化物 7.4 千克计算。

与此同时，核能多用途利用场景不断拓展，持续助力用能低碳转型。在核电厂供暖方面，我国海阳、秦山、红沿河核电厂供暖示范项目陆续投产，2023~2024 年供暖季供热面积达到 1320 万平方米。国家电力投资集团有限公司（简称"国家电投"）"暖核一号"三期核能供热项目实现全国首次跨地级市核能供热，"秦山核电核能供热"项目在新华网主办的 2023 碳达峰碳中和创新创造大会上获评"双碳"杰出贡献案例，取得了良好的社会效益和群众满意度。在工业供汽方面，不同类型的核反应堆设计参数范围可覆盖石化行业及加工制造业所需的各个蒸汽参数等级，江苏田湾、浙江三门核电厂核能工业供汽改造正在有序推进，中核苏能江苏徐圩核能供热项目正在开展前期工作。

6. 我国核电核准项目和开工数量保持较高水平

2023 年，我国新核准 5 个核电项目共计 10 台核电机组（见图 13），分别是福建宁德核电厂 5、6 号机组，山东石岛湾核电厂扩建一期工程 1、2 号机组，辽宁徐大堡核电厂 1、2 号机组，广东太平岭核电厂 3、4 号机组，浙江金七门核电厂 1、2 号机组。当年新开工核电机组 5 台，分别是三门核电厂 4 号机组、海阳核电厂 4 号机组、徐大堡核电厂 1 号机组、陆丰核电厂 6 号机组和廉江核电 1 号机组。2023 年我国核电核准项目、核准机组、开工机组数量均与 2022 年持平，且稳定在近五年较高水平；核电工程建设投资完成额 949 亿元，[①] 较上年增长 272 亿元，增长额创近五年最高水平（见图 14）。

7. 我国在建核电机组数量和装机容量继续保持世界第一

截至 2023 年 12 月底，我国在建核电机组 26 台，总装机容量 3030 万千瓦；在建机组数量和装机容量均继续保持世界第一（见图 15），我国在建机组装机容量占全球在建机组总装机容量的 39.63%。从各机型装机容量占比来看（见图 16），位列第一的是压水堆"华龙一号"HPR1000，共 11 台机组，装机容量占比 43.67%；后续依次为压水堆 CAP1000，共 6 台机组，装机容量占比 24.80%；压水堆 VVER-1200，共 4 台机组，装机容量占比 16.76%；压水堆"国和一号"CAP1400，共 2 台机组，装机容量占比 10.12%；其他机型

---

① 数据来源：国家能源局发布 2023 年全国电力工业统计数据。

包括压水堆"玲龙一号"ACP100（小型模块化反应堆）和钠冷快堆 CFR600，共 3 台机组，装机容量占比 4.66%。

图 13   2019~2023 年我国核电核准项目、核准机组、开工机组数量

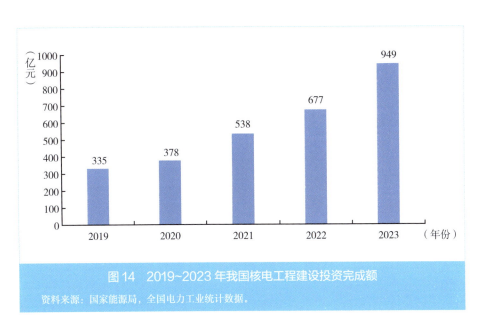

图 14   2019~2023 年我国核电工程建设投资完成额

资料来源：国家能源局，全国电力工业统计数据。

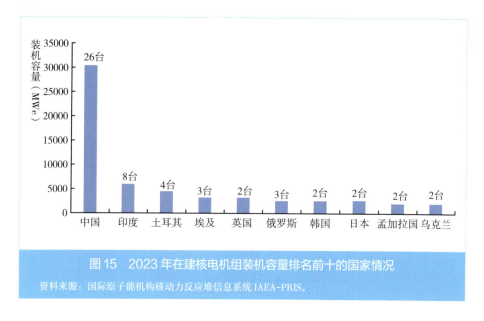

图15 2023年在建核电机组装机容量排名前十的国家情况

资料来源：国际原子能机构核动力反应堆信息系统 IAEA-PRIS。

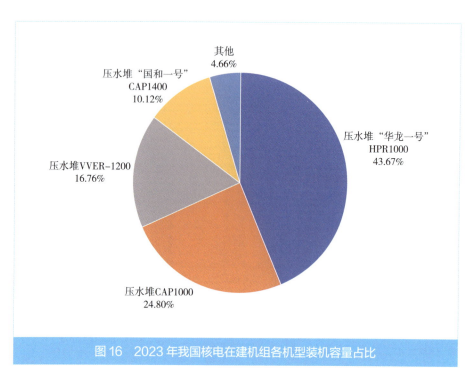

图16 2023年我国核电在建机组各机型装机容量占比

8. 在建工程安全质量进度有效控制

国内在建核电工程整体上稳步推进，项目安全、质量、技术、环境保护等方面均得到有效控制。除 2023 年新开工的 5 台核电机组外，其余核电工程主要进度如下：全球首座具有四代核电技术特征的核电站——山东石岛湾高温气冷堆核电站示范工程正式投入商业运行；广西防城港 4 号机组完成热试；"国和一号"示范工程进展顺利；福建漳州 1 号机组完成冷试，2 号机组外穹顶钢衬里吊装就位；广东太平岭 1 号机组完成冷试，首台核岛主设备反应堆压力容器就位；浙江三澳 1 号机组完成应急柴油发电机组的引入工作，2 号机组完成穹顶吊装；海南昌江 3 号机组全面转入安装阶段，220kV 辅助电源倒送电成功，4 号机组内穹顶吊装就位；江苏田湾 7 号机组全面转入安装阶段，反应堆厂房首台主泵泵壳开始引入反应堆厂房，8 号机组 500kV 倒送电安装开始；海南昌江小堆示范工程反应堆内部结构主体施工完成，常规岛除氧器顺利吊装就位；辽宁徐大堡 3 号机组反应堆压力容器吊装就位，4 号机组反应堆安全壳钢衬里模块三吊装就位；浙江三门 3 号机组反应堆压力容器吊装就位。此外，"华龙一号"示范工程福清核电 5、6 号机组荣获 2022~2023 年度国家优质工程金奖。

（二）核能产业链供应链能力持续提升

核能产业链供应链包括天然铀生产、核燃料加工、核电装备、乏燃料与放射性废物管理等在内的完整供应保障链条，对于核能产业高质量建设和可持续发展至关重要。作为核能大国，我国高度重视并不断完善核燃料循环产业及核电设备供应体系，推动相关环节技术升级和优化，不断提高核能产业供应链的整体水平、协同发展、运行效率和竞争力。

1. 铀矿找矿行动成果显著

在国家的推动和政策支持下，我国大力实施新一轮铀矿找矿突破战略行动。2023 年，我国投入 95 万米钻探工作量，开展基础性、战略性、公益性铀矿勘查工作。全年新增资源量大幅增长，达到全年钻探计划新增资源量的 2.5 倍，新发现铀矿工业孔 428 个，落实可地浸特大型铀矿床 1 处、大型铀矿床 1 处；在鄂尔多斯北部、松辽盆地南部、柴达木盆地新发现 3 个铀矿产地；在

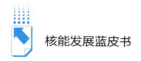

松辽盆地北部、柴达木盆地、赤峰平庄盆地等10个新地区首次发现或新层位发现较好的工业铀矿孔，圈定了一批极具前景的找矿靶区和远景区。

在大力开展铀资源勘查活动同时，持续夯实国内铀资源生产保障基础。我国首个单体千吨级铀矿建设项目——纳岭沟项目、737/739产能延续项目、巴彦乌拉二期和棉花坑三期4个产能项目获得核准批复，产能建设推进速度创纪录。钱家店Ⅳ块铀矿床地浸采铀工程实现达产达标。我国积极提升天然铀生产精细化管理水平，铀矿山生产运行稳定，自动化、数字化、智能化水平持续提升，我国在内蒙古构建了"数字原地浸出可视化高效采铀"体系，开启地浸采铀精准管控新模式。我国拓展铀资源保障来源，江西独居石综合利用项目作为目前我国单体产能最大的独居石综合利用生产线，回收铀、钍、稀土等战略性资源，目前正在积极推进生产区建设。近年来，我国通过技术创新，铀及有价金属的浸出率、回收率、资源利用率已达到同业先进水平。

2. 核燃料加工生产运行平稳

巩固铀纯化转化能力，推动生产能力稳步提升。我国已经形成万吨级铀纯化转化能力，建成"一南一北"两个生产基地。2023年，国内两个生产基地生产稳定运行，全面完成各项生产任务。为持续巩固生产保障能力，中核二七二铀业有限责任公司推进铀纯化老线安全改造，实现工艺厂房封顶；中核四〇四有限公司稳步推进老线技术改造，不断挖掘生产线潜力。持续推进科技创新，一体化铀纯化转化技术具备工程化能力。为加强生产运行创新优化管理，中核二七二铀业有限责任公司推进生产"三化"（生产管理小时化、设备运行图表化、设备检修标准化）管理创新，大幅度提升生产稳定性和生产效率。

铀浓缩生产线扩建有序推进，生产自动化水平不断提升。根据国内核电站新建节奏及国际市场需求，我国积极推动铀浓缩产能扩建，加快生产线项目建设。在运铀浓缩生产线保持生产运行稳定，为下游环节提供高质量浓缩铀产品。我国持续推动铀浓缩产业链生产数字化转型，启动专用设备智能化生产线建设，推进铀浓缩工程能源管理平台以及产品在线检测等数智化系统建设，实现铀浓缩工程耗能系统集中化控制，生产线节电效果提升明显，人员配置得到进一步优化，部分生产线劳动生产率最高可达此前的2倍。中核陕西铀浓缩有限公司获评工业和信息化部 2023 年度智能制造优秀场景、物联网赋能行业发展典型案例。

核燃料元件生产能力满足需求。我国具备了完善的核燃料元件加工能力，能够满足压水堆、重水堆、高温气冷堆等机组的核燃料元件需求，产业能力跻身世界前列（国内核燃料元件生产能力见表 1）。持续推进 CF3 自主品牌核燃料组件应用，大力推进核燃料元件加工智能化转型。中核北方核燃料元件有限公司（简称"中核北方"）推动压水堆燃料元件智能制造示范工厂建设，实施端塞焊线自动识别与测量系统等改造和开发应用，显著提升生产检测效率，并入选 2023 年工业和信息化部"智能制造示范工厂揭榜挂帅项目"；中核建中核燃料元件有限公司（简称"中核建中"）专项生产线实现运行状态数字感知和集中管控，并实现燃料棒焊缝 X 射线实时成像和外观自动化检测，生产效率显著提升。

表 1　我国核燃料元件生产能力				
组件类型		中核建中核燃料元件有限公司	中核北方核燃料元件有限公司	合计
压水堆	AFA 3G 组件（tU/a）	800	200	1000
	AP1000 组件（tU/a）	/	400	400
重水堆（tU/a）		/	200	200
高温气冷堆（万）		/	30	30

3. 乏燃料得到安全有效管理

截至 2023 年底，我国压水堆核电站累计产生乏燃料 9640tHM，相比 2022 年增加 1249tHM（见图 17），其中 8990tHM 贮存在在堆水池或核电厂厂内干式贮存设施中。

乏燃料运输能力持续巩固提升。2023 年，我国乏燃料运输体系正常运行，完成多批次公海铁乏燃料运输任务，保障核电厂安全运行；持续推进核电站海铁换装码头改造任务，扩充乏燃料运输容器等能力，满足不断增长的乏燃料运输需求；推动乏燃料运输活动审批机制的优化，促进乏燃料运输活动安全高效开展。

乏燃料贮存能力建设力度不断加大。我国建立了干式、湿式相结合的乏燃料离堆贮存能力。截至 2023 年底，形成 2500tHM 的湿式贮存能力，大约 1200tHM 干式贮存能力。其中田湾第一阶段已建成 143tHM 的干式贮存能力项目、第二阶段 388tHM 的干式贮存能力项目已开工建设（形成部分贮存能力）；大亚湾已建成 397tHM 干式贮存能力项目；秦山第一阶段已建成 368tHM 干式贮存能力项目，第二阶段 50tHM 贮存项目正在建设中。我国加快论证集中乏燃料干式贮存设施，实现乏燃料运输、处理处置体系的紧密衔接，已初步完成离堆集中贮存设施建设方案和工作方案。

乏燃料后处理能力建设稳步推进。我国按照构建核燃料闭式循环体系目标，稳步推进乏燃料后处理能力建设。2023 年，后处理重点工程相继完成里程碑节点，工程建设平稳有序，配套能力加快完善，为加快形成核燃料闭式循环体系奠定基础。

4. 低放废物处置布局初步形成

我国低水平放射性废物（简称"低放废物"）处置能力满足废物产生需求，现有低放废物处置场总体规划处置容量超过 150 万立方米，建成处置能力（设计）超过 30 万立方米，共计接收废物总量超过 8 万立方米。2023 年，我国首个岩洞型处置设施广东阳江低放固体废物处置场完成建设，新增4.5万立方米处置容量，同时推进广西防城港、辽宁徐大堡、山东海阳等低放废物处置场项目前期工作。我国低放固体废物"区域＋集中"的处置布局已初步形成。

全年按计划处置全国核电低放固体废物2300余立方米，有效保障我国核能可持续发展。其中龙和处置场作为全国核电低放废物的集中处置场，2022年11月正式投运后，已经接收并处置田湾、秦山、大亚湾、宁德等核电基地的积存废物，截至2023年底累计接收待处置废物近3000立方米。我国部分在运低放废物处置场情况见表2。

表2 我国部分在运低放废物处置场情况		
西北处置场	北龙处置场	龙和处置场
持证单位 中核清原环境技术工程有限责任公司	广东大亚湾核电环保有限公司	甘肃龙和环保科技有限公司
规划设计容量（m³） 200000	80000	1000000
已建成设计容量（m³） 120000	8800	40000
已接收废物总量（m³） 31068.65	2526.44	2989.3

注：数据截至2023年底，皆体现接收处置的水泥固化体、固定体废物情况，未包括龙和处置场接收贮存的可燃废物数据。北龙处置场接收的废物暂未实施最终处置。

5. 核电装备制造持续推进高质量发展

我国核电装备制造产业形成了每年10台/套百万千瓦级压水堆主设备的制造能力，自主三代百万千瓦级核电机组综合国产化率达到90%以上，建成了高温堆主设备产业链，建立了较为完整的原材料、主设备、辅助设备、仪控仪表产业链，生产与供应能力满足核电发展的需要。

近年来，国内核电装备制造企业始终坚持产业链的自主创新，以研发带动技术进步、以技术促进质量提升，从而形成核电装备平稳有序、协调发展的格局。

2023年，核电装备制造企业以服务国家战略为己任，持续加强进度风险管控，以年度关键节点计划、关键设备进度跟踪表等为抓手，强化项目计划的刚性约束和执行力，多措并举确保设备按期交付；在抓好在制项目设备制造的同时积极做好现场服务工作，持续加强"华龙一号""国和一号""玲龙一号"等项目工程现场服务工作组织和协调，全力保障重大工程关键节点按期实现；持续推动技术创新，加强核能装备制造科技创新能力提升，切实推进核电原创技术策源地建设。2023 年装备制造企业全面完成示范快堆主设备研制，全面开展 600MW 高温气冷堆主设备研制，全面参与多功能模块化小堆主设备科研预研。不断推进智能化、数字化水平，通过不断打造"硬核科技"和加快"数智制造"，提升核能装备制造的技术能级，支撑好各堆型技术的创新发展。与此同时，推进产业链和供应链自主可控，按计划组织推进国产化零部件的研发、鉴定和成果应用，着力解决核电设备"卡脖子"问题，推动核电装备制造高质量发展。

2023 年国内核电主设备累计交付 54 台 / 套，具体情况详见表 3 和图 18。

表 3　2023 年我国核电主设备生产情况

单位：台 / 套

堆型	设备	交付数量
"华龙一号"	压力容器	4
	蒸汽发生器	10
	堆内构件	3
	控制棒驱动机构	2
	主泵	3
	稳压器	3
	主管道	5
	汽轮机	2
	发电机	2
	凝汽器 / 低加 /MSR	3
国和系列	压力容器	2
	主泵	1
	稳压器	2
	堆芯补水箱	2
	除氧器 / 高加	1

堆型	设备	交付数量
"玲龙一号"	压力容器	1
	堆内构件	1
	稳压器	1
	凝汽器	1
钠冷快堆	堆容器	1
	堆芯支承	1
	除氧器/高加/低加	1
VVER	除氧器/高加	2
合计		54

注：以上数据根据各企业主要设备出产数据汇总，不含样机、试验件。

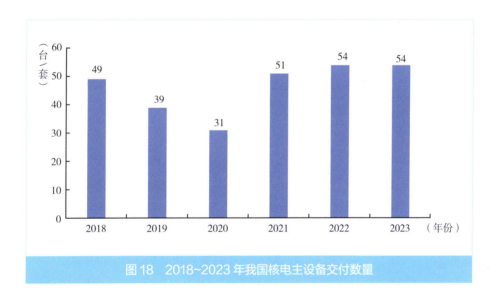

图18　2018~2023年我国核电主设备交付数量

（三）核技术应用产业进入高速发展阶段

核技术应用产业是现代高新技术产业，是典型的战略性新兴产业，涉及核技术在工业、农业、医学、环保、公共安全等多个行业领域的广泛融合应用。我国核技术应用产业近年来发展迅速，已深度嵌入国民经济领域，成为健康中国、美丽中国、平安中国建设的重要助力。

1. 同位素向自主化生产和供应方向全面迈进

放射性同位素产能建设加快构建。中国核工业集团有限公司（简称"中核集团"）、中国广核集团有限公司（简称"中广核集团"）、国家电投等单位全面布局并推动医用同位素自主化生产设施和能力的建设，力争在 2024~2025 年实现碳 -14、碘 -131、镥 -177 等市场需求较高的主要医用同位素的自主化生产与供应。中核集团秦山同位素生产基地建设项目所有子项完成封顶，商用堆辐照生产钇 -90、镥 -177、锶 -89、碘 -131 技术开发取得实质性进展；第二批碳 -14 靶件辐照生产靶件入堆，并将于 2024 年实现首批靶件出堆，全面满足国内市场需求；夹江医用放射性同位素生产基地建设稳步推进，2024 年 6 月实现试生产并具备投运条件，形成碳 -14、碘 -125、镥 -177 等 8 种国内市场急需医用同位素的稳定供应能力；夹江溶液型医用同位素生产堆取得建造许可证，正式开工建设；江西天红泳池式研究堆获得核准；由中国同辐、原子高科联合承研的国防科工局核能开发科研项目"诊疗一体化关键核素铜 -64 制备技术及相关药物研究"通过验收，标志着我国正式具备铜 -64 核素批量化市场供应能力。中广核核技术发展股份有限公司（简称"中广核技"）的（绵阳）医用同位素生产基地项目完成主体结构施工和水电暖通工程的施工，于 2024 年上半年建成投产，形成锗 -68、碘 -123 及医用锗镓发生器等批量化生产能力。国家电投重庆创新医用同位素项目通过环评，正式进入建设阶段。2023 年 5 月 19 日，中国首台商用 30MeV 回旋加速器项目在成都纽瑞特开工建设，预计于 2025 年 6 月投产，实现锗 -68、碘 -123、锕 -225 等核素的批量化生产。

稳定同位素生产实现自主化突破。中核集团安徽桐城碳 -13 气体富集项目全线贯通，关键稳定同位素国产化实现突破；国内首次分离出丰度大于99%，纯度大于 99.5% 的镱 -176 同位素，切实增强了我国医用同位素无载体镥 -177 前体材料——高丰度镱 -176 同位素的国产化制备能力，标志着我国自主研制的镱 -176 同位素达到国际先进水平；通过自主研发首次获得公斤级丰度 99% 钼 -100 同位素，标志着我国在高丰度稳定同位素研究领域达到了世界领先水平，成为世界上极少数可以批量获得钼同位素的国家。

2. 加速器技术研发与产能建设取得新突破

中核集团突破基于直线加速器的高能 X 光源变相位聚焦和高功率密度靶等技术，成功研制 S 波段小焦点 X 光源加速管，达到国际同类直线加速器先进水平；成功研制出国内首台紧凑型加速器质谱仪（AMS），为加速器质谱的高灵敏分析应用奠定了坚实基础；基于回旋加速器的中子成像技术取得重大进展，获得国内首个基于回旋加速器的中子成像照片，分辨率达 3 lp/mm。国核铀业自主研制的医用小回旋加速器——核创旋龙 16i 成功出束，国家电投首台自主质子加速器样机研制成功。中广核集团研发的我国首台大功率电子帘加速 "120keV-520mA 电子帘加速器" 通过验收。

3. 放射性药物产能建设与创新研制全面展开

中核集团华北分子靶向诊疗药品生产基地建设项目完成土建施工等工作；注射用硫化胶体药盒、锝 [^{99m}Tc] 硫化胶体注射液、镓 [^{68}Ga] 多特安肽注射液、镥 [^{177}Lu] 氧奥曲肽注射液、氟 [^{18}F] 司他明注射液等一批新研核药获国家药品监督管理局（NMPA）批准临床试验，药物创新研发迎来高峰。成都纽瑞特加速器及同位素药物产业化项目顺利奠基启动，项目建成后将形成从前端放射性核素原料到终端放射性药物生产的全产业链条，项目建设单位成为中国生产商业化核素最多的基地。东诚药业 ^{177}Lu-LNC1004 注射液、^{177}Lu-LNC1003 注射液等获批临床试验，建成投运的同位素医药中心达到 27 家。2023 年 9 月 15 日，先通医药 Aβ-PET 显像剂欧韦宁® 氟 [^{18}F] 贝他苯注射液获得 NMPA 批准上市，成为国内首个获批用于 AD 诊断的 Aβ-PET 显像剂。

4. 核医疗多款高端装备实现重要节点突破

中核集团国产化高端医疗装备开发取得突破，国产 Tomo C 装备正式自主批量生产，开创了中国自主生产新型高端双螺旋断层放疗智造设备的先河；智能钴 -60 锥束聚焦立体定向治疗系统完成产品检测，并启动临床试验；230MeV 超导质子回旋加速器及治疗端通过验收技术测试；国内首台基于强流回旋加速器的 BNCT 样机研制成功，为下一步开展 BNCT 商品机定型和临床技术研究提供了坚实保障。中科离子自主研制的 240MeV 高能医用超导回旋质子加速器成功出束；玖谊源回旋加速器及同位素药物研发生产基地正式投产，满产运行年产能可达 50~100 台，成为全球规模最大的医用回旋加速器生产基地；上海联影放射治疗计划软件、永新医疗单光子发射及 X 射线计算机断层成像系统（SPECT）获国家药品监督管理局批准上市。

5. 工业辐照应用持续拓展

辐照加工产业持续发展壮大。中广核集团多个辐照中心项目投产，国内在运辐照中心达 18 座，布局电子加速器 62 台，布局由长三角、珠三角地区逐步向华北地区拓展；试点"辐照 + 云仓"业务模式，为辐照业务客户提供全新的"辐照 + 物流"24 小时保姆级服务。上海青浦辐照中心实现地纳米加速器配置四进四出双工位，单日产能达到 2000 千米以上，远优于行业平均水平（单日 800 ~ 1000 千米），具备打造行业标杆站点的水平。中核集团积极打造电子束固化产业生态圈，实现电子束固化板材工艺和生产线打通以及电子束固化彩涂板和薄膜领域产业布局。

电子束处理特种废物应用范围不断拓展。中广核技联合清华大学自主研发的电子束处理特种废物技术在印染废水、化工园区废水、医疗废水 / 固废、制药废水、城镇生活污水等多个领域实现应用，于国内各地落地一大批应用项目。中广核技与清华大学联合研发、国内首创的"电离辐射技术处理抗生素废水及菌渣"科技成果，为无害化处理处置抗生素废水及菌渣提供了新途径，荣获"2023 年度水处理领域创新技术一等奖"，实现设备首销与交付。

6. 核安保持续助力平安中国建设

中核集团研制的薄壁能谱 CT 实时精准无感通关系统，荣获北京市科技进步奖一等奖；与清华大学共同研制的"基于碳纳米管冷阴极分布式 X 射线源的静态 CT 智能查验系统"入选"科创中国"先导技术榜，使我国成为全球第一个掌握全新 X 射线源技术的国家；安检设备和整体解决方案成功应用于海口美兰机场、三亚凤凰机场、琼海博鳌机场以及洋浦港、南港、清澜港海关等查验现场，实现了查验模式和客户体验的双革新，助力海南自贸港建设；发布小型化太赫兹人体安检仪等一批新产品，推动安检技术升级换代；车载

移动式集装箱 / 车辆检查系统、行李物品 X 光机等多款安检设备高质量保障和服务 2023 年杭州亚运会、大学生运动会等重大活动。

二　核能科技创新迈上新台阶

我国始终把核能科技创新摆在核工业发展的核心位置，持续推进新时代核能科技创新体系建设，强化核能技术研发，扎实推进"热堆—快堆—聚变堆"的核能"三步走"发展战略。2023 年，"国和一号"示范工程建设深入推进，高温气冷堆核电站科技重大专项示范工程正式商运投产，小型堆、钠冷快堆、熔盐堆、铅铋堆、聚变堆等关键技术持续取得新突破，核燃料循环全产业链系列技术取得新进展。

（一）先进核能技术实现多领域快速度发展

1. 自主三代核电技术持续升级优化

"华龙一号" HPR1000 稳步推进型谱化系列化发展。在"华龙一号"批量化建设过程中，科研团队秉承持续创新优化的理念，以不断提高"华龙一号"安全性、经济性和先进性为目标，不断加大技术研发力度，从强化和完善"华龙一号"主要的创新设计特征、提高单机组功率和机组可利用率、优化系统设计方案和配置、完善布置和土建结构设计、提高设备国产化率、提升电厂运行性能等方面着手，逐步推进"华龙一号"型号技术升级，提升核电站的综合能力。

华龙后续机型研发已完成方案设计研究，全面转入标准初步设计研究阶段，完成反应堆及一回路初步设计，建成安全系统综合试验装置，工程科研加速推进，50 余项科研成果成功用于在建和新开工机组。2023 年 12 月，核动力院顺利完成华龙后续机型安全系统冷管段小破口等首批典型工况试验，获得了重要试验数据，为华龙后续机型的原型设计及软件验证，以及安全审评提供重要的数据支撑，也标志着华龙后续机型研发进入了重要的设计验证新阶段。

中广核集团结合中广核"华龙一号"示范项目防城港 3 号机组建设及运维经验，进一步做精、做优技术方案，在工期优化、可建造性、运维便利等方面开展技术优化，通过技术改进提升"华龙一号"综合性能和竞争力。中广核集团深入推进改进方案试验验证工作，建成了整体效应试验台架等一系列重大试验台架，为技术方案验证及"华龙一号"新版本研发打下坚实基础。

2. 第四代核电技术科研持续推进

（1）高温气冷堆核电站示范工程正式投产运行

2023 年 12 月 6 日，具备第四代核电技术特征的高温气冷堆核电站——华能石岛湾高温气冷堆核电站示范工程正式投产运行。该工程围绕高温气冷堆运维及推广应用开展了包括高温气冷堆调试、运行、维修、在役检查、辐射防护、水化学及制氢、核能供热等多项研究。工程建设单位积极推进高温气冷堆关键设备国产化工作，开展了高温气冷堆关键泵阀设备攻关；研制出国内首台用于高温气冷堆冷却剂系统和主蒸汽系统的核级先导式安全阀样机；研制出核电厂用抗震雨淋阀组，核心系统和关键零部件实现全国产化；研发了球形阀瓣、锥形阀座主密封组件的截止阀和可脱离式无磨损主密封结的球阀，相关技术填补国内空白。

（2）百万千瓦级钠冷快堆核能系统工程化扎实稳步推进

我国完成堆芯概念设计评审和工程项目概念设计，中国原子能科学研究院联合中国核电工程有限公司、华东电力设计院等多家单位协同攻关，优化大功率中间热交换器、蒸汽发生器、钠管道波纹管等设备设计，简化系统设计，实现了反应堆堆功率提升近 1 倍、核岛厂房体量不增反降。

（3）铅（铋）基堆技术能力不断提升

我国建成全国首台动态铅铋环境下反应堆结构材料力学性能测试试验台架，基于台架开展了铅铋堆新研材料的拉伸、持久和疲劳性能试验，获取首批材料铅铋环境下的力学数据；自主研发了适用于铅铋堆的 NbMoTaW（铌钼钽钨）和 TaWVCr（钽钨钒铬）涂层，这类涂层在低氧含量的铅铋合金中表现出优秀的耐铅铋腐蚀特性；建立关键零部件材料在高速动态 $S-CO_2$ 环境的抗冲刷腐蚀性能测试台架，为推进铅基堆工程化应用提供有力支撑；首次建成中子辐照 IASCC 试验研究平台。

我国积极开展多种功率等级铅基快堆创新方案研究，推动突破新型宽氧控耐腐蚀合金材料等关键共性技术；围绕小微型铅冷快堆技术方案设计与优化、耐腐蚀合金材料的研制与实验、基于新型合金的关键设备与部件设计制造技术及工艺研究，开展小微型铅冷快堆非能动余热排出系统研究与系统安全分析。

（4）钍基熔盐实验堆获得国家运行许可

2023 年 6 月，位于甘肃省武威市的 2MWt 液态燃料钍基熔盐实验堆获得由国家核安全局颁发的运行许可证，由中国科学院上海应用物理研究所负责运营 10 年。

3. 小型压水堆技术取得新突破

（1）"玲龙一号" ACP100 首堆工程稳步推进

2023 年 8 月，"玲龙一号"的反应堆压力容器吊装成功；11 月初，钢制安全壳顶封头顺利吊装就位，标志着全球首个开工建造的模块式小型示范堆的关键结构封顶，全面进入内部安装高峰期，不断刷新工程建设"进度条"。

（2）NHR200-Ⅱ低温供热堆设计持续优化

中广核集团与清华大学合作，以供热小堆标准初步设计深化、经济性提升、工程验证试验为主线开展攻关。工程设计方面，两家单位完成供热小堆核岛标准初步设计，通过核能行业协会组织的专家评审，具备科研转工程应用条件；经济性提升方面，从设计、采购、建造、调试及生产准备等方面深入挖掘优化项，进一步提高了市场竞争力。

（3）国和系列小型堆型号逐步形成

国家电投基于重大专项研发成果，瞄准核能供热市场，依托型号研发平台，突出关键技术研究，形成国和系列的小型堆型号；完成一体化供热小堆型号初步设计，完成内置式控制棒驱动机构、缠绕管式换热组件等主设备研制，完成关键换热设备水化学相容性验证、水化学与结构材料和燃料包壳材料相容性研究等关键试验；围绕形成具有完全自主知识产权的紧凑式先进小型压水堆型号目标，突破多项关键技术，完成了直连结构、水室封头与主泵

泵壳一体化结构水力特性、主回路支撑设计方案优化等研究内容，为型号工作的进一步开展打下坚实基础。

4. 聚变核能技术不断取得新进展

（1）聚变大科学性装置不断突破运行纪录

2023 年 4 月，中国大科学装置"人造太阳"——世界首个全超导托卡马克东方超环（EAST）在实验中成功实现了 403 秒稳态长脉冲高约束模式等离子体运行，创造了托卡马克装置高约束模式运行新的世界纪录；8 月，"中国环流三号"（HL-3）首次实现 100 万安培等离子体电流下的高约束模式运行，再次刷新我国磁约束聚变装置运行纪录，解决了等离子体大电流高约束模式运行控制、高功率加热系统注入耦合、先进偏滤器位形控制等关键技术难题。

（2）聚变堆关键技术研究取得突破

针对偏滤器和包层第一壁等聚变堆关键堆内核心部件以及高温超导磁体技术前沿难题，我国拥有大尺寸氧化物弥散强化钨面向等离子体材料的制备技术、大尺寸原位氧化物弥散强化铜合金热沉材料的熔炼制备技术、百公斤级高纯钒合金的制备技术和各材料间的可靠高温扩散连接技术、高温超导股线与管内铠装导体制备及低温与高场测试技术等多项关键技术，实现了材料显微组织与性能综合调控、材料强度 / 韧性 / 再结晶温度的协同提升、纳米氧化物颗粒在铜基体中的原位形成与弥散分布。大尺寸氧化物弥散强化钨材料综合性能达到了同类型材料的国际领先水平，实现了低活化钢无缝薄壁与激光焊接两类方管及高性能的百米级股线和管内电缆导体（CICC）短样的研制。另外，中核集团率先突破了高温承压部件的热氦检漏技术，研制了中大型高灵敏度热氦检漏设备，其核心指标满足国际热核聚变实验堆（ITER）的高标准要求，检测灵敏度优于国内外同类装置两个数量级，达到国际领先水平。

（3）全球首项核聚变领域国际标准正式发布

由核工业西南物理研究院（简称"核西物院"）主导编制的我国首项核聚变领域国际标准《反应堆技术—核聚变反应堆—核聚变堆高温承压部件的热氦检漏方法》（标准编号为 ISO4233:2023）正式发布，它也是 ISO 发布的首项核聚变领域国际标准。

（二）持续推进核燃料循环技术创新

1. 铀矿勘查采冶技术取得新进展

绿色、智能、安全、高效的天然铀采冶技术体系逐步形成，复杂地区与深部层位铀资源高效、经济、智能化开采能力大幅提升。我国自主研发了数字综合测井等先进勘探装备，质谱仪等关键仪器实现国产化；拥有了大规模细粒级堆浸关键技术，开展百万吨级堆浸试验；打通了铀多金属矿选冶工艺流程，中试线建设加快。海水提铀试验平台建成投运，推进海水提铀等非常规铀资源开发。

2. 核电燃料组件研制稳步推进

核燃料进入自主化、系列化、型谱化的快速发展阶段，CF4 模拟组件完成制备，首次完成堆内高温高压环境运行的水力学特性试验；SAF-14 先导组件完成所有堆外试验和设计分析，先导棒正式入商用堆考验；STEP-12C 先导组件完成第一循环商用堆辐照考验，池边检查结果符合设计预期；ATF 燃料组件完成首堆循环考验。

3. 退役治理技术研发实力增强

自主研发的 TBP 热解焚烧设施投入运行；中国核电工程有限公司联合核工业西南物理研究院顺利完成等离子体高温熔融工程样机研发任务。核退役治理技术中心成立，统筹全行业科研力量，聚焦解决核退役治理重难点"卡脖子"问题。

4. 高放废物处置研发进展顺利

高放废物深地质处置地下实验室建设各项任务进展顺利，斜坡道施工已完成 3000 米，人员竖井已至 570 米。地下实验室场址地下水监测网络建成并投入运行，实现了关键部件设计加工、监测设备系统集成的自主可控。

（三）共性技术创新提升核科技整体水平

1. 加强基础研究

材料研究方面。一是研制出了适用于不同堆型需求的新型高熵合金材料，并完成了各项使役性能研究，打通了包括模拟计算、材料制备和性能评测在内的全流程高熵合金材料研发技术路线，探明了高熵合金材料抗辐照、耐腐蚀的机理，为新一代压水堆及其他特殊堆用关键部件的候选材料提供了理论指导和数据支持。二是成功解决了铅铋冷却快堆中结构材料腐蚀严重这一技术难题，在国内首次实现了耐液态铅铋腐蚀材料工业规模生产和供货，填补了国内相关领域空白，对我国铅铋冷却快堆技术发展具有重要意义。

探测器技术方面。一是成功研制出国内首个基于 DDAA（快中子慢化趋势特征差分衰减分析）技术的核材料高效主动探测系统原理样机，并达到预期全部技术指标要求，为在复杂条件下进一步开展核材料高效主动探测提供了关键技术支撑。二是成功研制国际首款核辐射探测芯片，可用于涉核领域放射工作场所、人员、环境等辐射剂量监测场景，能够实现 X/γ 和中子剂量的准确测量，相关能力达到国际先进水平。

加速器技术方面。一是成功研制出国内首台紧凑型加速器质谱仪（AMS），标志着我国在高端核分析设备研制方面取得重要进展，为加速器质谱的高灵敏分析应用奠定了坚实基础。二是国内首台基于强流回旋加速器的 BNCT 样机研制成功，为下一步开展 BNCT 商品机定型和临床技术研究提供了坚实保障，有力推动了 BNCT 装备成果转化。

工业软件方面。一是国内首次实现堆用小型化 DCS 工程应用，为未来小堆工程的实堆应用奠定技术基础，也为小堆核电源 DCS 设计提供了重要参考。二是成功研发国内首套商用级液态钠冷反应堆系统分析与安全评价软件，该软件的成功研制解决了快堆设计和安全分析关键工业软件的"卡脖子"技术难题，对我国先进钠冷反应堆研发具有重要意义。三是成功建成我国第一座重水反应堆（101 堆）退役虚拟仿真交互实验室，并投入使用，为 101 堆退役工程实施提供了重要的技术支持。

2. 推进数字化转型

DCS 龙鳍®首台/套产品达国际先进，我国自主研发的第四代核电安全生产管理系统 ASP-1 通过验收，中国核电数字化运行规程平台在福清核电 3、4 号机组和海南核电 1、2 号机组同步上线。

中核内蒙古矿业数字化地浸远程控制中心升级改造项目正式投入运行，建成国内首个地浸铀矿山智能化远程管控中心，做到"千里之外、一键采铀、一屏掌控"。

新一代核电工程精益建造平台上线运行，有效支撑核电工程建设的精益化管理，以工程建造"进度、成本、安全、质量"四大管理为主线，制定智能化核电建造系统性解决方案。

自主研发的中核集团核工业"龙吟"大模型2.0版正式亮相，是国内首个面向核工业领域的大语言模型，可以数字生产力的形式辅助现场工程师大幅提高工作效率，降低各环节人力成本，促进核工业数字化创新与高质量发展。

"核＋北斗"融合应用助力数字化转型。我国通过建设霞浦核电智慧工地等示范性强、成效显著的北斗示范应用项目，形成了可复制、高可用的北斗应用系统和产品，为进一步推动北斗系统在核能领域的规模应用奠定了坚实基础。

（四）创新人才队伍不断壮大

经过多年努力，我国已拥有从核地质勘查、铀矿采冶、铀纯化转化、铀浓缩、元件制造、反应堆设计制造到后处理的完整核能科技工业体系，打造出一支专业齐全、梯次合理、素质优良的核能全产业链人才队伍，人数已超过22万人。

2023年，中核集团首席专家、中国原子能科学研究院研究员叶国安当选中国科学院院士，中核集团首席专家、中国原子能科学研究院副总工程师胡石林当选中国工程院院士；核工业领域有24名技能人才荣获"全国技术能手"称号；生态环境部核与辐射安全中心副总工潘荣荣获第三届全国创新争先奖章。截至2022年12月，共计2855人持有核动力厂操纵人员执照，其中持有高级操纵员执照1676人，持有操纵员执照1179人。

高质量人才是发展新质生产力的核心动力。围绕未来核电新机组建设，行业各单位立足战略发展需求，遵循"企业发展，人才先行"的指导思想，深入推进人才强企战略，前瞻性制订人才培养计划，多措并举推进人才引进、培养与人才梯队建设，在重大工程建设实践中培养和凝聚一流人才。中核集团强化"大人才观"，依托领域、学科、专业建设，分类构建战略科学家及院士、领航、领军、领英、高潜、核星计划等高质量人才发展体系，人力资源管理体系标准实施相关工作成果获评第十九届军工企业管理创新一等奖。中国广核集团有限公司深入实施"红鹭计划""白鹭计划""领鹭计划"等培养计划，持续打造完善管理干部梯队建设，集团的智能化人才画像模型项目获得国务院国资委"智能监管业务模型创新大赛"人事管理与培训赛道最高等级的卓越应用奖。国家电力投资集团积极推进各类技术研究中心和科研平台建设，以研发中心、平台等为依托聚集高端人才，运用即时奖励、专项奖励、揭榜挂帅奖励、荣誉表彰奖励等多种激励方式激发人才创新活力。中国华能集团有限公司（简称"华能集团"）以核电开发、建设和运营为依托，以标准化管理为抓手，统筹推进人才"引育留用"工作，加快打造高素质核电人才队伍。中国东方电气集团有限公司（简称"东方电气"）建立科学严谨的内部选拔机制，选拔内部首席技术专家、有突出贡献优秀专家、有突出贡献高技能人才以及各类青年拔尖人才等，分阶段、分层次建立人才梯队。哈尔滨电气集团有限公司（简称"哈尔滨电气"）建立优才"快通道"，为吸引国内重点院校优秀毕业生，做好毕业生薪酬规划，签约人数逐年上涨，为公司发展提供了后续人才储备。上海电气集团股份有限公司（简称"上海电气"）通过重大项目历练、内部轮岗、培训计划、导师制度等多种内部培养方式提升和培养员工能力素质。

中国国家原子能机构加强我国核能人才的国际化培养，举办 IAEA 中国籍职员后备人才培训班、实习生合作项目推介会；启动了中国政府原子能奖学金二期项目，按计划完成年度招生工作。

三 稳步推进国际核能合作

我国核能行业积极落实国家"一带一路"倡议、核电"走出去"战略。2023 年，面对国际化、市场化新形势、新要求，核能行业始终坚持共商、共建、共治、共享，为和平利用核能事业提供中国方案，推动构建全球核能发展命运共同体。

2023 年，我国海外国际多边合作与双边合作成果丰硕，与国际原子能机构、ITER、WANO 等核能国际组织广泛交流、深入合作，国际科技创新合作取得新进展，在国际重大核能项目中贡献中国力量；积极参与核能多边合作，与俄罗斯、巴基斯坦、法国、哈萨克斯坦等国家持续深化国际合作，签署重要合约、开展国际核能论坛、推动重要核能双边合作，在核电建设、天然铀、技术服务合作方面取得新成果。

（一）国际多边合作

1. 加强与国际原子能机构（IAEA）合作交流

IAEA 总干事访华，达成多项合作成果。2023 年 5 月 22 日至 26 日，中国国家原子能机构主任会见格罗西总干事，签署了《中国国家原子能机构与国际原子能机构关于小型模块化反应堆（SMR）和核电基础设施开发领域合作实际安排》等重要协议，共同见证中国国家原子能机构、中核集团、中科院合肥物质科学研究院等与 IAEA 签署多项合作文件，内容涉及核能应对气候变化、核技术诊断治疗癌症、核数据科学与核燃料循环等多个领域。生态环境部核与辐射安全中心与 IAEA 在京签署全球首个核与辐射安全协作中心合作协议，并正式授牌。

积极参加 IAEA 重大会议活动。中国国家原子能机构代表出席在 IAEA 召开的第二次气候变化与核能作用国际大会，介绍中方关于更大发挥核能作用、应对全球气候变化的立场主张；在 IAEA 第 67 届大会全面阐述中国积极支持 IAEA 致力于维护国际和平和安全，促进和平利用核能核科技，造福广大发展中国家的立场主张。IAEA"利用电离辐射进行废水处理的质量管理"国际技术研讨会在苏州开幕，来自 IAEA 各成员国的 20 余位国际专家，基于辐照工厂质量管理的视角，对各国前沿研究成果及应用案例进行报告分享。

核科技创新合作取得丰硕成果。中国国家原子能机构与 IAEA 在海南共同主办小型模块化反应堆技术发展和应用研讨会。中国核电工程有限公司与

IAEA 签署的《小型模块化反应堆人因工程研究合同》正式生效，该项目将应用于中国首个模块化小型压水堆 ACP100 设计过程。中国原子能科学研究院（简称"原子能院"）参加中国农业科学院作物科学研究所、联合国粮农组织、IAEA 及中国国家原子能机构联合举办《亚太区域的快速诱变育种提高作物产量和质量》项目中期会议，赴串列实验室开展学术交流。国家电投核能首席科学家、"国和一号"设计师出任 IAEA 核能常设咨询组主席。

积极履行核领域国际义务。中国政府代表团圆满完成《核安全公约》缔约方第八次和第九次联合审议大会中国国家报告审议，中国履约情况获得各缔约方高度肯定。中国国家原子能机构组织有关国家级核应急技术支持中心和救援分队参加 IAEA 组织的 4 次国际公约演习；推动国家核应急响应技术支持中心、中核检修有限公司加入国际原子能应急准备与响应能力建设中心。为响应 IAEA "希望之光"倡议，在中国国家原子能机构和中国驻尼日利亚大使馆的指导下，中核集团主办首期中国—尼日利亚"肿瘤诊断和治疗"培训。

2. 在国际热核聚变实验堆计划中贡献中国力量

ITER 合作取得积极进展。ITER 托卡马克安装一号合同（TAC1）项目稳步推进，ICS3L 工作任务已全部完成。11 月 日，中国完成最后一批全球最大"人造太阳"项目磁体支撑产品，标志着 ITER 磁体支撑系统研制任务圆满收官，为 ITER 计划第一次等离子体放电的重大工程节点奠定了基础。核西物院与 ITER 总部签署协议，宣布新一代人造太阳"中国环流三号"面向全球开放。

3. 积极与 WANO 开展合作

4 月 13 日，中国核能行业协会秘书长与 WANO 签署了 CNEA 与 WANO 会员关系调整的合作谅解备忘录，CNEA 将通过 WANO 上海中心平台进一步加强合作，共同为世界核电行业的安全改进和绩效提升做出更大贡献。国家电投配合 WANO-AC 完成 IER21-4《提高电站可靠性》落实情况评估暨应急消防演习观察活动，并配合 WANO 完成同行评估（CPR）预访问活动。红沿河核电厂配合 WANO 开展了为期 5 天的运行值绩效观察（CPO）评估，标志着红沿河核电厂 2023 年 WANO 评审第一阶段圆满结束。WANO SHO（上海中心）的负责人成为 WANO 历史上首位中国籍区域中心负责人。

4. 积极参加其他重要多边合作

中国国家原子能机构和经合组织核能署举办首届中国—经合组织核能署核设施退役与放射性废物管理国际交流会。国家电投与 OECD-NEA 签订"材料完整性寿命延长（SMILE）项目"协议。

中核集团作为核能企业代表参加《联合国气候变化框架公约》第 28 次缔约方大会。

中核集团、中广核集团、国家电投、华能集团等 12 家中国企业以中国展团的形式参加第五届世界核能工业博览会，重点展示"华龙一号"等国家名片，以及核电泵阀、辐射检测新材料、配套元器件等具有国际竞争力的技术产品，多家民营企业也搭乘"大船"出海，展示自主创新取得的技术成果。

由中核集团主导提出的粒子加速器工作组（IEC /TC45/WG20）获批成立，这是第一个由我国提出并牵头成立、担任召集人的核领域国际标准工作组。中核集团主导修订的国际标准 ISO 22188:2023《放射性物质非故意转移和非法运输的监测》正式发布。

（二）国际双边合作

1. 俄罗斯

推进先进核能领域战略合作。10 月 19 日，第 5 届中俄能源商务论坛在北京开幕，国务院副总理丁薛祥、俄罗斯总统能源发展战略和生态安全委员会秘书长谢钦出席开幕式并分别宣读两国元首贺信并致辞，双方就落实两国元首的重要共识、打造更加紧密的能源合作伙伴关系达成共识。

民用核能领域合作不断深化。3 月 27 日，中俄峰会期间，ROSATOM 能源项目公司和中国国家原子能机构签署了一项在快中子反应堆和关闭核燃料循环领域长期合作的综合计划。这项综合计划涵盖一系列战略领域，包括新型原子反应堆的开发，徐大堡核电站 3 号机组建设启动仪式。中核集团与ROSATOM 能源项目公司签署《第三国核电合作备忘录》。7 月 11 日，中俄核能合作项目徐大堡核电站 3 号机组关键设备 11 日从俄罗斯南部罗斯托夫州伏

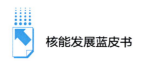

尔加顿斯克市运抵中国。8月3日，俄罗斯国家原子能集团公司（ROSATOM，简称"俄原集团"）旗下企业俄罗斯原子能建设出口公司，已将田湾核电站7号机组反应堆压力容器和其他设备运抵工地。

2. 法国

高层推动核能领域合作。4月6日，在中国国家主席习近平与法国总统马克龙的共同见证下，中核集团与法国电力集团（EDF）签署《关于"核能支持低碳发展前瞻性研究"蓝皮书谅解备忘录》，双方共同对核能领域的技术发展方向和市场发展趋势进行前瞻性研究，编制发布蓝皮书，展示两国企业应对气候变化、解决能源问题的共同立场，双方已对蓝皮书内容达成共识，基本具备出版条件。中广核集团与法国电力集团签署《关于核能领域设计与采购、运维、研发合作协议的签署声明》，深化民用核能领域合作。4月7日，中法发布联合声明，提出中法两国在政府间和平利用核能合作协定框架下，开展民用核能务实合作。6月22日，中国国务院总理李强在巴黎同法国总理博尔内共同见证中广核集团与法国原子能和替代能源委员会（CEA）共同签署《CGN-CEA核研究与技术领域合作协议修正案》，对原有合作范围进行了扩展和深化。

深入推动核能科技创新合作。中法核能科技合作40周年纪念活动在北京举行，回顾中法40年核能科技合作之路，展示中法核能科技合作成果，深入拓展进一步合作关系。第6届中法核能技术创新研讨会在巴黎成功召开，双方成功签署了增材制造二期项目和非金属材料老化项目的合作协议。法国电力集团与中国核工业建设股份有限公司（简称"中国核建"）举行核电工程建设专题交流活动，互相借鉴先进的核电建造技术与管理理念。核西物院挂牌成立法国研发中心。

3. 巴基斯坦

核电工程合作持续深化。2月2日，巴基斯坦K-3项目举办落成仪式，标志着"华龙一号"海外首个工程2台机组全面建成投产，正式交付巴方。当地时间7月14日，巴基斯坦恰希玛核电站5号机组（C-5）破土动工，成为我国自主三代核电"华龙一号"出口巴基斯坦的第3台机组。8月1日至5日，国家核安全局代表赴巴基斯坦参加第11届中巴核安全合作指导委员会会议并与巴方续签技术合作协议《关于成立中国－巴基斯坦核安全合作中心的谅解备忘录》，持续推动和落实中巴中心的后续建设和活动实施。中核集团与巴基斯坦原子能委员会共同完成 C-6 项目推进方案，完成 M-1/M-2 项目合作协议谈判，同步推进 K-4/K-5 合作。

服务巴方核电机组高效运行。K-3 机组首次换料大修工期较 K-2 机组缩短 17.1 天。C-4 机组第四次大修历时 20.6 天，创造巴基斯坦机组大修最短纪录。中核集团与巴方构建常态化沟通机制，分享人因失误预防、减少非计划停机停堆次数等 10 项经验反馈及 20 余项运维课题，协助巴方提升核电运行管理水平。

4. 哈萨克斯坦

着力拓展对哈核能领域合作。5 月 17 日至 5 月 19 日，国家主席习近平在西安同来华出席中国—中亚峰会并进行国事访问的哈萨克斯坦总统托卡耶夫会谈，两国元首签署了《中华人民共和国和哈萨克斯坦共和国联合声明》，双方商定继续深化天然铀领域合作，积极拓展风电、光伏、光热、核电等清洁能源领域合作。中核集团与哈萨克斯坦合作方共同编制中哈核能合作路线图，一体化推动核电、核燃料、天然铀合作。

5. 纳米比亚

天然铀资源合作成效突出。中核集团纳米比亚罗辛铀矿运营持续向好，2023 年全年完成产量创中核集团 2019 年收购以来的最高纪录；罗辛铀矿四期开发前期准备工作加速推进，为 2024 年全面启动采矿预剥离打下坚实基础。中广核集团纳米比亚湖山铀矿实现产品量、净利润双突破，创造历史最优水平，全年产品量、剥采总量、磨矿量均创新高。中核集团参股的纳米比亚兰格海因里希铀矿项目正在开展复产准备工作，2024 年正式复产。中核集团纳米比亚工程技术研发中心正式启动。

6. 其他国家

国家能源局局长率团访问阿联酋、沙特阿拉伯、卡塔尔，落实首届中阿、中海峰会成果，推进能源务实合作。我国核电企业参与调试启动全过程的芬兰奥尔基洛托（Olkiluoto）核电站具备商运条件，于当地时间 4 月 16 日凌晨 2 点开始正常发电。中核集团与阿根廷签署核电项目《合同生效延期协议》，确保

项目延续性。泰国首台托卡马克实验装置 TT-1 启动仪式在泰国那空那育府举行，标志着中泰合作的核聚变实验装置正式开始运行。中国核电企业进入加纳核电项目招标短名单，开展厂址踏勘。阿尔及利亚 B3 项目前期论证稳步推进。

四　核能行业管理与安全保障成效显著

2023 年是全面贯彻党的二十大精神的开局之年。习近平总书记在全国生态环境保护大会上强调，"要确保核与辐射安全。坚持理性、协调、并进的核安全观，构建严密的核安全责任体系，严格监督管理，全面提高核安全监管能力，建成同我国核事业发展相适应的现代化核安全监管体系，推动核安全高质量发展"，为我国核能行业实现高质量发展提出了新的更高要求。国务院常务会议两次讨论核电发展问题，核准 5 个核电新建项目共 10 台机组。核能行业认真落实党中央、国务院的决策部署，贯彻新发展理念，构建新发展格局，着力推进高质量发展，管理体系和能力现代化水平持续提升，核能行业管理和安全保障各项工作取得显著成效，为构建我国新型能源体系做出了新的贡献。

（一）核能行业管理推动高质量发展

作为国务院核电主管部门，国家能源局积极推进能源法立法和《核电管理条例》制定工作，积极推进核电项目建设。在确保安全的前提下，有序推动沿海核电项目核准建设，因地制宜推进核能供暖与综合利用。继续抓好核电重大专项实施管理。稳步有序推进核电数字化转型发展，印发《关于加快推进能源数字化智能化发展的若干意见》。该文件提出，推动数字技术深度应用于核电设计、制造、建设、运维等各领域、各环节，打造全面感知、智慧运行的智能核电厂，全面提升核安全、网络安全和数据安全等保障水平。加强标准化建设，通过《中国先进压水堆核电标准体系建设三年行动计划（2022—2025 年）》《2023 年度能源行业核电标准立项建议》等四项文件；正式印发《中国先进压水堆核电标准体系项目表（2023 年版）》（下称《体系项目表》），《体系项目表》共设置标准项目 1126 项，其中能源行业核电标准

973 项、相关标准 153 项。为保障核电安全、推动核电高质量发展，进一步加强核电厂操纵员培养和消防工作，召开第九届核电厂操纵人员资格审查委员会和第二届核电厂消防专家委员会第一次会议。

作为国务院核工业主管部门，国家原子能机构积极推进原子能法立法工作，经国务院常务会议讨论，决定提请全国人大常委会审议；印发《关于进一步加强核领域项目前期论证工作的通知》，推动全行业严把工作质量关，狠抓项目前期工作，力求从源头提升项目质量，以高质量工作确保项目高速推进，实现价值创造；组织编制核燃料加工企业运行绩效评估指标体系等文件，通过对企业经营管理、科技创新、生产运行及安全质量等领域开展评价，指导和推动行业高质量发展；组织发布《核燃料循环国际观察》双月刊，为行业提供权威、系统、前沿的情报咨询信息，深化社会各界对核燃料循环产业的认识；积极推动行业重点实验室重组，组织开展核领域第二批重点实验室论证，设立"铀资源探采与核遥感重点实验室"、"中子科学与技术重点实验室"以及"核退役治理技术创新中心"。

论证形成核领域科技创新平台体系建设布局思路，加大对分散重复、业务交叉的研发平台整合力度，优化核科技资源配置机制，加强核领域重点实验室、创新中心、研发中心建设，不断强化国家战略核科技力量。统筹京津冀地区涉核科技研发新增需求，力争形成一批具有国际影响力的大科学装置和研究设施，打造中国核科学研究中心。完成"十四五"第二批科研项目立项，启动 2024~2025 年指南征集。批复 2023 年度地勘总体方案，核准一批新建铀矿产能和在役铀矿改造项目，持续夯实国内铀资源保障基础；持续加强核燃料加工企业经营管理，推动核燃料循环产业数字化转型工作；启动秦山基地乏燃料干式贮存设施（第二阶段）工程建设，进一步缓解核电站乏燃料贮存压力。统筹全行业科研力量，打造高水平的核退役治理科技创新和成果转化平台。落实《医用同位素中长期发展规划（2021—2035 年）》，按照"利旧"与"建新"相结合的原则，推动建立自主可控的同位素供应保障体系；开展高性能仪器仪表关键器件、材料及电子学系统技术研究，提高自主化供应水平；推动核技术在国民经济各领域的应用。

（二）核与辐射安全监管能力持续提升

作为国务院核与辐射安全监管部门，生态环境部国家核安全局深化核安全形势分析研判，完成"十四五"核安全与放射性污染防治规划中期评估，推进《中华人民共和国放射性污染防治法》修订和核安全法规标准制修订；圆满完成国家重大活动核与辐射安保应急备勤，修订生态环境部核事故应急预案、辐射事故应急预案，指导相关核设施、省级生态环境部门开展核与辐射事故应急演习，完成第一次全国民用核设施自然灾害综合风险普查工作；加强国控大气辐射环境自动监测站运维管理，积极推动新建核设施辐射环境现场监督性监测系统建设；不断提升公众沟通工作质效，建设法规标准文件库、监管对象数据库，打造集权威信息发布、业务办理服务、提升业务能力、推进公众沟通为一体的综合性平台；多渠道推进海洋辐射监测能力建设，以高水平核安全为核事业高质量发展提供保障。

国家核安全局组织开展全面加强核电行业核安全管理专项行动。修订发布《核动力厂厂址评价安全规定》，印发《核动力厂修改的管理》等文件。强化首堆、新堆监管，开展伴随式审评和保障式监督，联合国家能源局印发《关于进一步加强在建核电厂承包商管理工作的通知》。完善并有效运转国家核安全局经验反馈体系，建立经验反馈集中分析机制。严格开展核电厂和研究堆核安全许可审批，颁发1座研究堆运行许可证、4台核电机组和1座研究堆建造许可证、10台核电机组和1座研究堆场址选择审查意见书。圆满完成《核安全公约》第八次、第九次履约现场审议工作。2023年，我国大陆地区55台运行核电机组、17座在役民用研究堆继续保持良好安全业绩，26台在建核电机组和1座在建研究堆建造质量整体受控。

国家核安全局加快核设施退役、放射性废物管理、核技术利用、铀矿冶项目验收等方面的监管法规标准建设，发布《废放射源近地表处置安全要求》《放射性废物近地表处置设施营运单位的应急准备和应急响应》等多项技术规范文件；规范网络购销放射性同位素和射线装置行为，联合中央网络安全和信息化委员会办公室（简称"网信办"）、工业和信息化部、公安部等部门印发《关于加强互联网购销放射性同位素和射线装置安全管理的通知》；持续开展核技术利用辐射安全监管信息化建设，完成国家核技术利用辐射安全监管系统部分功能升级；深入开展射线装置辐射安全监管政策调研、铀矿冶核与辐射安全隐患排查三年行动及监测数据在线填报和统计分析；严把许可关口、优化审批流程，颁发 1 个放射性固体废物处置、贮存许可证，1 个核电站废旧金属熔炼示范项目运行许可证，批准西北低中放固体废物处置场一期二阶段投入运行，颁发 2 个老旧核设施退役批准书。

（三）核应急管理不断完善

国家核事故应急办公室（简称"国家核应急办"）印发《国家核事故应急法规标准体系（2023 版）》；审查批准云南省核事故应急预案，霞浦、海阳、石岛湾、广东、田湾核电场外核事故应急预案，以及山东海阳一体化小型堆示范工程，广东陆丰核电 1、2 号机组，国家电投山东莱阳核电一期工程厂址区域核应急方案；持续做好核应急演习和培训工作，开展各级各类演习 57 次、培训 55 次；组织开展"防线—2023"联合桌面推演，以及山东荣成国和一号示范工程核电厂等场内外联合应急演习，开展"神盾—2023"中国核应急救援队综合性演习；强化核应急技术支持体系和救援体系建设，国家核应急指挥中心基本建成，实现功能间投用、基础平台建成、专网互联互通、业务系统上线试运行等；指导完成核设施及周边区域辐射现状水平航空调查工作，推进北斗卫星等先进技术在核应急领域的应用，形成国家级核应急力量优化调整方案；组织编写《全国核应急工作大事记（1986—2021）》《中国核应急管理简史》。

国家原子能机构组织出席国际原子能机构核应急与响应标准委员会，审议核应急标准草案及制修订中长期计划；签署《关于在应急准备与响应领域开展教育、培训、知识网络构建和管理及人力资源开发合作的实际安排》，推动国家核应急响应技术支持中心、中核检修有限公司加入国际原子能机构应急准备能力建设中心；组织有关国家级核应急技术支持中心和救援分队参加国际原子能机构组织的 4 次国际公约演习。

（四）核安保与核材料管制进一步加强

国家原子能机构贯彻落实"三严"要求，面向全行业印发《关于进一步加强核材料管制工作的通知》，通报一批核材料管制违规案例；与国家核安全局首次联合开展核材料许可证取证现场检查；开展专项检查，严控两会、第20届中国—东盟博览会、第19届亚洲运动会活动期间等重大核材料活动；全年完成3家单位设计基准威胁确认，11家单位实物保护系统初步设计专篇的批复，42家单位核材料取换证和许可证变更，18家单位的核材料管制例行监督检查工作，2家实物保护系统验收工作（包括"华龙一号"全球首堆）；首次综合"陆、海、空、网"全要素，成功举办"风暴—2023"核安保综合演练。

（五）核能行业交流更加广泛

中国核能行业协会组织开展了核能在绿色低碳交易体系中的政策问题等重大课题研究，为政府部门管理与决策提供了参考和支撑；成功举办中国核能可持续发展论坛2023年春季国际高峰会议、首届核能行业核应急交流大会、夏季核能公众沟通大会、秋季核电建设质量大会、核技术应用产业国际大会、第15届中国国际核电工业展览会及系列活动；牵头组织12家中国企业以中国展团的形式参加第5届法国世界核工展；组织完成2023年全国行业职业技能竞赛第3届全国核能系统首届核反应堆操纵人员、首届继电保护员、焊接人员等3项国家级职业技能竞赛；联合各核电集团面向社会公众开发的"核能云端博物馆"正式开馆；持续开展中国核能行业协会团体标准建设工作，累计已发布247项团标；常态化开展质量保证监察员、RCC-M、核安全文化评估员、核职业领导力等行业人员培训班。

中国核学会成功举办2023年全国核科普教育基地经验交流会暨核科普讲师培训班、首届椰海论坛——医用同位素自主可控论坛、第1届核工业数字孪生论坛，举办了第11届"魅力之光"杯全国核科普夏令营暨第3届全国核科普讲解大赛总决赛、第6届中国（国际）核电仪控技术大会、中国核学会青年论坛暨中国核科学与技术博士生论坛，以及第十五届"核科技、核应用、核经济（三核）"论坛开展了第九届青年人才托举工程项目评审工作。

五 面临的形势、挑战与政策建议

（一）持续促进核能规模化发展，助力我国"双碳"目标实现

近年来，核能已成为世界公认的应对全球气候变化不可或缺的能源选择。世界各国核能发展态势强劲，西方国家正积极制定相关政策和计划，重新"拥抱"核能。国际原子能机构连续三年上调了全球核电发展预测。在《联合国气候变化框架公约》第二十八次缔约方大会上，美法英等22国发起2050年《三倍核能宣言》，到2050年全球核能将突破11亿千瓦。美国能源部（DOE）发布《先进核能商业化腾飞路径》报告，计划到2050年建成2亿千瓦核电装机容量，在2030年启动先进核能的商业化部署。俄罗斯计划到2045年将建成29台新核电机组，其中12台将在2035年之前投运。同时，世界核能大国积极拓展核能的综合利用领域，例如2023年，美国五大湖区的九英里峰核电站实现了美国首个1兆瓦核能制氢示范堆的运行，每天可生产560千克氢气。

我国正全面落实"积极安全有序发展核电"的方针，连续两年每年核准建设10台核电机组。与此同时，多场景、多用途、多维度的核能综合利用正在成为我国核能当前发展的重要方向。我国首个工业用途核能供汽工程田湾蒸汽供能项目顺利完成调试，海阳、秦山、红沿河核电基地已实现向周边居民供暖，国内多个核能与石化耦合项目正有序推进。可以预见，未来，核能在构建新型电力系统、助力我国"双碳"目标实现等方面的支撑作用将进一步凸显。

当前，我国核能产业高质量发展还面临着一些问题。一是核电的装机规模与实现"双碳"目标的要求还不匹配，核电发电量仅为世界平均水平的一半，具有较大的发展空间。二是当前核电建设布局还不能满足构建新型电力

系统的要求，目前我国核电站全部布局在沿海地区，但能源供需矛盾突出的华中地区核电项目被长期搁置，西北地区大规模新能源电力外送也需要稳定的基荷电源作为支撑电源，核电建设需要由沿海地区向内陆地区拓展。三是核能综合利用尚未形成产业规模，相关配套政策有待完善，我国需要在对接市场需求、创新商业模式及制定政策引导等方面开展深入研究。

立足新时期我国能源安全发展战略，围绕"积极安全有序"核电发展方针，建议：一要坚持按照全球最高安全标准和要求，稳定保持核电核准节奏，持续核电规模化发展；二要优化核电布局，针对电力供应缺口问题突出的华中省份，尽快启动核电项目建设，打造一批"核水风光储"一体化示范项目；三要做好核能与相关行业协同发展的衔接和规划，因地制宜推进核能综合利用的规模化应用。

（二）强化科技创新引领，保障核能可持续发展

核能科技创新是世界科技发展的前沿领域，各核电大国持续保持对核能科技创新的高强度投入。美欧等国积极开展小型模块化反应堆技术研发，美、法及经合组织核能机构提出《加速模块化小堆部署促进净零排放》倡议，旨在整合全球技术、金融及政策资源，推进小堆发展。美国能源部提出一系列具有连贯性、包含多种堆型的先进反应堆资助计划；积极推进先进反应堆技术研发，涉及创新型反应堆设计、示范堆建设、高性能燃料、乏燃料后处理等多个领域；将启动高通量多用途钠冷快中子试验堆（VTR）项目。俄罗斯依托本国先进的快堆技术，积极推进闭合核燃料循环产业化发展，别洛雅尔斯克核电厂4号机组（BN-800）快堆成为全球首个全堆芯装填铀钚混合氧化物（MOX）燃料的反应堆，BREST-OD-300铅冷快堆建设工作顺利推进。受益于科学、技术和工程能力的持续提升，近年来全球掀起新一轮受控核聚变研发热潮并取得重大进展。日本和欧盟共建的JT-60SA磁约束核聚变实验装置开始运行。美国国家点火装置连续复现聚变点火试验的净能量增益，并且增益比率连续提升。美、英、日、韩等多国政府和全球核聚变企业纷纷提出研发规划，加速受控核聚变的商业化进程。

我国坚持"热堆—快堆—聚变堆""三步走"的核能发展战略，持续加大核科技创新投入力度，部署开展了一系列重大科技创新和工程建设，核科技创新能力水平大幅提升。当前，我国在三代、四代核电技术领域已跻身世界前列，高温气冷堆核电站示范工程项目投入商运，取得了钠冷快堆、多用途模块化小堆"玲龙一号"、新一代"人造太阳"等一大批重大核能科技创新成果。

面向碳中和远景目标，以压水堆为主体的热堆将是未来20年乃至更长一段时期内我国核电建设的主力堆型，但热堆发展面临着铀资源供应保障、乏燃料安全管理等方面的挑战。快堆可以提升铀资源利用率，并通过嬗变实现放射性废物最小化，但是目前我国需要解决核燃料闭式循环关键技术瓶颈等问题。我国可控核聚变研究不断取得突破，正加快向实验堆工程阶段迈进，但在实现核聚变能源应用中，仍面临一些关键科学和技术挑战，需要持续加强研发能力和相关人才储备。

为此，建议加快实施核能发展"三步走"战略，以核能科技创新引领我国核能产业可持续发展。一是加强国家顶层统筹，制定《核能"三步走"发展战略》，明确发展目标、路径和重点，推动基础研发和关键项目落地；二是通过设计优化，持续提升自主三代大型压水堆核电站和小型模块化反应堆的经济性、安全性；三是实施科技重大专项牵引，将一体化闭式循环先进快堆核能系统、中国聚变工程试验堆等纳入国家科技重大专项；四是优化基础研发条件，布局建设超高通量快中子研究堆、后处理科研设施等大型核科研基础设施。

（三）出台相关支持政策，推动将核能纳入绿色低碳政策体系

在全球气候环境变化以及能源安全危机的双重影响下，重启核能成为国际能源产业发展的新趋势，核能政策调整成为各国和地区应对挑战的理性选择。为进一步强化气候目标，欧洲议会于2022年7月正式将核能项目作为绿色投资纳入《欧盟可持续金融分类方案》；2023年欧盟又将核能纳入《净零工业法案》战略技术清单，并成立小堆产业联盟，大力推进小堆合作。法国专门立法简化了核电建设项目的行政审批程序，并取消了2015年设定的核电

发展上限。英国成立大英核能机构，立法推进能源转型，在政策文件《为英国提供电力》中，将核能视为重要基荷能源，计划大幅提升核能占比。

根据我国生态环境部环境规划院发布的《中国产品全生命周期温室气体排放系数集（2022）》，核电全生命周期二氧化碳排放当量仅约 12.2 克／千瓦时，与水电、风电和光伏等可再生能源的二氧化碳排放当量相当或更低。我国在碳达峰、碳中和"1+N"政策体系中已明确提出"积极安全有序发展核电"。2023年 9 月，习近平总书记在东北考察座谈时明确要求，加快发展风电、光电、核电等清洁能源，建设"风光火核储"一体化能源基地。2024 年 2 月，国家发展和改革委员会、国家统计局、国家能源局发布的《关于加强绿色电力证书与节能降碳政策衔接 大力促进非化石能源消费的通知》提出核电不纳入能源消耗总量和强度调控。以上政策都明确了核能在构建我国清洁低碳、安全高效现代化能源体系中的地位和作用，发展核能是我国实现"双碳"目标的现实选择。

但当前，无论是绿电市场还是全国碳排放权交易市场，核电的清洁低碳价值在相关交易政策中始终未被认可和明确，核电企业在市场竞争中面临不公平待遇。近年来，我国核电企业市场化电量比例逐年提高，目前已接近一半。未来，随着全国统一电力市场建设的加速推进以及全社会低碳消费理念的进一步深化，核电的相关问题将会给核电企业参与电力市场竞争带来更为严峻的挑战，进而影响我国核电行业的长远发展。

为此，建议国家有关部门将核能全面纳入绿色低碳政策体系。一是在"双碳"配套相关政策体系制定和完善过程中明确核电清洁低碳的属性及具有可再生能源的类似属性定位；二是尽快建立适用于核电低碳电力的证书体系，并适时与绿电证书并轨；三是推动新一代先进核能系统及小堆项目通过中国核证自愿减排量（CCER）进入我国碳市场；四是加强与 IAEA 等国际组织以及美国、法国等核电大国的合作，共同推动核能作为清洁低碳能源消费的国际互认。

（四）加大统筹规划力度，推动核技术应用产业高质量发展

近年来，核技术应用产业已成为全球大国必争的战略制高点和优先布局

发展的产业方向。发达国家产业发展商业模式成熟、市场集中度高，已形成庞大规模。根据美国核科学顾问委员会等的相关数据，美国核技术应用产业及其带动的产业年产值占国民经济总产值的 4%~5%，欧洲占比为 2%~3%，全球核技术应用产业规模超万亿美元。美国、欧洲、俄罗斯、日本等主要核技术应用产业国家正加快布局同位素生产供应体系，推动解决未来同位素短缺问题。全球放射性药物市场规模持续扩大，上市放射性药物达到 64 款，在研创新型药物研发管线达到 339 种。核医疗装备产业逐步进入智能化发展阶段，以 AI 为代表的先进技术逐步渗透到产业发展各个环节，新型 PET/CT、SPECT/CT、直线加速器等高端医疗装备产品不断涌现。

我国核技术应用产业起步较晚但发展迅速，2022 年产值近 7000 亿元（约占 GDP 的 5.7‰），预计 2025 年可达万亿元。2023 年，《医用同位素中长期发展规划（2021—2035 年）》《"十四五"医疗装备产业发展规划》等一批核技术应用产业的发展规划和支持引导政策相继出台，进一步打通了核技术研发及拓展应用的政策堵点，为产业发展注入新动能，将积极促进和带动我国经济向高质量发展。

当前，我国核技术应用产业发展面临一些问题亟待解决。一是产业顶层设计与统筹力度不够。国家层面缺乏对核技术应用产业的整体统筹与规划。二是自主创新能力有待提升。产业研发投入不足，且研发培育及成果转化周期长。重点学科建设相对滞后，前沿性重大科技创新力度不足，产业高质量发展面临挑战。三是监管体系不完善。相关行业国家标准建设相对滞后，例如放射性药物的研发、申报、评审、注册体系有待优化完善，由于涉及监管部门较多，未能形成一套全面的、相互衔接的、成熟的管理模式；对 PET/CT、医用直加等常规核医疗装备配置许可政策有待进一步放宽。

为推动我国核技术应用产业高质量发展，建议从以下几方面开展工作。一是强化我国核技术应用产业发展的顶层统筹，编制《核技术应用产业中长期发展规划》，出台更多核技术应用细分领域的发展规划类指导文件，尽快明确产业发展的重点方向和布局领域。二是进一步加强创新基础能力建设，研究设立核技术应用科研专项，建设一批突破型、平台型、一体化的核技术应

用科研机构与先进科研设施集群。三是制定出台相关支持政策，鼓励民营资本投入，不断健全完善市场机制，持续扩大产业发展规模。

（五）优化核能发展环境，加强涉核公众沟通和核科普

公众对核能发展的接受度已经成为影响核能健康发展的关键因素。在日本福岛核污染水排海、乌克兰扎波罗热核电站危机等国际与地区涉核热点事件的影响下，涉核信息传播的关联效应影响着社会大众的涉核认知。近年来，在应对全球气候变化的背景下，美、英、法、韩、日等国为了获得民众对重启发展核能的支持，都加大对国民的核科学知识宣传力度，增强社会大众对核能发展的信心，积极完善涉核公众沟通机制。

我国一直高度重视涉核公众沟通。《中华人民共和国核安全法》对核电信息公开、公众参与等进行了法律规定，我国在科普宣传、舆情回应与公众沟通等方面也建立了相应的制度规范。政府涉核管理部门提高了涉核信息的透明度，借助政府网站、环境监测数据发布平台等多渠道公开向社会通报核电机组建设及运行相关情况，逐步完善涉核舆情疏解及应对工作机制，保障了公众的知情权、参与权、监督权，推动了一批核电新项目顺利稳妥开工建设。近年来，政府主管部门、行业协会、学会及各涉核企业不断创新核科普宣传方式，努力将核科普产品多样化、趣味化、多渠道化，打造了以"魅力之光"全国核科普活动、"小荷之声"青少年核科普志愿者体验营为代表的一批全国性核科普品牌活动，我国涉核公众沟通成效进一步彰显。

习近平总书记指出，科技创新与科学普及是实现创新发展的"两翼"，两者同等重要。[①] 核能发展关乎国家安全和国民经济建设，需要在全社会营造良好的发展环境和舆论氛围。但是，当前我国的涉核公众沟通面临许多挑战。一是涉核法律法规亟须完善。目前《原子能法》尚未出台，相关涉核法律法规和标准仍需进一步完善。二是核科普力度仍需加大。国内媒体和公众"谈核色变"的现象依然存在，对核科技工业缺乏科学、全面认识的现象依然存

---

① 《为建设世界科技强国而奋斗》，人民网，2016 年 6 月 1 日，http://politics.people.com.cn/n1/2016/0601/c1024-28400027.html。

在，对涉核信息和知识缺少客观、理性辨识的现象依然存在。三是涉核舆论失真、涉核事件失控的风险依然存在。群体性的涉核"邻避"风险仍然时有发生，不仅可能会影响核能项目的审批落地，还会制约核技术在医疗健康、环境治理、农业生产等领域的应用。

为营造积极正面的社会环境，争取社会公众的更多支持，保障核能的健康、平稳发展，建议从以下几方面开展工作。一是尽快出台《原子能法》，加快完善涉核法律法规体系，做到核能发展有章可循、有法可依，增强社会公众支持度和认可度；二是加大涉核公众沟通的支持和投入力度，创新搭建核知识普及平台，综合运用大数据、人工智能等先进技术，科学精细化开展涉核公众沟通；三是规范舆情应对机制，加强涉核舆情监测与研判快速响应突发事件，发挥权威媒体作用，针对谣言及时辟谣并发布真实信息；四是推动设立"核科学日"，为我国核能科普宣传营造良好的社会环境。

参考文献

[1] 张廷克、李闽榕、白云生主编《中国核能发展报告（2023）》，社会科学文献出版社，2023。

[2] 杜静玲、赵志祥、刘文平等：《中国核技术应用发展现状与趋势》，《同位素》2018年第3期。

[3] 高树超：《确保安全前提下积极有序发展核电　助力实现碳达峰、碳中和目标——专访中国核工业集团有限公司副总经理曹述栋》，《中国核电》2021年第3期。

[4] 黄标：《辐射环境保护的现状分析与对策》，《资源节约与环保》2021年第1期。

[5] 黄润秋：《凝心聚力　稳中求进　不断开创生态环境保护新局面》，《环境保护》2022年第Z1期。

[6] 申超波：《原子能肩负促进和平与发展的崇高使命——专访国际原子能机构

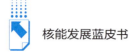

总干事格罗西》，《国防科技工业》2023 年第 6 期。

[7]《我国首台大功率电子帘加速器正式完成验收》，《辐射防护通讯》2023 年第
2 期。

[8] 习近平：《以美丽中国建设全面推进人与自然和谐共生的现代化》，《求是》
2024 年第 1 期。

[9] 赵松、许春阳、孙晓飞等：《2023 年国外核领域十大事件》，《国外核新闻》
2024 年第 2 期。

[10] 曹晨：《加强核技术应用产业创新基础能力建设》，《证券时报》2024 年 3
月 8 日，第 A05 版。

[11] 尚凯元、王林：《法国能源转型"以核为贵"》，《中国能源报》2023 年 12
月 25 日，第 11 版。

[12] 吴长锋、洪敬谱：《合肥综合性国家科学中心：全域联动加快培育新质生产
力》，《科技日报》2024 年 3 月 11 日，第 8 版。

[13] 杨俊峰：《点亮聚变的"第一盏灯"》，《人民日报（海外版）》2023 年 5 月
15 日，第 9 版。

[14] 杨阳腾：《科技锻造"硬实力"》，《经济日报》2022 年 10 月 14 日，第 11 版。

[15] 朱学蕊、刘澄谚：《全国政协委员杨长利：尽早将核电纳入绿色电力体系》，
《中国能源报》2024 年 3 月 11 日，第 6 版。

产 业 篇

B.2
先进核能技术发展报告（2024）

中国核能行业协会先进核能系统专业委员会*

摘　要： 世界核电技术基本完成了向先进的第三代核电技术的转型升级，进入第四代核电技术研发与部分堆型的工程示范验证阶段。小型模块化反应堆、第四代核能系统以及热核聚变堆已经成为世界各国先进核能技术研发焦点。2023 年我国在小堆、四代堆、聚变堆、核燃料与材料等先进核能领域研究取得了一系列新进展。

关键词： 先进核能技术　小型模块化反应堆　聚变堆　核燃料与材料

核能在缓解气候变化和实现可持续发展方面发挥着重要作用。世界核电

---

* 本报告由中国核能行业协会先进核能系统专业委员会编制，主要编写人员：赵成昆、李晓明、田佳树、李汉辰。
赵成昆，研究员级高级工程师，现任中国核能行业协会专家委员会常务副主任，曾任中国核动力研究设计院院长、国家核安全局局长，中国核能行业协会副理事长。主要研究方向为核能行业的发展规划、管理和政策研究。

技术已基本完成了向先进的第三代核电的转型升级，进入第四代核电技术研发与部分堆型的工程示范验证阶段；小型模块化反应堆、第四代核能系统以及热核聚变堆已经成为世界各国先进核能技术研发焦点。

在全球能源低碳转型大背景下，我国核能领域瞄准世界先进核能发展方向，积极参与先进核能的国际合作，不断加强技术创新，在率先完成多种先进压水堆核电站（第三代核电技术）示范工程建设运行的同时，积极开展小型模块化反应堆、第四代核电技术、核聚变反应堆技术及先进核燃料与材料技术等方面的研发和应用，具有一定的竞争优势，为我国核能安全和高质量发展奠定了坚实基础。

一　全球先进核能发展形势

在经历全球新冠疫情、地区冲突、能源危机等多重冲击的同时，人类持续面临气候变化所带来的严峻挑战。核能不仅是清洁电力的重要来源，还有助于环保、就业、促进经济发展，实现可持续发展目标。

2023 年前后，多国积极调整政策，逐步加大对核能利用的支持力度。针对先进核能领域，以国际原子能机构为代表的国际组织正在对小型模块化反应堆开发部署进行资源整合，将 Atoms4NetZero（核能促进净零排放倡议）、NHSI（核能协调与标准化倡议）等框架下的工作与小型堆的开发部署相关联，在鼓励技术创新的同时，积极推进政策监管、市场开发、应用保障等方面的协调合作。美、俄、英、法等核工业强国继续大力推动本国的核能发展规划：美国能源部 2023 年发布《先进核能商业化腾飞路径》报告，重点引导清洁能源技术商业化应用相关投资，加强本土供应链和全球竞争力，促进能源公平转型，确保其下一代清洁能源技术全球领导者地位；俄罗斯总理宣布，俄联邦政府将为新核能发展计划拨款约 1000 亿卢布（约 13 亿美元），用于建造小型反应堆、建立基于核燃料闭式循环技术的无废物能源技术平台、开拓核技术市场及研发新型核燃料；英国政府发布《英国能源安全战略》，提出未来将加速推进包括模块化小堆在内的核电建设，加强与相关国家的技术研发合作；

法国原子能和替代能源委员会将 5 亿欧元用于 5 个先进反应堆开发项目，并且已确定其中 2 个项目所采用堆型。

我国在积极开展先进核能领域国际合作的同时，国家发展和改革委员会、国家能源局早在 2022 年 1 月发布了《"十四五"现代能源体系规划》，提出将开展核能综合利用示范，积极开展模块化小堆、海上浮动堆等技术攻关，推动核能在清洁供暖、工业供热、海水淡化等领域的综合利用。近年来，我国在小堆研发、建造方面取得了长足发展。石岛湾 HTR-PM 高温堆已经建成投运，"玲龙一号"ACP100 进展顺利。

二　我国先进核能技术发展概况

2023 年，在各方大力推动下，我国在小型模块反应堆、第四代核能系统、磁约束聚变实验装置、先进核燃料与材料等先进核能技术领域取得了多个方向的实质性进展，工程项目稳步推进。

（一）小型模块化反应堆

小型模块化反应堆示范工程进展顺利。国际原子能机构发布的《小堆技术进展报告（2022）》显示，全球已有 83 种小堆设计，其中美国与俄罗斯小堆型号数量位居世界前列，我国多种小堆设计方案已被纳入 IAEA 小堆报告。2023 年，全球首个陆上商用模块化小堆——中核集团海南昌江多用途模块式小型堆科技示范工程项目先后完成反应堆压力容器与蒸汽发生器集成模块吊装就位、钢制安全壳顶封头吊装就位、关键结构封顶等重要节点，目前项目全面进入内部安装高峰期。

积极参与 IAEA 小型模块化反应堆通用用户要求文件开发。2022 年 IAEA 面向成员国发起"核协调与标准化倡议"，并召集多国共同开发小型模块化反应堆通用用户要求文件。中方承接并于 2023 年提交了由中方主导的 7 项顶层政策，并对其余 13 项顶层政策提出意见建议。

举办小型模块化反应堆技术发展和应用跨地区研讨会。2023 年 9 月，由

国际原子能机构与中国国家原子能机构共同主办的小型模块化反应堆技术发展和应用跨地区研讨会在海南召开。会议旨在促进全球小型模块化反应堆技术的应用推广、推动成员国加快小堆部署，加强监管流程的协同、小堆设计和建设的标准化，建设供应链体系。

（二）第四代核能技术

高温气冷堆核电站示范工程投入商业运行。2023 年 12 月，国家科技重大专项——高温气冷堆核电站示范工程成功投入商运。山东荣成石岛湾高温气冷堆核电站示范工程于 2012 年 12 月开工，由华能集团牵头，联合清华大学、中核集团共同建设，2021 年 12 月首次实现并网发电，2023 年投入商业运行，标志着我国完成了高温气冷堆从实验室技术向产业化转移，整体上处于世界领先水平。高温气冷堆核电站具有固有安全性高、热电转换效率高、可防止核扩散等突出优势，在发电、热电联产及高温供热等领域商业化应用前景广阔。

2023 年 2 月，中国原子能科学研究院与霞浦核电公司签订百万千瓦快堆（CFR1000）工程概念设计服务协议，5 月完成堆芯概念设计，7 月 19 日双方签订概念设计服务合同。百万千瓦快堆是中核集团核燃料闭式循环发展战略中的重要环节，与压水堆乏燃料处理设施匹配建设，堆芯使用 MOX 乏燃料，为一体化快堆燃料再生设施提供 MOX 乏燃料作为启动燃料，进而实现压水堆乏燃料中的工业钚向快堆燃料循环的转移。拟建成的 8~10 座百万千瓦 MOX 快堆将发挥压水堆和一体化快堆衔接的纽带作用。

钍基熔盐实验堆取得阶段性进展。2 MWt 液态燃料钍基熔盐实验堆（TMSR-LF1）是中科院首批战略性先导科技专项的实施项目，其目标是建成我国首个功率运行的钍基熔盐实验堆。该实验堆出口温度为 650℃，采用一体式模块化的设计理念。项目已相继完成了厂址选取与环评以及相应的设计工作并通过系列评审，2019 年 3 月浇筑了第一罐混凝土（FCD），2023 年 6 月生态环境部批复了 2MWt 液态燃料钍基熔盐实验堆环境影响报告书（运行阶段）。该实验堆 2023 年 10 月 11 日首次达到临界状态，11 月 14 日提升功率至 40% 运行。

（三）聚变堆技术

磁约束聚变实验装置取得多方面研究进展。继"中国环流三号"（HL-3）实现首次放电 Ip>100kA, t>100ms 后，2023 年 3 月 HL-3 首次实现偏滤器位形，4 月实现了雪花偏滤器位形，8 月 HL-3 装置实现 1MA 偏滤器运行。随后 HL-3 实现了 1MA 高约束运行模式（H 模），再次刷新我国磁约束聚变装置运行纪录。

作为世界上第一个超导托卡马克，EAST 于 2007 年正式投入运行。2023 年 4 月，中国"人造太阳"EAST 成功实现 403 秒稳态高约束运行模式（H-mode）等离子体，这是继 2017 年实现 101 秒稳态 H-mode 等离子体后，再创 H-mode 运行最长时间纪录。

洪荒 70 高温超导托卡马克装置于 2023 年 8 月正式启动总体安装，2024 年 3 月总体安装完工。SUNIST-2 于 2023 年 7 月进行了首轮运行，获得 100 千安培等离子体电流。2023 年 11 月星环聚能和清华大学团队在 SUNIST-2 球形托卡马克上成功实现双环等离子体和磁重联加热，初步观察到显著的等离子体加热效果。

作为先进磁约束聚变位形探索研究的重要平台，反场箍缩磁约束聚变实验装置 KTX 于 2015 年 11 月正式运行放电。2021 年 6 月自主设计建造完成的国内首台紧凑环注入装备，成功实现对磁约束等离子体装置进行燃料注入，显著提升了等离子体密度。2023 年 3 月，主体真空室组件顺利合龙，大型反场箍缩磁约束聚变实验装置 KTX 各系统的部件研制建造工作全面完成，进入装置最后整体安装调试阶段。

除了以上核聚变实验装置领域取得的研究成果外，近年来，我国以国际实践和国内裂变领域核安全以及核工程的相关实践经验为参考和依据，逐步摸索和开展了适用于聚变堆的核安全体系和工程设计相关研究工作。此外，我国同步推进的还有聚变堆辅助系统、辅助加热、诊断、加料、遥操作及智能控制等多项分支技术的研究，并聚焦聚变堆商业化应用所涉及的材料研发，以应对当前材料限制所带来的挑战。

（四）先进核燃料与材料

商用压水堆燃料研发取得重要进展。2023 年 6 月，中核集团 CF3 燃料组件实现同类机组出口项目的应用。在 Cr 涂层包壳方面，中核集团自 2016 年启动研究，先后通过 400mm 长小管涂层制备工艺研究、Cr 涂层包壳小样品研究堆辐照、1.4m 长 Cr 涂层包壳工艺研究等一系列研究工作，掌握了涂层制备关键技术。2023 年 5 月，中核集团完成 Cr 涂层特征化组件池边检查，CF3 燃料组件经历第一循环辐照后，组件性能良好。

2023 年 4 月，国家电投 4 组共装载 32 根 SZA 新锆合金先导棒的燃料组件在海阳 1 号机组随堆启动辐照考验。国家电投前期系统性开展了《压水堆核动力厂核燃料组件审评指南》规定的 20 余项堆外性能测试，并于 2023 年 4 月在俄罗斯 MIR 试验堆完成小组件辐照考验及辐照后无损检查，结果符合设计预期。

2019 年 1 月，中国广核集团自主研发设计的 S2F PI-A 型事故容错燃料小棒顺利载入研究堆开始辐照试验。2023 年 9 月，S2F PI-A 型先导棒组件完成入堆考验，此次入堆考验共涉及 2 个 PI-A 型先导棒组件，每个组件装载 8 根对称布置的铬涂层锆合金先导燃料棒。

三 总结及建议

近年来，全球能源结构正在向绿色、清洁、低碳转型，我国在先进核能技术开发方面取得了长足进步，自主创新的第三代核电技术已经建成发电，并逐步走向国际市场；多功能小型模块化反应堆技术开发和示范工程正在积极推进中，第四代核能技术、聚变堆技术多路线探索，创新发展势头良好。巨大的市场潜力、较为完备的核科技体系以及强大的装备制造能力是确保我国下一阶段先进核能领域持续创新发展的先决条件。同时，在技术和产品竞争力方面，我国与发达国家还有一定差距，机遇与挑战并存。

为确保我国先进核能技术长期健康发展，本报告对我国未来先进核能系统发展提出以下建议：

（1）技术开发、政策监管、供应链配套、市场推广等方面的协同发展对开发下一代先进核能系统至关重要，在此过程中需要重视用户要求文件的指导意义和标准化体系的促进作用；

（2）政府、监管机构、供应商与运营方等需共同努力，形成一套适合我国先进堆型发展的法规和标准体系，发展制造业与供应链，协调公共关系；

（3）探索核能综合利用场景与需求，开展核能与其他清洁能源的耦合，构建清洁低碳的综合能源系统；

（4）建立有效的创新机制，加大研发投入，用于小堆燃料材料研制、AI等先进技术在先进核能领域中的应用研究，全面推动先进核能系统实现技术突破。

参考文献

[1] 孟雨晨、伍浩松:《为实现碳减排目标　美需要尽快启动先进核能商业化部署》,《国外核新闻》2023 年第 5 期。

[2] 罗曼:《全球核能发展动向及启示（2023）》，中能传媒研究院，2023 年。

[3] *Advances in Small Modular Reactor Technology Developments*（2022 Edition），IAEA，2022.

B.3
中国核电运行综合分析报告（2024）

中国核能行业协会核电运行技术委员会[*]

摘　要： 2023 年，中国大陆运行核电机组继续保持安全、稳定运行，主要业绩指标表现保持世界前列。同时，核能综合利用产业进入多地实践、多场景应用的加速期。各核电厂持续深入研究影响安全稳定运行的重要问题，并在业绩提升和管理改进等方面积极采取多项措施，取得了良好成效。未来，核电行业将继续凝聚行业力量，加强技术与管理研究，不断提高应对挑战的能力，共同保障机组安全稳定运行。

关键词： 核电机组现状　核电运行事件　核电运行管理

一　我国运行核电现状

截至 2023 年 12 月底，我国商运核电机组共 55 台，总装机容量约为 5703 万千瓦，总运行堆年 577.37 堆年，运行机组数量及装机容量均列世界第三位。2023 年，我国[①]运行核电机组继续保持安全、稳定运行，主要业绩指

---

* 本报告由中国核能行业协会核电运行技术委员会编制，贺禹担任首席专家兼编审组组长，主要审查人员：顾健、黄小桁、吕华权、王君栋、邓毅、李洋、梁军、王辉、徐小照、杨东升、周胜文，主要编写人员：黄鸿、王艳、刘莉、周青云、蔡欢星。
贺禹，中国核能行业协会核电运行技术委员会主任委员，享受国务院政府特殊津贴。曾任中国广核集团有限公司党委书记、董事长，第十一届世界核电运营者协会双年会总裁、第八十五届世界核电运营者协会理事会理事，长期从事核电企业管理、核技术创新应用与发展等相关工作。
① 本报告中，中国核电机组相关数据仅为中国大陆数据，不包含中国台湾数据，数据来源为中国核能行业协会核电营运信息网（CINNO）。中国大陆核电机组数据暂不统计霞浦核电厂 1、2 号机组及中核山东核电项目数据。

标表现保持世界前列。各核电厂严格控制机组的运行风险，未发生国际核事件分级表1级及以上事件。此外，核电厂人员的个人剂量和集体剂量均保持较低水平，放射性流出物排放量低于国家核安全局批准限值，未发生影响环境与公众健康的事件。

核电是对环境影响极小的清洁能源，核燃料"燃烧"过程中不排放二氧化碳（CO_2）、二氧化硫（SO_2）、颗粒物（PM）等大气污染物，电厂流出物中的放射性物质对周围居民的辐射照射一般远低于当地的自然本底水平。一座百万千瓦电功率的核电厂与燃煤电厂相比，每年可以减少二氧化碳排放600多万吨，核电是减排效应最大的能源之一。2023年，我国核电总发电量4333.71亿千瓦时，与燃煤发电相比，核能发电相当于减少燃烧标准煤1.23亿吨，减少排放二氧化碳3.23亿吨、二氧化硫104.89万吨、氮氧化物91.31万吨。[①] 2023年我国各省（自治区）核电机组发电相对燃煤发电减排情况见表1。

省（自治区）	标准煤	二氧化碳	二氧化硫	氮氧化物
广东省	3381.67	8859.97	28.74	25.02
福建省	2391.98	6266.98	20.33	17.70
浙江省	2163.70	5668.89	18.39	16.01
江苏省	1423.13	3728.60	12.10	10.53
辽宁省	1428.26	3742.03	12.14	10.57
山东省	549.34	1439.26	4.67	4.07
广西壮族自治区	705.44	1848.24	6.00	5.22
海南省	296.00	775.51	2.52	2.19
总计	12339.52	32329.48	104.89	91.31

表1　2023年我国各省（自治区）核电机组发电相对燃煤发电减排情况
单位：万吨

① 国家能源局2023年12月20日发布信息显示，2023年1~11月我国火电供电煤耗为303.4克标准煤/千瓦时。减排计算方法来源于国家统计局网站，按照工业锅炉每燃烧1吨标准煤产生二氧化碳2620千克、二氧化硫8.5千克、氮氧化物7.4千克计算。

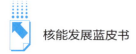

除了实现清洁供电，2023年，我国海阳核电核能供热三期项目实现跨地级市供热，田湾核电蒸汽供能项目开启调试。核能综合利用是国家核能政策的重要鼓励方向。《2030年前碳达峰行动方案》和《"十四五"现代能源体系规划》均提出，推动核能在清洁供暖、工业供热、海水淡化等领域的综合利用。《"十四五"能源领域科技创新规划》提出，要开展核能供热（冷）方案优化及安全设计原则、核能海水淡化低温闪蒸等核心设备以及核能制氢工艺方案等关键技术研究。《石化化工重点行业严格能效约束推动节能降碳行动方案（2021—2025年）》提出，鼓励石化基地或大型园区开展核电供热、供电示范应用，使发展核能与石化耦合产业成为可能。

二　我国运行核电机组性能指标

运行核电机组性能指标是目前国际上普遍采用的评价核电厂商业运行机组业绩的方法之一。本部分通过分析我国运行核电机组生产指标（发电量、上网电量、设备利用小时数、机组能力因子）以及世界核电营运者协会业绩指标对我国运行核电机组的总体业绩及趋势变化进行比较与分析。

（一）我国运行核电机组生产指标

2023年，我国55台运行核电机组装机容量占全国发电装机容量的1.95%，总发电量4333.73亿千瓦时（其中中国核工业集团有限公司25台机组总发电量为1864.78亿千瓦时，中国广核集团有限公司27台机组总发电量为2274.88亿千瓦时，国家电力投资集团有限公司2台机组总发电量为192.91亿千瓦时，中国华能集团有限公司1台机组总发电量为1.16亿千瓦时），占全国发电量的4.86%，同比上涨3.98%；全年上网电量4067.09亿千瓦时，同比上涨4.05%。

2023年，全国核电机组平均设备利用小时数7661.08小时，比2022年增加 113.38 小时，同比上涨约 1.50%；平均机组能力因子为 91.25%，比 2022 年减少 0.42 个百分点，同比下降 0.46%[①]。

截至 2023 年 12 月 31 日，全国发电装机容量统计分布情况见图 1，全国发电量统计分布情况见图 2，2014 年至 2023 年我国核电运行机组发电量和上网电量见图 3，2023 年我国运行核电机组电力生产情况见表 2。

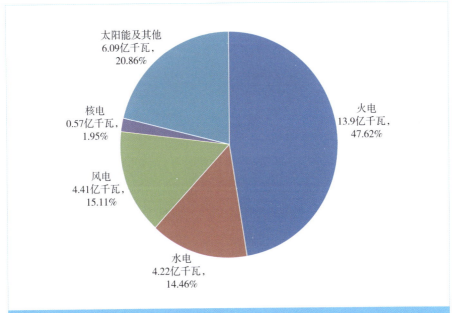

图 1　2023 年全国发电装机容量统计分布情况

注：核电装机容量数据来源于中国核能行业协会核电营运信息网（CINNO）；其他数据来源于《2023年 1~12 月全国电力工业统计数据》，国家能源局网站 2024 年 1 月 18 日发布。

[①] 台山核电厂 1 号机组受燃料破损事件的持续影响，2023 年临界小时数较低，导致机组设备利用小时数和机组能力因子低，对全国核电设备利用小时数和平均机组能力因子影响较大。

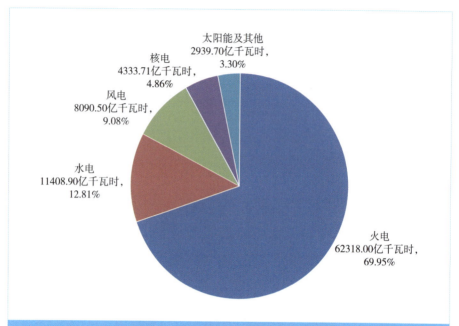

图2　2023年全国发电量统计分布

注：核电发电量数据来源于中国核能行业协会核电营运信息网；其他数据来源于国家统计局网站，统计范围为规模以上工业法人单位。

图3　2014年至2023年我国核电运行机组发电量和上网电量

核电厂 / 机组		装机容量（MWe）	发电量（亿千瓦时）	上网电量（亿千瓦时）	核电设备利用小时数（小时）	机组能力因子（%）
秦山核电厂	1号机组	350	28.52	26.60	8147.38	94.68
大亚湾核电厂	1号机组	984	86.95	83.07	8836.80	99.64
	2号机组	984	64.59	61.82	6563.92	74.24
秦山第二核电厂	1号机组	670	58.17	54.61	8682.09	99.97
	2号机组	670	53.57	50.27	7995.75	94.99
	3号机组	670	55.18	51.84	8236.48	95.56
	4号机组	670	57.79	54.20	8624.68	99.96
岭澳核电厂	1号机组	990	82.43	78.99	8325.79	95.53
	2号机组	990	72.75	69.68	7348.37	84.56
	3号机组	1086	94.07	88.58	8662.06	99.99
	4号机组	1086	87.72	82.61	8077.35	93.15
秦山第三核电厂	1号机组	728	57.27	52.91	7867.10	91.74
	2号机组	728	62.26	57.37	8551.70	100.00
田湾核电厂	1号机组	1060	84.30	78.65	7952.50	93.18
	2号机组	1060	86.03	80.15	8115.63	100.00
	3号机组	1126	75.43	70.14	6698.69	84.98
	4号机组	1126	82.58	76.30	7333.71	92.35
	5号机组	1118	85.70	80.38	7665.46	89.98
	6号机组	1118	88.73	83.44	7936.40	93.70
红沿河核电厂	1号机组	1118.79	75.37	70.84	6736.48	80.53
	2号机组	1118.79	86.49	81.43	7730.37	92.47
	3号机组	1118.79	85.39	80.26	7632.14	90.83
	4号机组	1118.79	82.53	77.72	7376.97	88.80
	5号机组	1118.79	89.02	83.48	7956.63	99.86
	6号机组	1118.79	82.14	77.02	7341.91	86.98
宁德核电厂	1号机组	1089	78.93	73.85	7248.00	84.07
	2号机组	1089	92.92	87.23	8532.49	99.63
	3号机组	1089	89.80	84.40	8246.00	96.42
	4号机组	1089	83.17	78.11	7637.48	91.48

表2 2023年我国运行核电机组电力生产情况

续表

核电厂 / 机组		装机容量 (MWe)	发电量 (亿千瓦时)	上网电量 (亿千瓦时)	核电设备利用 小时数（小时）	机组能力 因子 (%)
福清核电厂	1 号机组	1089	95.25	89.58	8746.95	100.00
	2 号机组	1089	84.68	79.60	7775.95	92.93
	3 号机组	1089	82.50	77.63	7576.00	92.46
	4 号机组	1089	61.69	58.02	5665.02	67.27
	5 号机组	1161	91.08	85.36	7844.79	92.02
	6 号机组	1161	79.61	74.61	6857.14	80.91
阳江核电厂	1 号机组	1086	94.10	88.68	8665.28	99.61
	2 号机组	1086	86.18	81.12	7935.23	94.04
	3 号机组	1086	85.76	80.71	7897.06	91.93
	4 号机组	1086	95.61	89.78	8804.06	99.99
	5 号机组	1086	85.13	79.88	7838.46	92.34
	6 号机组	1086	85.10	80.15	7835.67	90.91
方家山核电厂	1 号机组	1089	88.89	83.65	8162.55	94.29
	2 号机组	1089	94.25	88.82	8654.41	100.00
三门核电厂	1 号机组	1250	106.66	99.79	8532.81	98.65
	2 号机组	1250	99.63	93.09	7970.40	92.25
海阳核电厂	1 号机组	1253	96.14	89.72	7672.84	90.40
	2 号机组	1253	96.77	90.32	7723.38	89.81
台山核电厂	1 号机组	1750	22.20	20.68	1268.57	15.45
	2 号机组	1750	137.94	128.84	7882.29	91.33
昌江核电厂	1 号机组	650	50.01	46.45	7693.16	90.83
	2 号机组	650	55.00	51.11	8462.19	99.90
防城港核电厂	1 号机组	1086	85.08	79.41	7834.41	91.84
	2 号机组	1086	85.97	80.44	7916.07	90.78
	3 号机组	1187.6	77.54	72.66	6529.34	98.20
石岛湾核电厂	1 号机组	211	1.16	1.02	549.28	–
合计值 / 整体值 / 平均值		57031.34	4333.71	4067.09	7661.08	91.25

注：

（1）防城港核电厂 3 号机组 2023 年 3 月 25 日商运，2023 年调试期间累计发电量、上网电量分别为 8.02413 亿千瓦时、7.47180 亿千瓦时。

（2）石岛湾核电厂 1 号机组于 2021 年 8 月 20 日首次装料，2023 年 12 月 6 日商运；2023 年调试期间累计发电量、上网电量分别为 3.53374 亿千瓦时、2.75653 亿千瓦时；机组能力因子暂不适用统计。

（3）福清核电厂 4 号机组及台山核电厂 1 号机组受燃料破损影响，2023 年临界小时数较低，导致核电设备利用小时数和机组能力因子较低。

（4）本表"合计值 / 整体值 / 平均值"中，装机容量、发电量、上网电量为各机组合计值，核电设备利用小时数为全部机组整体值，机组能力因子为全部参与统计的机组的算术平均值。

资料来源：《全国核电运行情况（2023 年 1~12 月）》，中国核能行业协会网站，2024 年 1 月 31 日。

（二）我国运行核电机组WANO业绩指标

1. WANO 单项业绩指标

根据 WANO 发布的 2023 年第四季度核电机组 WANO 业绩指标数据，我国满足 WANO 单项业绩指标（滚动年度值）统计要求的 54 台机组共 753 项有效 WANO 单项业绩指标中，达到 WANO 优秀值（1/10 位值）水平的指标有 574 项，占比 76.23%；达到 WANO 先进值（1/4 位值）水平的指标有 592 项，占比 78.62%；达到 WANO 中值（1/2 位值）水平的指标有 659 项，占比 87.52%，三项达标占比均高于其他世界主要核电国家。2023 年第四季度我国核电机组单项指标达标占比见图 4，2023 年第四季度我国核电机组单项指标分布占比见图 5。

2. WANO 综合指数

根据 WANO 发布的 2023 年度第四季度核电机组 WANO 业绩指标数据，我国满足 WANO 综合指数计算条件的 54 台机组中，有 33 台机组的 WANO 综合指数达到满分（100 分），占比 61.11%；有 37 台机组的 WANO 综合指数超过世界机组先进值 99.04（1/4 位值），占比 68.52%。2023 年第四季度 WANO 综合指数满分机组和达到 WANO 先进值机组数量及占比见图 6，2023 年第四季度我国核电机组 WANO 综合指数各分数段机组数量分布占比见图 7。

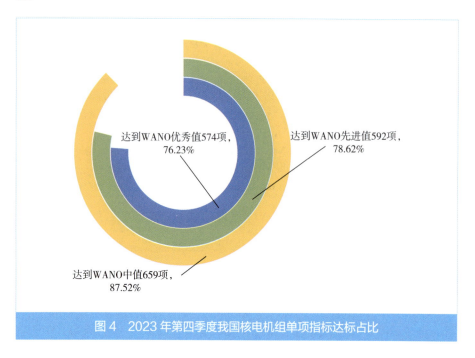

图4　2023 年第四季度我国核电机组单项指标达标占比

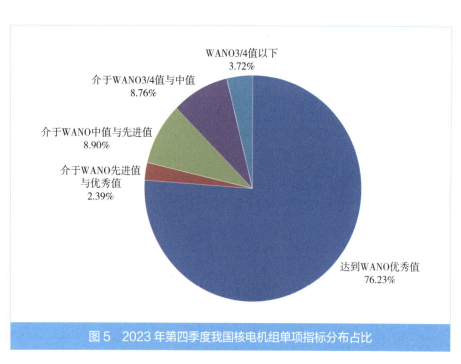

图5　2023 年第四季度我国核电机组单项指标分布占比

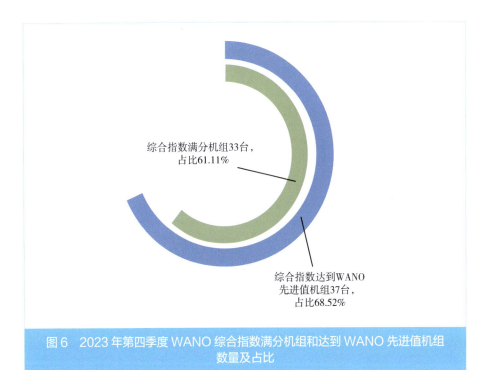

综合指数满分机组33台，
占比61.11%

综合指数达到WANO
先进值机组37台，
占比68.52%

图6　2023 年第四季度 WANO 综合指数满分机组和达到 WANO 先进值机组数量及占比

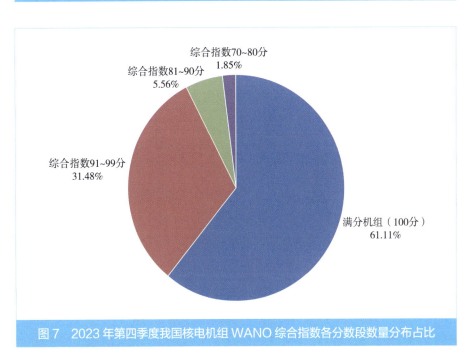

综合指数70~80分
1.85%

综合指数81~90分
5.56%

综合指数91~99分
31.48%

满分机组（100分）
61.11%

图7　2023 年第四季度我国核电机组 WANO 综合指数各分数段数量分布占比

根据 WANO 发布的 2023 年第四季度核电机组 WANO 业绩指标数据，世界主要核电国家运行核电机组 WANO 综合指数分布情况见表 3。

表 3　2023 年第四季度世界主要核电国家运行核电机组 WANO 综合指数分布情况

单位：台

指数分段	世界	中国	美国	俄罗斯	法国	韩国
100 分	77	33	26	7	0	2
91~99 分	118	17	52	5	1	8
81~90 分	77	3	5	13	10	10
71~80 分	70	1	5	7	21	4
0~70 分	46	0	4	3	24	0

2023 年第四季度世界主要核电国家 WANO 综合指数平均值及满分机组数量见表 4。

表 4　2023 年第四季度世界主要核电国家 WANO 综合指数平均值及满分机组数量

单位：台，%

	世界机组	中国	美国	俄罗斯	法国	韩国
有效机组数量	388	54	92	35	56	24
满分机组数量	77	33	26	7	0	2
满分机组比例	19.85	61.11	28.26	20.00	0.00	8.33
平均值	86.77	97.76	94.61	85.65	71.26	88.13

2023 年第四季度，我国核电机组 WANO 综合指数满分机组数量为 33 台，占世界满分机组数量的 42.86%，WANO 综合指数平均值为 97.76。与世界主要核电国家相比，我国核电机组 WANO 综合指数满分机组数量和平均值均列首位。

3. 我国核电机组 WANO 综合指数排名

根据 WANO 发布的 2023 年第四季度核电机组 WANO 业绩指标数据，我国满足 WANO 综合指数计算条件的 54 台核电机组 WANO 综合指数得分以及各机组在压水堆（PWR）、重水堆（PHWR）、VVER 型压水堆和国外主要核电组织 [美国核电运行研究院（INPO）、俄罗斯国家原子能公司（RAE）、法国电力公司（EDF，简称"法电"）、韩国水电核电公司（KHNP）] 中的排名见表 5。

表5　2023年第四季度我国核电机组WANO综合指数及在各堆型和国外各主要核电组织内的排名

单位：台

机组号		WANO综合指数	所有机组(388)	PWR机组(288)	PHWR机组(38)	VVER机组（58）	INPO(92+1)	RAE(35+1)	EDF(56+1)	KHNP(24+1)
秦山核电厂	1号机组	100.00	1	1	NA	NA	1	1	1	1
大亚湾核电厂	1号机组	100.00	1	1	NA	NA	1	1	1	1
	2号机组	83.98	245	191	NA	NA	83	20	5	17
秦山第二核电厂	1号机组	100.00	1	1	NA	NA	1	1	1	1
	2号机组	100.00	1	1	NA	NA	1	1	1	1
	3号机组	100.00	1	1	NA	NA	1	1	1	1
	4号机组	100.00	1	1	NA	NA	1	1	1	1
岭澳核电厂	1号机组	100.00	1	1	NA	NA	1	1	1	1
	2号机组	94.33	161	130	NA	NA	66	9	1	8
	3号机组	100.00	1	1	NA	NA	1	1	1	1
	4号机组	100.00	1	1	NA	NA	1	1	1	1
秦山第三核电厂	1号机组	100.00	1	NA	1	NA	1	1	1	1
	2号机组	98.71	106	NA	6	NA	42	9	1	3
田湾核电厂	1号机组	100.00	1	1	NA	1	1	1	1	1
	2号机组	100.00	1	1	NA	1	1	1	1	1
	3号机组	97.51	134	109	NA	21	56	9	1	5
	4号机组	100.00	1	1	NA	1	1	1	1	1
	5号机组	100.00	1	1	NA	NA	1	1	1	1
	6号机组	99.68	82	69	NA	NA	29	8	1	3
红沿河核电厂	1号机组	93.04	177	142	NA	NA	73	11	2	10
	2号机组	99.61	83	70	NA	NA	29	8	1	3
	3号机组	99.15	92	78	NA	NA	34	8	1	3
	4号机组	97.89	126	102	NA	NA	54	9	1	4
	5号机组	99.86	79	67	NA	NA	28	8	1	3
	6号机组	98.96	98	83	NA	NA	38	9	1	3
宁德核电厂	1号机组	95.38	154	126	NA	NA	64	9	1	7
	2号机组	100.00	1	1	NA	NA	1	1	1	1
	3号机组	100.00	1	1	NA	NA	1	1	1	1
	4号机组	100.00	1	1	NA	NA	1	1	1	1

续表

机组号		WANO综合指数	所有机组(388)	PWR机组(288)	PHWR机组(38)	VVER机组(58)	INPO(92+1)	RAE(35+1)	EDF(56+1)	KHNP(24+1)
福清核电厂	1号机组	100.00	1	1	NA	NA	1	1	1	1
	2号机组	100.00	1	1	NA	NA	1	1	1	1
	3号机组	100.00	1	1	NA	NA	1	1	1	1
	4号机组	75.00	308	236	NA	NA	86	30	21	24
	5号机组	98.05	123	99	NA	NA	53	9	1	3
	6号机组	94.63	159	129	NA	NA	66	9	1	8
阳江核电厂	1号机组	100.00	1	1	NA	NA	1	1	1	1
	2号机组	100.00	1	1	NA	NA	1	1	1	1
	3号机组	100.00	1	1	NA	NA	1	1	1	1
	4号机组	100.00	1	1	NA	NA	1	1	1	1
	5号机组	100.00	1	1	NA	NA	1	1	1	1
	6号机组	100.00	1	1	NA	NA	1	1	1	1
方家山核电厂	1号机组	100.00	1	1	NA	NA	1	1	1	1
	2号机组	100.00	1	1	NA	NA	1	1	1	1
三门核电厂	1号机组	92.04	186	148	NA	NA	78	12	2	10
	2号机组	100.00	1	1	NA	NA	1	1	1	1
海阳核电厂	1号机组	96.81	139	112	NA	NA	57	9	1	6
	2号机组	96.58	143	116	NA	NA	60	9	1	6
台山核电厂	1号机组	85.00	223	174	NA	NA	83	19	2	14
	2号机组	85.00	223	174	NA	NA	83	19	2	14
昌江核电厂	1号机组	100.00	1	1	NA	NA	1	1	1	1
	2号机组	100.00	1	1	NA	NA	1	1	1	1
防城港核电厂	1号机组	100.00	1	1	NA	NA	1	1	1	1
	2号机组	100.00	1	1	NA	NA	1	1	1	1
	3号机组	97.61	131	106	NA	NA	55	9	1	5

注:

（1）NA 代表堆型不适用，如秦山第二核电厂1号机组堆型为 PHWR，在 PWR 机组和 VVER 机组中不对其进行排名比较。

（2）"（92+1）"表示国内某一机组和 INPO 的 92 台机组一同进行排名比较时的机组数一共有 93 台，（35+1）、（56+1）、（24+1）的含义与此相同。

三　年度国内核电运行事件分析

2023年，各核电厂严格控制机组的运行风险，继续保持安全、稳定运行。年度内各核电厂共发生22起执照运行事件（以下简称"运行事件"），均为国际核事件分级表0级事件；未发生较大及以上安全生产事件、环境事件、辐射污染事件，未发生火灾爆炸事故，未发生职业病危害事故。

2023年，我国55台运行核电机组运行事件与2022年相比减少了6起，平均单机组事件数量为0.40起，较2022年下降了0.12起。

2023年发生的22起运行事件中，7起发生于新运行机组（投运后3个燃料循环周期内的机组），占比31.8%。2016~2023年发生的运行事件数量趋势见图8。

图8　2016~2023年运行事件数量趋势

通过对2023年运行事件分析可以看出，设备设计、制造、采购和安装不当导致了大部分运行事件的发生，因此建议各电厂关注设备设计、制造、采购和安装管理，提早发现设备缺陷，避免设备故障在机组运行期间暴露出来。2023年运行事件中的人因失效事件反映出各电厂在维修、运行、技术支持等

人员的知识和技能培训方面还需要继续不断改进，因此建议各核电厂关注人员的知识、技能培训，强化人员行为的规范性，避免后续发生类似问题。

四 2023年核电行业运行管理良好实践

2023年，各核电厂持续深入研究分析安全重要问题，积极总结机组安全运行、大修、设备管理等方面的实践经验，在业绩提升、管理改进、运行安全等方面采取了多项措施，取得了良好成效，值得同行电厂借鉴。

（一）业绩提升类

1. 多维度推进厂用电优化，持续提升机组运行经济性

中国核能电力股份有限公司建立了节能、降耗与减排管理制度与组织体系，系统性策划并构建了节能、降耗与减排管理指标体系。在节能约束性考核指标的前提下，差异化设立了电厂厂用电激励指标，以充分调动各电厂人员的工作积极性与主动性。田湾核电站1~6号机组循泵根据季节性及海水温度变化，通过采取及时调整设备运行数量（如冬季改成二用一备）或运行方式（如冬季为低速或低频）降低机组厂用电量（2台机组至少节约厂用电1500万千瓦时/年），1~4号机组平均厂用电率由2018年的7.40%降低到2022年的6.89%，5~6号机组平均厂用电率降至5.96%；福清核电厂完成24项定期试验周期优化、3个系统大/小修期间设备运行方式优化、9个系统设备季节性运行方式优化、11个系统日常大功率设备节能、6项机组发电功率控制优化策略、1~6号机组出力提升、厂前区光伏项目并网投运、厂房照明/空调优化等项目，累计年度可节省厂用电7571万度，1~4号机组平均厂用电率由2018年的5.72%降低到2022年的5.60%，5~6号机组平均厂用电率降至5.69%。

2. 总结提炼大修经验，不断优化大修工期

2023年度，中国广核集团有限公司共完成17次大修，包含12次年度大修、1次首次大修、2次10年大修、1次20年大修、1次EPR大修。在工期方面，

12 次年度大修平均工期 25 天，已连续 2 年实现平均工期约 25 天。其中，岭澳核电厂运行部门深度落地实行"三个一程"及"小窗口管理"的工作模式。"三个一程"是指交班值"送一程"，晚走 2 小时，帮助接班值稳妥接手大修工作；接班值"迎一程"，提前半小时到，了解工作内容；大修组"扶一程"，大修组全程护航，随时支援，保证工作质量。"小窗口管理"是将大修中的重大专项进行拆解和细分，提前部署，按照操作步骤将每一个重要专项拆解细化到分钟，执行流程节点及责任落实到人。在两种工作模式支持下，运行人员和各专业团队达成共识，积极快速响应工作，提前计划安排工作，使得资源调配更顺畅，岭澳核电厂 119 大修以 14.60 天工期创中广核集团大修最优工期纪录。

秦山核电基地通过提炼 100 余次大修经验，融合大修"管理层、监督层、执行层"的一站式业务需求，并建立核电大修管理驱动模型，运用数字化、智能化手段，完成多堆型、零散结构的复杂管理模式的数智化转型，构建并实施基于数智化的一站式核电厂大修管理模式。2022 年，秦山核电基地全年 7 次大修，实际工期 222.39 天，较 2011~2021 年提升近 30%，大幅缩小与国际先进核电企业的差距，增加发电量约 10 亿度，增收近 4 亿元。在 2023 年 4 月 16 日完成的秦山第二核电厂 310 大修以 15.12 天工期创中核集团大修最优工期纪录。

（二）管理改进类

1. 积极应对新机组投运，创新开展系统设备单点失效（SPV）识别与治理

核电厂系统设备 SPV 识别与治理属于设备管理范畴，核电厂通过识别与治理来排查、管控或消除可导致机组瞬态的隐患，降低人因风险，提高设备可靠性，保证机组安全稳定运行。

台山核电厂系统设备 SPV 识别与治理创建了对象明确、范围完整、层次清晰、执行有效的系统设备 SPV 识别与治理方法，从设备功能、人因、环境三个维度，系统运行、机械、电气、仪控四个专业方向，通过信号生成、传输链路和工艺故障树的形式把设备管理、运行、机械、电气、仪控、培训等

专业有机地结合在一起，对跳机／跳堆／甩负荷信号展开全链路、无死角的系统性分析，针对识别出的 SPV 提出建议管控措施或消除方案；TEF（日常生产项目组）负责管控措施和消除方案的落实。

台山核电厂完成了跳机／跳堆／甩负荷信号链路、24 小时内后撤第一组 IO、手动跳机／跳堆／甩负荷信号（部分主信号链路）、公共系统、CCM3 设备类型的 SPV 识别并制定管控措施，识别出 3045 个 SPV、255 个 CCM/TSCC。SPV 识别方法论于 2022 年底在中国广核集团有限公司内开始推广，并荣获 2022 年国家能源局电力可靠性管理优秀实践案例。

2. 定期自评及监督，不断优化完善防造假工作

在造假事件预防方面，宁德核电厂通过收集建立集团内外造假案例库，组织开展 3 次全厂范围的震撼教育；开发《防造假通识性课程》公司级课程并组织授课，培训人员已超 900 人，提升了公司整体防造假水平。在造假事件探测方面，宁德核电厂开创造假风险识别和判定方法，及时、动态、准确定位造假高风险点；鼓励关口前移，2023 年发现的 6 起造假事件均为专业部门自主发现，实现从最后一道屏障监督线发现到专业部门主动发现的关键转变。在造假事件调查方面，宁德核电厂创新《造假事件快速认定单》，助力造假事件调查认定更加"快、准、狠"。在造假事件处理方面，宁德核电厂奖惩并举，并通过宣传扩大影响，激发专业人员防造假热情，主动提升防造假水平。

（三）运行安全类

1. 关注操纵人员心理健康，建立岗前适勤性快速测评机制

三门核电厂运行值人员每次上岗前需要完成岗前适勤性快速测评，该厂通过测评可对当班值人员的实时心理健康状况与反应能力进行量化呈现，并将适勤性结论及时推送值长，用于指导合理安排工作，确保人员在正常、异常及紧急状态下都能准确履行职责，保障机组安全，减少核电厂人因事件发生。2022 年，运行值人员开始使用岗前适勤性快速测评，测评完成后屏幕会显示人员单次测评结果，值长可见本值人员测评结果。值长需在每次上岗前

完成本值人员测评结果确认。如无指标偏差，值长则认为员工当前状态良好，可正常上岗；如有一项指标偏离本人日常，则认为该员工目前身心状态稍有偏差，需适当关注；如有两项以上指标显著偏离本人日常，则认为该员工当前状态非常不佳，须予以重视（见表6）。该措施实施后，截至目前未发生人员心理健康方面问题引发的人因事件。

表6 核电厂运行人员岗前测评状态及相应上岗建议和措施		
状态灯	上岗建议	措施
🟩	正常上岗	可安排人员正常上岗
🟨	可上岗	该员工目前身心状态稍有偏差，请值长通过访谈或其他途径综合判断员工是否有疲劳、异常事件、酒精或药物等原因导致的异常反应，工作中予以一定关注
🟧	不安排从事高风险作业	该员工目前状态非常不佳，不适合从事高风险工作，请值长通过访谈或其他途径综合判断员工是否有疲劳、异常事件、酒精或药物等原因导致的异常反应，尽可能减少当日高风险作业安排，并在工作过程中予以重点关注

2. 设置循环水预过滤系统，提升海生物监测与拦截能力

阳江核电厂充分吸收内外部经验反馈，结合厂址条件和自身实践经验开展了系列冷源防护改进，根据"监测预警、驱离消杀、拦截清理、运行策略"四个环节的纵深防御设计理念，于2022年底建成并投运了冷源永久工程——循环水监测与预过滤系统（CFS），该系统设置了四道取水拦截屏障，新增多道监测设施，为循环水过滤系统（CFI）提供预过滤，提升了海生物监测与拦截捕捞能力。

2023年12月及2024年1月，阳江核电厂遭遇了毛虾大规模入侵，因而启动了应对毛虾的小型浮游海生物响应，其中毛虾单日拦截清理量高达38.2吨/天，突破CFS投运前历史最大值（26.4吨/天），相比CFS投运前，应对同等尺寸毛虾的拦截效率得到进一步提升，现场毛虾基本被前两道兜网拦截，各机组旋转滤网反冲洗排污渠基本无毛虾，6台机组状态安全稳定。

3. 降低非计划停机停堆次数，守护机组安全运行

非计划停机停堆（简称"非停"）次数是体现核电机组安全运行业绩的核心指标，秦山核电基地一直坚持将减少非停作为生产管理能力提升的重要内容之一。秦山核电基地每年底组织分析各机组潜在风险点，围绕非停风险控制、设备可靠性提升、人因失误预防和经验反馈应用等方面制定《非计划停机停堆风险解决方案》及工作计划，并成立公司级减非停专项工作组，充分动员各处室力量，发挥整体协同优势，有组织、有体系地防范非停事件的发生。秦山核电基地连续 4 年非停率控制在 0.11 机组 / 年及以下，2022 年实现全基地"零非停"，秦山第二核电厂更是实现了连续 4 年 4 台机组全部"零非停"。

岭澳核电厂 1 号机组连续安全运行天数超过 6300 天，持续刷新全球同类型机组连续安全运行天数纪录，比排名第二的法国机组领先近 60 个月。

五　结束语

近年来，我国核电行业发展加速，运行核电机组规模有望在 2030 年前达到世界第一。随着核电行业的快速发展，我国核电技术也在走向世界前列，世界首个第四代核电站——石岛湾高温气冷堆核电站在我国并网发电，模块化小型堆等代表当代先进核电技术的工程项目取得了重大发展；同时，核能综合利用产业进入多地实践、多元化利用的加速期，将为我国能源体系的清洁低碳转型提供重要驱动力。

党的二十大报告指出："要积极稳妥推进碳达峰碳中和，深入推进能源革命，加快规划建设新型能源体系。"构建清洁低碳、安全高效的能源体系已成为推动我国能源革命的重要要求。加快发展核电，充分发挥核电在电力供应和能源转型中的作用，对于调整能源结构、保证能源可靠供应、促进"双碳"目标实现具有重大意义。

参考资料

[1] 《国务院关于印发〈2030 年前碳达峰行动方案〉的通知》，中央人民政府网，2021 年 10 月 24 日，https://www.gov.cn/zhengce/content/2021-10/26/content_5644984.htm。

[2] 《国家发展改革委 国家能源局关于印发〈"十四五"现代能源体系规划〉的通知》，国家能源局网，2022 年 1 月 29 日，http://zfxxgk.nea.gov.cn/2022-01/29/c_1310524241.htm。

[3] 《国家能源局发布 2023 年全国电力工业统计数据》，国家能源局网站，2024 年 1 月 26 日，http://www.nea.gov.cn/2024-01/26/c_1310762246.htm。

B.4
中国核电工程建设报告（2024）

中国核能行业协会核电建设技术委员会 *

摘　要： 截至 2023 年 12 月底，我国在建机组数量及总装机容量继续保持世界第一。在建核电工程整体上稳步有序推进，设计、采购、施工、调试等按计划正常进行，工程建设安全质量整体可控。针对现阶段面临的实际问题，核能行业积极创新管理手段，通过采用建立标杆指标和联合监督体系、"集约化"管理、搭建智慧工地影响管理平台等多项管理措施，进一步提升了核电建设效率和核电建造的智能化、数字化建造水平，并取得了良好成效，可助力我国核电项目实现高质量建设。

关键词： 核电工程建设　核电安全质量　核电安全文化

一　我国核电工程建设年度综述

2023 年度，核电行业落实党的二十大报告要求，实现积极安全有序发展，在《"十四五"现代能源体系规划》的指导下推动沿海核电项目建设。各在建项目安全、质量、进度、投资等方面总体受控，未发生重大安全质量事

＊　本报告由中国核能行业协会核电建设技术委员会编制，主要编写人员：刘巍、郑宝忠、张贵亮、王玉旭、陈朋、迟鹏。

　　刘巍，现任中国核工业集团有限公司战略与管理咨询委员会委员，研究员级高级工程师。曾任中国核电工程有限公司总经理，核工业第二研究设计院副院长，中国勘察设计协会副理事长。参加过 20 多个核电机组的设计和建造工作，担任过百万千瓦级核电站总设计师、项目总经理等职。在百万千瓦级核电站安全壳设计及抗震和楼层响应谱分析、飞机撞击和壳内瞬态压力温度分析等方面有较深入的研究。

件，生产安全事故数及伤亡保持为零，火险事件数、危险物品丢失被盗事件数、人员轻伤责任交通事件数、环境超标事件数、重大职业病危害事故数等指标均在规范允许范围内。

截至 2023 年 12 月底，我国在建核电机组共 26 台，总装机容量为 3030 万千瓦，在建机组数量及总装机容量继续保持世界第一。

2023 年，我国新开工建设 5 台核电机组，分别是三门核电厂 4 号机组、陆丰核电厂 6 号机组、海阳核电厂 4 号机组、廉江核电厂 1 号机组、徐大堡核电厂 1 号机组，机组信息详见表 1。

表 1 2023 年我国新开工建设核电机组信息

序号	机组名称	机型	机组容量（MWe）	开工日期（年 - 月 - 日）
1	三门核电厂 4 号机组	CAP1000	1251	2023-03-22
2	陆丰核电厂 6 号机组	HPR1000	1200	2023-08-26
3	海阳核电厂 4 号机组	CAP1000	1250	2023-04-22
4	廉江核电厂 1 号机组	CAP1000	1250	2023-09-29
5	徐大堡核电厂 1 号机组	CAP1000	1291	2023-11-15

2023 年 2 月 27 日，生态环境部国家核安全局在研究汲取日本福岛核事故的经验和教训、借鉴国际和国内核安全监督管理经验、结合我国 30 多年核动力厂选址良好实践的基础上，重新修订了《核动力厂厂址评价安全规定》（HAF101）。

2023 年 7 月 31 日，国务院常务会议决定核准山东石岛湾扩建一期工程 1、2 号机组，福建宁德 5、6 号机组，辽宁徐大堡 1、2 号机组；2023 年 12 月 29 日，国务院常务会议决定核准广东太平岭二期工程 3、4 号机组，浙江金七门 1、2 号机组，会议强调，核电安全极端重要，必须坚持安全第一，按照全球最高安全标准和要求，稳步有序推进项目建设，加强全链条、全领域安全监管，确保绝对安全、万无一失。

核能发展蓝皮书

二　我国核电工程建设项目年度进展 [①]

截至 2023 年 12 月底，我国在建核电机组中共有 10 台处于土建阶段，9 台处于安装阶段，3 台处于调试阶段（不包含国核示范电站和霞浦示范快堆），在建核电机组见表 2。各项目建设稳步有序推进，设计、采购、施工、调试等按计划正常进行，工程建设安全质量整体可控。

表 2　2023 年我国在建核电机组						
核电厂名称	机组号	机型	额定功率（MW）	开工时间（年-月-日）	累计工期（月）	机组建设进展
防城港核电厂	4 号机组	HPR1000	1180	2016-12-23	85.5	调试
漳州核电厂	1 号机组	HPR1000	1212	2019-10-16	51.2	调试
	2 号机组	HPR1000	1212	2020-09-04	40.4	安装
太平岭核电厂	1 号机组	HPR1000	1202	2019-12-26	48.9	调试
	2 号机组	HPR1000	1202	2020-10-15	39.1	安装
三澳核电厂	1 号机组	HPR1000	1208	2020-12-31	36.5	安装
	2 号机组	HPR1000	1208	2021-12-30	24.4	安装
昌江核电厂	3 号机组	HPR1000	1200	2021-03-31	33.5	安装
	4 号机组	HPR1000	1200	2021-12-28	24.4	安装
田湾核电厂	7 号机组	VVER1200	1265	2021-05-19	31.9	安装
	8 号机组	VVER1200	1265	2022-02-25	22.5	土建
海南小堆示范项目	/	ACP100	125	2021-07-13	30.0	安装
徐大堡核电厂	3 号机组	VVER1200	1274	2021-07-28	29.5	安装
	4 号机组	VVER1200	1274	2022-05-19	19.7	土建
	1 号机组	CAP1000	1291	2023-11-15	1.5	土建

---

① 本节数据来源于各在建电厂工程建造阶段月度报告（2023 年 1~12 月）。

续表

核电厂名称	机组号	机型	额定功率（MW）	开工时间（年－月－日）	累计工期（月）	机组建设进展
三门核电厂	3号机组	CAP1000	1251	2022-06-28	18.4	土建
	4号机组	CAP1000	1251	2023-03-22	9.5	土建
海阳核电厂	3号机组	CAP1000	1250	2022-07-07	18.1	土建
	4号机组	CAP1000	1250	2023-04-22	8.4	土建
陆丰核电厂	5号机组	HPR1000	1200	2022-09-08	16.0	土建
	6号机组	HPR1000	1200	2023-08-26	4.2	土建
廉江核电厂	1号机组	CAP1000	1250	2023-09-29	3.1	土建

注：各机组额定功率数据来源于国家能源局《中国核电报告》，在建核电机组信息未包括国核示范工程和霞浦示范快堆，统计日期截至2023年12月31日。

1. 防城港核电厂4号机组

防城港核电厂4号机组调试工作已完成，正在进行装料前的准备工作。项目先后于2023年5月7日完成冷试，11月12日完成热试，12月5日完成安全壳打压试验，12月27日实现首炉首批核燃料组件到场。

2. 漳州核电厂1、2号机组

漳州核电厂1号机组处于调试阶段，正在进行热试前准备工作。项目先后于2023年2月17日完成外穹顶吊装，6月30日完成500kV倒送电，10月31日完成冷试。

漳州核电厂2号机组处于安装阶段。项目分别于2023年7月22日完成主管道焊接，9月15日完成10kV倒送电，10月19日实现主控室部分可用，12月28日完成外穹顶吊装。

3. 太平岭核电厂1、2号机组

太平岭核电厂1号机组处于调试阶段，正在进行热试准备工作。项目分别于2023年5月29日实现环吊可用，7月26日完成首次插堆，12月13日完成500kV倒送电，12月30日完成冷试。

太平岭核电厂2号机组处于安装阶段。项目分别于2023年8月23日完

成内穹顶封顶，11 月 30 日完成 3 台蒸汽发生器吊装。

4. 三澳核电厂 1、2 号机组

三澳核电厂 1 号机组处于安装阶段。2023 年 3 月 3 日环吊可用，6 月 1 日 220kV 电源正式投运，12 月 23 日完成核辅助厂房封顶。

三澳核电厂 2 号机组处于安装阶段。2023 年 6 月 30 日核岛安装开工，9 月 28 日完成穹顶吊装。

5. 昌江核电厂 3、4 号机组

昌江核电厂 3 号机组处于安装阶段。2023 年 2 月 21 日完成内穹顶吊装，5 月 9 日环吊可用，10 月 31 日完成 220kV 倒送电。

昌江核电厂 4 号机组处于安装阶段。2023 年 4 月 13 日开始核岛安装，12 月 27 日完成内穹顶吊装。

6. 田湾核电厂 7、8 号机组

田湾核电厂 7 号机组处于安装阶段。2023 年 6 月 21 日完成穹顶吊装，7 月 27 日环吊可用，9 月 28 日完成 220kV 倒送电。

田湾核电厂 8 号机组处于土建阶段，2023 年 2 月 25 日核岛开工建设。

7. 海南小堆示范项目

海南小堆示范项目处于安装阶段。2023 年 8 月 13 日常规岛开始安装，11 月 3 日顶封头吊装就位。

8. 徐大堡核电 3、4 号机组工程

徐大堡核电厂 3 号机组处于安装阶段。2023 年 7 月 25 日完成穹顶吊装，9 月 28 日环吊可用，12 月 12 日完成反应堆压力容器吊装。

徐大堡核电厂 4 号机组处于土建阶段。2023 年 4 月 3 日完成内部结构 0 米板。

9. 徐大堡核电 1 号机组工程

徐大堡核电厂 1 号机组处于土建阶段。2023 年 11 月 3 日，徐大堡核电厂 1 号机组取得建造许可证，11 月 4 日常规岛浇筑第一罐混凝土，11 月 15 日核岛浇筑第一罐混凝土。

10. 三门核电厂3、4号机组

三门核电厂3号机组处于土建阶段。2023年6月14日完成常规岛主体结构0米以下结构施工，9月9日安注箱就位，12月11日汽轮机厂房主行车可用。

三门核电厂4号机组处于土建阶段。2023年3月22日4号机组浇筑核岛第一罐混凝土，5月29日CV底封头就位，9月6日完成CA01模块吊装。

11. 海阳核电厂3、4号机组

海阳核电厂3号机组处于土建阶段。2023年1月12日核岛反应堆厂房CA01模块吊装就位，9月15日安注箱吊装就位，12月21日反应堆压力容器筒体吊装就位。

海阳核电厂4号机组处于土建阶段。2023年4月22日浇筑核岛第一罐混凝土，6月30日安全壳底封头吊装就位，10月19日核岛CA01模块吊装就位。

12. 陆丰核电厂5、6号机组

陆丰核电厂5号机组处于土建阶段。2023年1月16日常规岛浇筑第一罐混凝土。

陆丰核电厂6号机组处于土建阶段。2023年8月26日核岛浇筑第一罐混凝土，12月13日常规岛浇筑第一罐混凝土。

13. 廉江核电厂1号机组

廉江核电厂1号机组处于土建阶段。2023年8月15日常规岛浇筑第一罐混凝土，9月25日核岛浇筑第一罐混凝土，11月27日常规岛0米以下结构全部施工完成，12月19日安全壳底封头吊装就位。

2023年我国在建核电机组一级里程碑信息见表3。

表3 2023年我国在建核电机组一级里程碑信息

（年/月/日）

机组	取得建造许可证	核岛 FCD	常规岛 FCD	核岛安装	穹顶吊装	冷试	热试	首次装料	首次临界	首次并网	商业运行
防城港 4 号	2015/12/23	2016/12/23	2017/5/26	2018/8/9	2021/1/24	2023/4/28	2023/9/25				
漳州 1 号	2019/10/9	2019/10/16	2019/12/12	2020/11/27	2021/10/27	2023/10/16					
漳州 2 号	2019/10/9	2020/9/4	2020/9/21	2022/7/17	2022/8/23						
太平岭 1 号	2019/12/25	2019/12/26	2020/5/15	2021/5/28	2021/12/24	2023/12/22					
太平岭 2 号	2019/3/25	2020/10/15	2021/7/8	2022/4/26	2022/9/25						
三澳 1 号	2020/12/30	2020/12/31	2021/3/1	2022/5/17	2022/11/3						
三澳 2 号	2020/12/30	2021/12/30	2022/8/31	2023/6/30	2023/9/28						
昌江 3 号	2021/3/31	2021/3/31	2021/9/30	2022/7/15	2023/2/21						
昌江 4 号	2021/3/31	2021/12/28	2022/4/21	2023/4/13	2023/12/27						
田湾 7 号	2021/5/19	2021/5/19	2021/9/19	2023/1/17	2023/6/21						
田湾 8 号	2021/5/19	2022/2/25	2022/7/19								
海南小堆	2021/6/3	2021/7/13	2021/11/28	2022/11/30	2023/11/3						
徐大堡 3 号	2021/7/28	2021/7/28	2021/9/17	2023/1/12	2023/7/25						
徐大堡 4 号	2021/7/28	2022/5/19	2022/6/28								
徐大堡 1 号	2023/11/3	2023/11/15	2023/11/4								

续表

机组	取得建造许可证	核岛 FCD	常规岛 FCD	核岛安装	穹顶吊装	冷试	热试	首次装料	首次临界	首次并网	商业运行
三门 3 号	2022/6/26	2022/6/28	2022/1/28	2023/9/9							
三门 4 号	2022/6/26	2023/3/22	2022/11/19								
海阳 3 号	2022/6/29	2022/7/7	—	2023/9/15							
海阳 4 号	2022/6/29	2023/4/22	2022/12/27								
陆丰 5 号	2022/9/7	2022/9/8	2023/1/16								
陆丰 6 号	2022/9/7	2023/8/26	2023/12/13								
廉江 1 号	2023/9/25	2023/9/29	2023/8/15								

注：在建机组项目一级里程碑信息未包括国核示范工程 1、2 号机组和霞浦 2 号机组，统计日期截至 2023 年 12 月 31 日。

三　我国核电工程建设良好实践与典型问题分析及应对建议

（一）良好实践

1. 建立标杆指标体系，开展定期指标评价

田湾核电厂全力打造7、8号机组精品标杆工程，按照"寻标—建标—达标"的思路，发布7、8号机组打造标杆工程总体实施方案和成立打造标杆工程委员会。

田湾7、8号机组标杆工程指标体系纵向覆盖项目核准到竣工验收全过程，横向包括工程建设六大控制及党建、廉洁、舆情、宣传等工程建设全领域，全面、客观反映出建设阶段各个领域状况（见图1）。

2. 穿透式践行"六个一"理念，推进项目"集约化"管理

三门核电厂二期工程持续推进以"六个一"为核心理念的一体化项目管理（见图2），以IPS一体化施工计划为工程建设管理的重要抓手，横向联动设计、采购、施工各领域，纵向直达一线施工班组。

EPC各领域通过集中办公，将业主方职能型组织机构与总包方、建安承包商、监理方基于合同"契约化"的项目型组织机构有机整合，建立矩阵式组织模式，工程安全联合办公室（SMO）、工程质量联合办公室（QMO）和项目指挥中心办公室（PMO）实施集中办公，提高资源共享度和利用率，打破公司和部门间壁垒，减少资源投入，提高管理效率，实现跨组织"集约化"管理。

3. 技术创新推动工程高质量建设

漳州核电厂项目大团队以"开顶法"主设备预引入工法为核心，研发并成功实践主设备一体化反转装置、反应堆厂房不锈钢水池模块化建造、主设备垂直支承整体吊装等14项创新施工工艺。

主设备预引入法施工，使得主设备安装施工不再受制厂房封顶、环吊/龙门吊、翻转平台等先决条件限制。实现核岛主设备提前8个月安装就位，

约束性指标 （11个）	结果型指标 （4个）	过程型指标（124个）					
		质量 （31个）	安全 （24个）	进度 （22个）	投资 （9个）	综合 （29个）	生产 （9个）
核安全 （1个）	安全指标 （1个）	总体质量 （5个）	工业安全 （7个）	总体进度 （6个）	年度投资 （1个）	党建引领 （2个）	机组能力因子 （1个）
工业安全 （1个）	质量指标 （1个）	施工质量 （10个）	消防安全 （1个）	设计进度 （2个）	月度投资 （1个）	廉洁从业 （2个）	强迫能力损失率 （1个）
网络安全 （1个）	工期指标 （1个）	设备采购 监造质量 （5个）	交通安全 （1个）	设备进度 （3个）	单项工程 （1个）	人员配备 （7个）	7000临界小时非计 划自动紧急停堆次
质量 （1个）	投资指标 （1个）	设计质量 （3个）	治安保卫 （3个）	施工进度 （3个）	融资成本 （1个）	报告和经验 反馈 （5个）	安全系统性能高 压安注系统 （1个）
消防安全 （1个）		仪控质量 （2个）	保密安全 （1个）	调试进度 （3个）	赢得值 偏差 （1个）	风险管理 （2个）	安全系统性能辅 助给水系统 （1个）
辐射防护 （1个）		调试质量 （6个）	网络安全 （2个）	生产准备 进度 （5个）	商务合同 （4个）	管理程序 （1个）	安全系统性能应 急交流电源系统 （1个）
职业卫生 （1个）			环境安全 （6个）			竣工验收 （3个）	燃料可靠性 （1个）
保密 （1个）			职业健康 （2个）			创优与科技 进步 （4个）	化学指标 （1个）
交通安全 （1个）			辐射防护 （1个）			标准申报 （1个）	集体剂量 （1个）
环境保护 （1个）						形象宣传 （1个）	
廉洁从业 （1个）						舆情管控 （1个）	

图1　田湾7、8号机组标杆工程指标体系

主管道焊接提前7个月启动，发挥工法优化削峰填谷作用，实现施工资源的有效调配。

4. 创新绘制"168"精品标杆工程路线图

徐大堡核电团队以创建标杆工程为目标，提出了6条标杆工程实施路径、

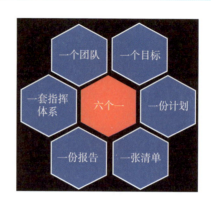

图2　三门核电厂二期工程"六个一"理念模型

8项标杆工程执行机制（见图3）。依照"161"精品标杆工程路线图，全面推进安全、质量、进度、投资、风险、进度全面受控的精细化管理机制。

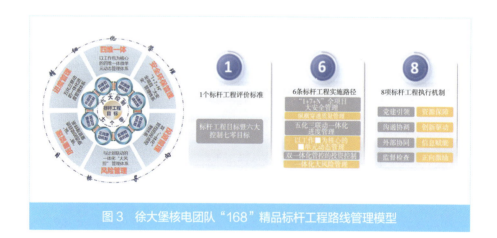

图3　徐大堡核电团队"168"精品标杆工程路线管理模型

5. 生产准备专项规划与风险控制质量计划

惠州核电厂开创性地编制31份生产准备专项规划，从任务目标、任务分工、组织管理、技术分工、风险和对策等角度，对生产准备各专业领域从FCD至商运进行全面规划；编制18份生产准备风险控制质量计划，梳理经验反馈、识别风险点并做好应对措施（见图4）。

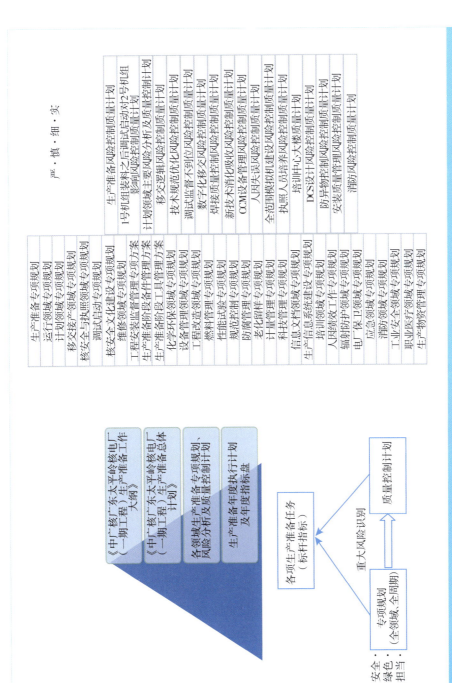

图 4　惠州核电厂生产准备体系

6. 建立联合监督体系，开展联合监督工作

苍南核电借鉴国际在建核电CROP(建造反应堆监督程序)理论，与华东监督站建立联合监督体系（下称"USS体系"，见图5），开展联合监督工作。

USS体系整合监督力量，聚焦安全要素，以问题为导向，从定性评价、定量评价及专家综合评价三个维度对问题进行分级，并归类至对应的安全要素，评估安全要素状态触发相关行动。

7. 系统性开展实体质量抽检复查，筑牢防造假屏障

华能海南昌江核电策划成立质量抽检复查专项工作组，牵头组织制定质量抽检复查方案，并率先在行业内首次统筹项目各方与第三方签订质量抽检复查合同，出资推动第三方在昌江核电现场建立全国首家核电项目大宗材料质量抽检复查实验室；健全弄虚作假防控屏障，确保了实体质量的置信度，对造假形成震慑作用。

制定《抽检复查管理细则》，规定了项目抽检复查范围及频率、抽检复查工作流程、抽检复查组织实施要求以及对不合格品处理的要求；制定《"抽检复查"专项工作方案》，成立了抽检复查专项工作小组，对抽检复查计划、取样见证以及检测结果分析等事宜进行沟通协调，确保抽检复查工作的顺利推动。

8. 依托智慧工地项目搭建工程影像管理平台

陆丰核电厂搭建工程影像管理平台，具备工程项目和公司管理类声像文件的采集、保管、利用、统计以及移交功能，实现了声像档案的系统管理。进一步规范了核电建设项目声像文件的采集与管理，明确采集范围，使采集工作更具计划性、可操作性和可控性。

相较于传统的声像文件采集方式，基于影像管理平台的采集与管理变为"在线采集、计划管理、任务跟踪、闭环管理"，使得声像档案采集工作更加便捷、有计划性；采集数据一次著录，供业务相关方共享使用，减少项目管理人员、施工人员及文档人员等的工作量，提升工作效率与质量，助力核电项目高质量建设。

9. 实施"工业互联网＋科技兴安"，提升本质安全水平

山东海阳核电厂推进实施"工业互联网＋科技兴安"项目，计划到2024

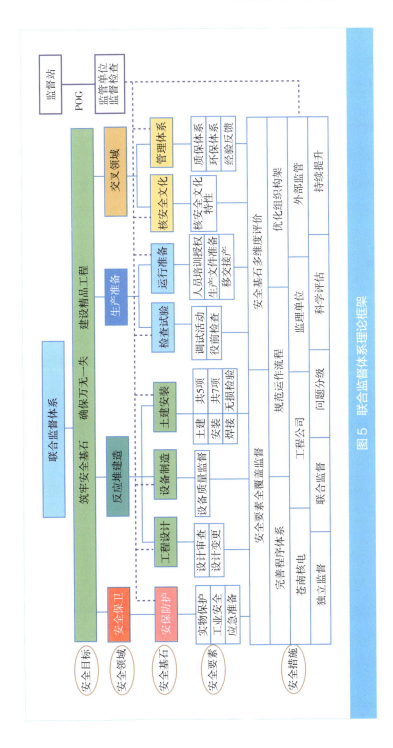

图 5　联合监督体系理论框架

年底，初步建成应用"工业互联网+科技兴安"平台，包括智能监控、电子围栏、作业智能管控、智慧消防等功能，实现"工业互联网"与安全生产快速感知、实时监测、超前预警、联动处置、系统评估等新型能力；推动"机械化减人、自动化换人、智能化无人"理念的落地，提升项目建设本质安全水平。

10. 结合项目特点创新设计方案，优化施工方案

廉江核电厂结合项目特点采用创新设计方案，首次将使用冷却塔的二次循环技术应用于国内核电项目，提供新的核电冷源冷却方案，首次应用液态流出物长距离排放并完成设计优化，首次在 CAP1000 项目应用国产化 50Hz 屏蔽主泵。

廉江核电厂首次采用直立边坡开挖工艺及大型龙门吊吊装方案，桩锚结构直立边坡开挖设计，减少由于大开挖放坡带来的基坑开挖面积的扩大、土方量和基坑回填混凝土量的增加，同时增加了 1 号核岛区域施工有效面积，有利于施工场地的规划布置；首次采用 1600t 大型龙门吊设计进行核岛大件物项的吊装。

（二）典型问题分析及应对建议

1. 关键设备的可靠性不足

当前，百万千瓦级三代核电机组关键设备和材料国产化率已达90%以上，形成了每年开工建设 8~10 台核电机组的核电主设备供货能力，处于全球领先水平。"华龙一号"一批关键设备实现国产化制造、批量化交付，涵盖反应堆压力容器、蒸汽发生器、堆内构件、主管道、控制棒驱动机构、稳压器、主泵、汽轮发电机组、非能动余排、堆芯补水箱等各类产品。高温气冷堆核电站项目成功解决了压力容器、蒸汽发生器、主氦风机、燃料贮运容器等核岛及常规岛的关键设备制造及加工技术难点，核岛设备国产化率达 93.4%。但国产化设备设计能力、产品稳定性、可靠性、配套能力与国际先进水平仍存在差距，部分国产设备的工艺稳定性、质量、经济性仍有待提升，部分设备及材料的"卡脖子"情况仍是当前面临的重要问题。

建议：

（1）设备制造企业进一步加强质量管理体系建设，认真研究影响设备可靠性的技术和管理因素；

（2）加强质量保证能力的培育和维持，加强过程控制；

（3）加强设备研发投入，提高设备加工精度，优化设备制造管理；

（4）加强"卡脖子"设备的科技攻关，做到独立自主，不受制于人。

2. 建设施工队伍流动性大、素质差异性大

我国核电建设人才发展环境有了一定的改善。各集团也大力畅通职业发展通道，加大技能人才培养力度；积极推动企校联合培养计划，通过定向培养、"订单+联合培养"模式培养紧缺专业人才。但核电工程建设施工人员的流动性大、资质和素质差异性大、老龄化日趋严重，仍是当前核电工程建设中面临的实际问题。

建议：

（1）相关单位进一步健全核电建设人才的管理制度，以专业化、精细化分工为原则，完善各类人才职业生涯发展多通道机制；

（2）深化薪酬激励体系改革，以岗位价值和员工能力为基础，积极营造正向激励的良好氛围，逐渐形成发展造就人才与人才推动发展的良好互动局面。

3. 行业无序竞争，低价中标形势严峻

目前国内核电设备制造业不同程度存在产能过剩、无序竞争的局面，尤其低价中标现象日趋严重，迫使制造企业长期在亏损或微利状态下运行，不利于装备制造业和核电产业健康发展，必须引起国家有关部门和核电业界的高度重视。

建议：

（1）核电装备国产化是我国发展核电的重要方针，装备制造业为核电国产化付出了巨大代价，需要市场持续支持，核电用户应该给予其更多包容和理解。

（2）核电装备制造业亦应结合国家核电发展规划，在提高产品的技术水平、质量水平的同时，注意发展节奏，在制造真正的"卡脖子"设备上狠下功夫，避免产能过度扩张，带来资源和能力的浪费。

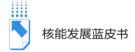

（3）各参建单位要坚持安全第一、质量第一；规范核电工程招投标管理，将安全与质量标准作为招标文件强制性要求和条件，公开、公平、公正开展招标评标工作，防止不合理低价中标，促进核电良性发展。

4. 工程建设阶段的核安全文化水平有待提升

我国核电建设质量总体受控，但弄虚作假和违规操作仍未完全杜绝，反映出某些企业在核安全文化教育和质量保证体系的有效性方面存在薄弱环节，核安全责任有待进一步落实。

建议：

（1）培育以核安全文化为核心的大团队文化，包括设计单位、制造单位、供应商、总包单位、施工单位、业主等，做到全覆盖。

（2）进一步落实各方的核安全责任，项目各参与方按各自职责对核电工程质量负有终身责任。

（3）核电建设单位应建立并完善培训、警示教育制度，建立以安全和质量为核心的安全文化理念体系，营造核安全至上的氛围；对弄虚作假和违规操作保持"零容忍"的高压态势。

四　核电工程建设预测与期望

我国把能源资源安全定位为国家安全的重点领域，将核电技术列为国家进入创新型国家行列的重大成果之一，并再次强调积极安全有序发展核电。我国自主研发的第三代核电机组"华龙一号"批量化建设稳步推进，"国和一号"CAP1400 示范工程有序推进，国产化 CAP1000 技术机组也在建设中。2023 年 11 月，中国自主研发并具有自主知识产权的多功能模块化小型压水堆"玲龙一号"ACP100 顶封头吊装成功，已从土建施工阶段全面转入设备安装阶段，预计将成为全球首个陆上商用模块化小堆。12 月，我国具有完全自主知识产权的全球首座第四代核电站——华能石岛湾高温气冷堆核电站示范工程正式投入商业运行，该项目攻克了大量"卡脖子"关键技术和核心设备，研制出 2200 多台 / 套最新设备，设备国产化率达 93.4%，标志着中国在第四代核电技术研发和应用领域达到世界领先水平。

2022 年、2023 年我国连续两年分别核准 10 台核电机组。截至 2023 年 12 月底，我国已经核准的拟开工核电机组有 12 台，见表 4。另外，我国还有一批核电项目正在开展项目前期工作，其中部分项目已经具备核准条件。

表 4 我国已核准的拟开工核电机组一览			
核电厂名称	机组号	机型	核准日期（年-月-日）
漳州核电厂	3 号机组	HPR1000	2022-09-13
	4 号机组	HPR1000	2022-09-13
廉江核电厂	2 号机组	CAP1000	2022-09-13
徐大堡核电厂	2 号机组	CAP1000	2023-07-31
宁德核电厂	5 号机组	HPR1000	2023-07-31
	6 号机组	HPR1000	2023-07-31
石岛湾核电厂	1 号机组	HPR1000	2023-07-31
	2 号机组	HPR1000	2023-07-31
金七门核电厂	1 号机组	HPR1000	2023-12-29
	2 号机组	HPR1000	2023-12-29
太平岭核电厂	3 号机组	HPR1000	2023-12-29
	4 号机组	HPR1000	2023-12-29

参考文献

[1] 张廷克、李闯榕、尹卫平主编《中国核能发展报告（2021）》，社会科学文献出版社，2021。

[2]《2023 年中国核能行业十大新闻》，《辐射防护通讯》2024 年第 1 期。

[3]《两部门联合发文要求加强核电工程建设质量管理》，《中国电力企业管理》

2021 年第 3 期。

[4] 唐琳:《全球首座第四代核电站商运投产》,《科学新闻》2024 年第 1 期。

[5] 江文阳、石安琪、闫琨:《核电企业践行央地融合发展的实践与启示》,《企业文明》2023 年第 12 期。

B.5
中国核电装备制造产业研究报告（2024）

中国核能发展报告装备制造编写组*

摘　要： 随着我国核电批量化建设不断推进，我国核电装备制造业的装备能力、技术水平得到快速提升，核电装备制造企业的产品和服务范围已覆盖"华龙一号"、"国和一号"、"玲龙一号"、CAP1000、VVER、高温气冷堆、快堆、小型堆等多种堆型，核岛主设备、常规岛主设备、大锻件及其他关键零部件相继实现国产化，本报告梳理总结了我国装备制造业在2023年所取得的成绩，同时分析了行业在设备原料供应、人才队伍培养、投标竞争及仪控仪表类小批量设备等方面存在的现实问题，并提出了促进行业持续稳定发展对策和建议。

关键词： 核岛主设备　常规岛主设备　大锻件　核电装备制造

一　核电装备制造产业的现状和成绩

近年来，我国华龙、国和系列批量化核电建设不断推进。在前期的项目建设过程中，一批关键设备和关键材料相继实现国产化，一批国际领先/先进的大型试验台架和设施得到了验证和考验；通过项目实践，我国培养了一批专业技术人才，建立起产学研用深度融合的核能科技创新体系并加大科技成果的工程应用力度。

---

*　本报告由中国核能发展报告装备制造编写组编制，主要编写人员：唐伟宝、邹杰、杨文伟、张璎、刘艳、赵濛、夏磊、廖勇。
　　唐伟宝，教授级高级工程师，现任上海电气核电集团首席专家，主要从事核电设备制造的总体技术和发展规划研究，以及科技信息管理、标准化等工作。

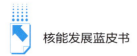

核电装备制造企业的产品和服务范围覆盖"华龙一号"、"国和一号"、"玲龙一号"、CAP1000、VVER、高温气冷堆、快堆、小型堆等多种堆型,产能满足每年开工建设 10 台 / 套百万千瓦级核电机组的工程需求。

中国第一重型机械股份公司(简称"中国一重")在黑龙江齐齐哈尔富拉尔基区建成了世界最大的铸锻钢生产基地,具备从冶炼、锻造、热处理到机械加工、检测等工序完整的生产体系。近年来,中国一重建设了洁净钢平台,显著提高了钢水纯净度,整体提高钢锭的冶金质量,锻件质量大幅度提升,已实现近 4 年核电锻件性能 100% 合格。

哈尔滨电气集团有限公司积极提升自主研发能力,加大关键核心技术攻关力度,推动关键技术优化升级和示范应用。随着"国和一号"、CAP1000 项目屏蔽主泵电机产品的陆续交付,哈尔滨电气动力装备有限公司成为国际上唯一拥有"华龙一号"主泵、"国和一号"和 CAP1000 屏蔽主泵电机生产业绩的企业。

上海电气集团股份有限公司已全面掌握三代核电核岛、常规岛关键设备制造技术,多项技术达到国际领先水平;第四代核电技术取得多项首台 / 套突破,具备主设备批量供货能力。通过开展产学研用合作,该公司不断提升主泵的国产化和自主化程度,已实现轴封主泵 100% 国产化,并通过设计优化显著减轻了轴封型主泵的振动;持续发力下一代先进核电关键材料,开发了超洁净、高性能不锈钢锻件和板材,为中国磁控聚变能装置 TF 线圈盒提供了 -269℃极低温高强高韧特殊不锈钢锻件,相关产品填补国内空白,达到世界领先水平。

二重(德阳)重型装备有限公司实现核电主管道、常规岛焊接低压转子、核电半速转子、汽缸等关键能源装备和高端铸锻件批量供货。

(一)三代核电装备制造情况

2023 年,国内核电装备制造企业在三代核电堆型中取得的成绩总结如下。

1. "华龙一号"堆型

(1)核岛主设备

①压力容器

中国第一重型机械股份公司承制的三澳核电厂 1 号机组、昌江核电厂 3

号机组压力容器完工交付。后续太平岭核电厂 3 号机组，招远核电厂 1、2 号机组、金电 1、2 号机组等 21 台压力容器在制。

东方电气（广州）重型机器有限公司承制的太平岭核电厂 1 号机组压力容器完工交付。

上海电气核电设备有限公司承制的宁德核电厂 6 号机组压力容器完工交付，另有 1 台压力容器在制。

②蒸汽发生器

上海电气核电设备有限公司承制的太平岭核电厂 2 号机组、三澳核电厂 1 号机组共 4 台蒸汽发生器完工交付，承制的防城港核电厂 5 号机组、太平岭核电厂 4 号机组等 11 台蒸汽发生器在制。

哈电集团（秦皇岛）重型装备有限公司承制的宁德核电厂 5 号机组 3 台蒸汽发生器验收发运，承制的太平岭核电厂 3 号机组、漳州核电厂 3 号机组、三澳核电厂 2 号机组等 9 台蒸汽发生器在制。

东方电气（广州）重型机器有限公司承制的昌江核电厂 3 号机组 3 台蒸汽发生器全部交付。

中国第一重型机械股份公司承制的宁德核电厂 5 号机组蒸汽发生器制造进展良好，符合项目要求。

③稳压器

东方电气（广州）重型机器有限公司承制的三澳核电厂 1 号机组稳压器完工交付。

中国第一重型机械股份公司承制的太平岭核电厂 1、2 号机组稳压器完工交付。

哈电集团（秦皇岛）重型装备有限公司承制的陆丰核电厂 6 号机组等 3 台稳压器在制。

④堆内构件

东方电气（武汉）核设备有限公司承制的昌江核电厂 3 号机组、漳州核电厂 2 号机组堆内构件制造完工。

上海第一机床厂有限公司承制的三澳核电厂 1 号机组堆内构件制造完工，

承制的三澳核电厂 2 号机组、陆丰核电厂 5 号机组等 4 套堆内构件在制。

⑤控制棒驱动机构

东方电气集团东方汽轮机有限公司承制的太平岭核电厂 1 号机组控制棒驱动机构完工交付。

上海第一机床厂有限公司承制的三澳核电厂 1 号机组控制棒驱动机构制造完工,承制的陆丰核电厂 5、6 号机组等 4 套控制棒驱动机构在制。

⑥主泵

上海电气凯士比核电泵阀有限公司承制的漳州核电厂 2 号机组主泵已完成全流量试验,实现 100% 国产化,并交付现场;另有三澳核电厂 1、2 号机组 6 台主泵在制。

哈尔滨电气动力装备有限公司承制的昌江核电厂 3、4 号机组主泵进入总装配和全流量试验阶段。

(2)常规岛主设备

哈尔滨电气集团有限公司承制的漳州核电厂 2 号机组 MSR、昌江核电厂 3 号机组凝汽器本体完工交付,承制的昌江核电厂 3、4 号机组汽轮发电机组、MSR 和低压加热器在制。

东方电气集团东方汽轮机有限公司、东方电机有限公司承制的太平岭核电厂 1 号汽轮发电机组交货完毕,2 号汽轮发电机组主设备制造完工;承制的三澳核电厂 1 号机组汽轮机主设备制造完工。

上海电气电站设备有限公司承制的漳州核电厂 1 号汽轮发电机组主设备完成安装;承制的 2 号汽轮发电机组设备完成制造,陆续发运现场。

(3)其他设备

中国第一重型机械股份公司使空心锻造技术正式商用,实现了主管道锻件全截面的有效锻透。它承制的三澳核电厂 2 号机组主管道设备部分交付,承制的太平岭核电厂 4 号机组、三澳核电厂 4 号机组、招远核电厂 2 号机组、防城港核电厂 6 号机组的 4 台主管道项目进展顺利。

哈电集团(秦皇岛)重型装备有限公司承制的三澳核电厂 1 号机组、太平岭核电厂 2 号机组主设备支承完工交付。

哈尔滨电气集团佳木斯电机股份有限公司承制的三澳、陆丰、漳州、昌江核电厂配套泵用及风机用配套电机，2023年完成交付987台/套。

上海第一机床厂有限公司承制的太平岭核电厂1号机组装卸料机、人桥吊制造完工。

上海电气集团上海电机厂有限公司承制的太平岭核电厂1、2号机组应急柴油发电机、凝结水泵电机已完工验收，待发运。

浙江久立特材科技股份有限公司完成太平岭核电厂3号机组3台蒸汽发生器传热管的交付，实现产品全流程化；自主研发的汽水分离器MSR翅片传热管实现产品批量交付；自主研发的堆型测量仪表管及CRDM管座贯穿件产品成功交付，应用于三澳核电厂1、2号机组，太平岭核电厂1、2号机组等项目。

2. "国和一号"堆型

（1）核岛主设备

上海第一机床厂有限公司承制的"国和一号"示范工程2号机组控制棒驱动机构驱动杆组件交付现场。

上海电气凯士比核电泵阀有限公司研制的国和系列50Hz湿绕组电机主泵持续推进100%国产化工作，预计2025年可按期实现。

（2）常规岛主设备

哈尔滨电机厂有限责任公司在现有1300MW等级核电发电机基础上，基于系列化和模块式设计，完成1500MW等级核电发电机技术方案设计，并通过专家评审。哈尔滨汽轮机厂有限责任公司承制的"国和一号"示范工程1、2号机组3、4号低压加热器按期交付。

上海电气电站设备有限公司完成新一代安全可靠、高效的1500MW等级，具备2250t/h抽汽供热能力的半转速汽轮发电机组方案设计，并通过专家评审，具备了工程应用条件。

（3）其他设备

哈尔滨电气集团有限公司承制的"国和一号"战略备机屏蔽主泵电机已完成技术评估，实现开工制造。

3. CAP1000 堆型

（1）核岛主设备

中国第一重型机械股份公司承制的海阳核电厂 3 号机组压力容器完工交付；后续廉江核电厂 1、2 号机组，海阳核电厂 4 号机组等 4 台压力容器在制。

上海电气核电设备有限公司承制的三门核电厂 3 号机组压力容器、稳压器完工交付；承制的海阳核电厂 3 号机组稳压器完工交付；另有三门核电厂、海阳核电厂、徐大堡核电厂等 4 台压力容器、10 台蒸汽发生器、4 台稳压器在制。

上海第一机床厂有限公司承制的三门核电厂 3、4 号机组，海阳核电厂 3、4 号机组，徐大堡核电厂 1、2 号机组等 8 套堆内构件、8 套控制棒驱动机构在制。

哈电集团（秦皇岛）重型装备有限公司承制的三门核电厂 3、4 号机组，廉江核电厂 1、2 号机组的 8 台蒸汽发生器在制。

（2）常规岛主设备

哈尔滨汽轮机厂有限责任公司承制的白龙核电厂 1、2 号机组核电汽轮机设计方案完成外部专家评审，进入制造阶段。哈尔滨电机厂有限责任公司承制的三门核电厂、海阳核电厂 3、4 号机组发电机进入制造阶段。

哈尔滨汽轮机厂有限责任公司开展了 CAP1000 堆型汽水分离再热器（MSR）、凝汽器、低压加热器的研制工作，正在进行产品研发。

（3）其他设备

哈电集团（秦皇岛）重型装备有限公司承制的三门核电厂 3 号机组堆芯补水箱、非能动余热排出热交换器完工交付。

哈尔滨电气动力装备有限公司实现了 4 台 CAP1000 屏蔽主泵电机出产，并完成了廉江核电厂 1、2 号机组屏蔽主泵电机的设计评审。

中国第一重型机械股份公司承制的陆丰核电厂 1、2 号机组，廉江核电厂 1、2 号机组，海阳核电厂 3、4 号机组堆芯补水箱制造进展顺利。

4. VVER 堆型

上海电气电站设备有限公司承制的田湾核电厂 7 号机组发电机、凝汽器完成制造，汽轮机正在精加工过程中。徐大堡核电厂 3 号汽轮发电机组进入厂内加工过程。

哈尔滨锅炉厂有限责任公司承制的田湾核电厂 7 号机组、徐大堡核电厂 3 号机组除氧器已完成制造并交付。

上海电气集团上海电机厂有限公司承制的田湾核电厂 7、8 号机组，徐大堡核电厂 3、4 号机组首台 UBN 柴油发电机组已完工验收，待发运；承制的田湾核电厂 7、8 号机组首台循环水泵电机已完成总装。

（二）先进核能系统装备研制情况

1. 示范快堆

中国第一重型机械股份公司承制的示范快堆 2 号机组容器关键设备及堆顶屏蔽已交付，旋塞设备等按计划制造中。

上海第一机床厂有限公司承制的示范快堆 2 号机组堆芯支承设备制造完工。

东方电气（广州）重型机器有限公司承制的示范快堆 2 号机组中间热交换器研制按计划推进，首台设备封口焊完成。

2. 小型堆

（1）"玲龙一号"堆型

中国第一重型机械股份公司完成了海南昌江多用途模块式小型堆科技示范工程（"玲龙一号"首堆）压力容器的制造，形成了一系列具有自主知识产权的小型堆制造关键技术；完成了压力容器与直流换热器的组焊工作，厂内组焊全部 64 道焊缝一次合格率 100%，该公司是国内唯一开展民核压力容器与换热器组焊的厂家，真正意义上实现了工程模块化。

哈尔滨电气动力装备有限公司承制的首台主泵产品进入最终机组试验阶段，其余 3 台主泵进入最后组装阶段。全部 4 台主泵产品于 2024 年上半年运抵昌江核电厂现场。

哈尔滨汽轮机厂有限责任公司承制的核电汽轮机、汽水分离再热器（MSR）、凝汽器、低压加热器进入制造阶段。

东方电气（广州）重型机器有限公司承制的堆内构件、稳压器、余热排

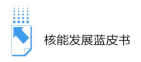

出热交换器均已制造完工。

上海第一机床厂有限公司承制的人桥吊、容器吊均已制造完工。

（2）供热堆

哈尔滨电气动力装备有限公司开展供热堆泵的研发工作，确定结构，进行模型试验，根据技术要求确立了主泵的结构，解决了供热堆泵高效水力模型的开发以及泵产品结构形式确定两项关键技术问题。

（3）铅铋堆

上海电气核电集团有限公司承制的国家重大科技基础设施加速器驱动嬗变次临界系统（CiADS）主设备原理样机完成研制，实现了国内首套 CiADS 主设备原理样机集成供货。

哈尔滨电气动力装备有限公司已与中广核研究院有限公司研究确定铅铋堆主泵结构设计方案，启动电机样机研制及水力设计开发、原材料分析等工作。

（三）聚变装置装备研制情况

东方电气（广州）重型机器有限公司承制的 ITER 极向场线圈支撑 PFCS 3-4 悬挂梁产品 18 套已交付；包层屏蔽模块项目 220 块产品稳步推进中，第一批 106 块产品预计在 2026 年交付，第二批产品预计在 2027 年交付。

二重（德阳）重型装备有限公司承担了 HH70 核聚变装置主体构件生产制造任务，该装置属于大型薄壁奥氏体不锈钢焊接结构件，其关键件 TF 线圈盒、TF 骨架及 PF 骨架存在焊接、加工变形大，冷却管安装间隙均匀性调整困难，焊接温度控制严苛等技术难题。研发项目针对 HH70 核聚变装置的结构特征、精度指标、物理特性磁导率要求等，进行工艺验证工作，形成核聚变装置主体构件的全流程制造工艺技术方案，填补在该类产品制造技术方面的空白。

上海电气核电集团有限公司承接的能量奇点科技有限公司全高温超导托卡马克试验装置 HH70 主机系统的真空室、冷屏和杜瓦已实现交付，承接的河北新奥科技球形环氢硼聚变堆 EXL-50U 真空、EXL-50U 磁体支撑装置正在研制中，承接的 ITER 磁体测试杜瓦研制项目正在进行研制技术准备。

上海电气核电设备有限公司承制的等离子体物理研究所 CRAFT TF 线圈盒正在研制中；承制的 BEST TF 线圈盒研制及 TF 线圈盒内侧 U 型盒体加工任务，目前正在技术准备及材料采购阶段。该公司完成了 N50 焊接工艺开发，开发了特殊的焊接工艺手段，获得纯净和细化的焊缝组织，提高 4.2K 断裂韧性，焊接接头性能达到国际领先水平。它还开发了性能满足设计要求的树脂和冷却管树脂填充工艺以及性能满足设计要求的钎料和冷却管钎焊工艺。

上海电气第一机床厂有限公司完成了胀板式冷屏的技术开发及 BEST 1/32 胀板式冷屏 1：1 模拟件交付；开发了 CRAFT TF 线圈盒大厚度奥氏体不锈钢锻件激光打底焊工艺，已成功应用于 CRAFT TF 线圈盒的研制；完成 1/8 BEST 真空室 PS2 段的技术方案评审与 MRR 评审、正在进行 PS2 段的研制；开展了屏蔽包层等比例模拟件预研，完成了深孔技术铜合金焊接等技术开发，初步完成偏滤器研制方案制定。

（四）大锻件研制情况

1. 自主化"华龙一号"汽轮机低压转子锻件研制

中国第一重型机械股份公司与哈尔滨汽轮机厂有限责任公司、中广核工程有限公司签订了"华龙一号"汽轮机整锻低压转子锻件自主化联合研发协议，开展自主化"华龙一号"汽轮机低压转子锻件研发工作。中国一重与哈尔滨电机厂有限责任公司共同研制完成 1200MW 等级核电机组的转子轴锻件的国内制造加工，打破了国外垄断。

二重（德阳）重型装备有限公司以研制"华龙一号"第三代核电机组低压焊接转子为依托，攻克大型钢锭低偏析与高纯净度冶炼技术、厚大截面复杂饼形锻件锻透压实和形性控制锻造技术、高强高韧等强性热处理技术等，解决大型核电低压焊接转子锻件成形难度大、探伤要求苛刻、力学综合性能高的制造难题，实现大型核电低压焊接转子国产化、稳定批量化制造能力。2023 年，"常规岛汽轮机焊接转子锻件"技术装备被列入国家第三批能源领域首台 / 套重大技术装备项目名单。

2. 大科学实验装置锻件成套研制

TF 线圈盒是核聚变装置用超导磁体中研制难度最大的部件，为满足低温超导运行环境，要求锻件材料在 -269℃ 极端低温环境下也具有极佳的断裂韧性和屈服强度，其性能要求之高、规格尺寸之大远超国内国际已有业绩产品，国际上无同等技术难度的制造经验。

上海电气上重铸锻有限公司突破了超低碳控氮 316LN 钢超纯净冶炼技术、大截面 316LN 钢超低温超韧性组织调控热处理技术、316LN 钢大锻件控形控性锻造等关键技术瓶颈，完成了 316Ln-Mn 认证件的生产制造并成功交付，研制出了满足我国聚变工程实验堆用超高洁净超低碳控氮奥氏体不锈钢锻件产品，实测性能综合指标超越欧美先进企业为国际热核聚变实验堆制造的类似锻件，填补了国内制造空白，突破了制约聚变堆项目发展的材料瓶颈。

上海电气上重铸锻有限公司通过成分优化设计、高纯净冶炼、大规格 N50 锻件均细化锻造和大规格 N50 锻件控性固溶处理，开发出 5 吨级 N50 锻件，性能达到国际先进水平，正在开展 BEST TF 线圈盒锻件的冶炼和锻造。

3. 600MW 高温气冷堆一体化锻件研制

600MW 高温气冷堆主设备大锻件采用一体化结构设计，异型锻件较 200MW 机组明显增加，锻件研制难度增大。通过对 600MW 高温堆核岛主设备成套大锻件关键技术的研究，上海电气上重铸锻有限公司突破了特大型双真空钢锭的反偏析技术、高温堆堆内构件用百吨级高洁净大钢锭真空直注技术、顶部含大直径厚壁法兰的一体化封头控性和净近成形锻造技术、顶部含大直径厚壁法兰的一体化封头锻件热处理强冷和防变形技术、超大直径筒体和法兰类锻件精细化自由锻控形技术、低合金 Cr-Mo 钢厚壁锻件高热强性和低温韧性组织性能调控热处理技术等技术瓶颈，成功研制出 600MW 高温堆压力容器、堆内构件、蒸汽发生器大锻件，实现国际首台/套突破。2023 年该公司成功交付压力容器锻件 15 件、蒸汽发生器锻件 5 件。

4. 堆内构件新型围筒结构一体化锻件研制

上海电气上重铸锻有限公司开展原材料冶金、冶炼、核心元素含量控制、热处理等冶炼、锻造工艺研究，加工工艺方案研究以及装配方案研究，以提高锻环的成品率和经济性等综合性能指标为目标，优化了电渣重熔技术、锻造技术及热处理技术。新型围筒结构一体化锻件已基本研制完成，正在等待性能数据。

5. 600MW 钠冷快堆不锈钢产品研制

钠冷快堆核岛主设备大量采用性能要求极高的奥氏体不锈钢制造，且对化学成分、纯净度、耐腐蚀性能、组织及力学性能等技术指标有非常苛刻的要求。上海电气上重铸锻有限公司拥有超洁净、窄范围、控氮奥氏体不锈钢电渣重熔技术，高均匀性奥氏体不锈钢产品多工况控性热成形技术，以及高热强、抗疲劳、耐腐蚀奥氏体不锈钢性能调控技术等关键技术，这些技术可应用于后续的 600MW 快堆及其他先进核电机组的关键材料。2023 年该公司成功交付棒材 773 件、传动轴锻件 4 件、独立热交换器大锻件 31 件。

6. 环筒类大锻件构筑成形模拟与形性协同控制及核能示范应用

二重（德阳）重型装备有限公司开展的研究基于构筑成形技术，结合模拟仿真与工程试验手段，开发示范工程大构件的形性协同控制技术，完成核能领域标志性大锻件研制与示范应用。该公司研究的全过程形性控制技术，应用于四代核电钠冷快堆支承环、三代核电容器筒体和封头等。

（五）关键零部件国产化情况

1. 泵阀相关装备

（1）阀相关设备

东方电气集团东方汽轮机有限公司研制的抽汽逆止阀、中压蝶阀油动机通过验收评审，GFR 抗燃油泵完成样机鉴定，中压蝶阀国产化产品完工。

（2）湿绕组主泵推力轴承国产化研制

上海电气凯士比核电泵阀有限公司联合上海核工程研究设计院股份有限公司开展了湿绕组电机主泵推力轴承关键原材料的 100% 国产化替代工作。水润滑推力轴承已完成全国产的等比例样件制造，自主设计建造的推力轴承试验台完工，国产化推力轴承具备台架试验验证的条件；2 家国内企业研制的湿绕组电机主泵用绕组电缆已完成样缆研制，开始寿命验证试验，预计将于

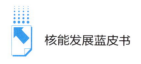

2024 年底前结束。

（3）再热阀研制

哈电集团哈尔滨电站阀门有限公司已完成再热阀冷态试验专家见证，正在进行热态试验。

（4）MSR 先导式安全阀国产化研制

哈电集团哈尔滨电站阀门有限公司与中广核工程有限公司联合开展核电机组汽水分离再热器（MSR）先导式安全阀（立式）的研制。国产先导式安全阀已在阳江核电厂成功替代进口产品，使用 1 个大修期后阀门状态良好，性能满足现场使用要求，后续将在太平岭核电厂、三澳核电厂中运用。

（5）汽机旁路调节阀国产化研制

哈电集团哈尔滨电站阀门有限公司与中广核工程有限公司联合开展核电机组汽机旁路调节阀的研制，研制样机通过中国机械工业联合会和中国通用机械工业协会共同组织的样机鉴定。该产品具有自主知识产权，主要性能指标达到国际同类产品先进水平，将在华能石岛湾核电厂、宁德核电厂 5、6 号机组上得以应用。

（6）抽汽止回阀国产化研制

哈电集团哈尔滨电站阀门有限公司与中广核工程有限公司联合开展核电抽汽止回阀的研制，研制样机通过中国机械工业联合会和中国通用机械工业协会共同组织的样机鉴定。核电抽汽车止回阀具有自主知识产权，主要性能指标达到国际同类产品先进水平，将在陆丰核电厂 5 号机组上得以应用。

（7）主泵轴承石墨材料国产化研制与应用

哈尔滨电气动力装备有限公司开展主泵轴承石墨材料国产化研究。该公司根据国内外研究经验和项目技术需求，提出了 7 种国产石墨材料，经过机械性能测试并经材料研制中期评审会确定三种牌号进行启停瓦研制；已完成三种材料启停瓦制造和两种材料各自 3000 次启停试验。

（8）主泵电机出线盒密封垫国产化研究

哈尔滨电气动力装备有限公司开展核主泵电机出线盒密封垫国产化研究，攻克材料选型、辐照试验、气密性试验等难点，密封垫各项检测结果均满足规范要求，产品性能与国外产品一致，实现了密封垫国产化。

（9）主泵电磁阀门

哈尔滨电气动力装备有限公司针对主泵电磁阀门与鞍山电磁阀门有限公司进行深度技术交流，确定研发方案，下一步将开展联合研发工作。

2. 仪控仪表及其他零部件

（1）专用传感器研制

上海自动化仪表有限公司开展快堆换料机与非能动控制棒驱动机构传感器及电控装置研制项目，已完成专用传感器的研发及生产，后续将进行调试。

（2）推力轴承研制

哈尔滨汽轮机厂有限责任公司联合浙江申发轴瓦股份有限公司完成了百万等级核电汽轮机用推力轴承自主化研制。

（3）MSR 分离板研制

哈尔滨汽轮机厂有限责任公司研制的 MSR 分离板已完成产品开发和试验验证，通过了中国核能行业协会组织的国产化技术评审鉴定，且在昌江多用途模块式小型堆科技示范工程及山东海阳核能综合利用示范——三期 900MW 核能供热工程外供工业蒸汽项目中得到应用。

（4）护环锻件和绝缘引水管国产化研制

哈尔滨电机厂有限责任公司开展护环锻件和绝缘引水管国产化研制工作，大力推动发电机励磁系统国产化，突破国外技术垄断，已获得太平岭核电厂业主应用许可。

（5）辐照监督管国产化研制

上海第一机床厂有限公司完成了辐照监督管的国产化研制，其研制的辐照监督管整体成形精度、焊后及蒸压试验后，直线度、密封性能、插拔力等均优于国外产品，经评审达到了国际先进水平。同时，自主研发的辐照监督管相比国外同类产品价格大幅下降。

（6）核岛堆内构件用核级接头国产化研制

上海第一机床厂有限公司完成了整套核岛堆内构件用核级接头攻关研制工作，并通过试验鉴定。国产化的核级接头完全满足所需的各项性能指标，

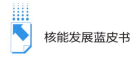

达到国际同类技术先进水平，填补了核电双卡套接头技术的空白，我国摆脱了国外企业对该类核级接头的技术垄断。

（7）控制棒驱动机构 Y 型熔化填充环国产化研制

上海第一机床厂开展并完成了 Y 型熔化填充环批量化研制技术攻关。经试验对比认证，国产化的 Y 型环尺寸稳定性更高，在装配焊接效率上明显优于进口拉拔 Y 型熔化填充环，应用该环焊接焊缝质量更稳定、更安全。经技术成果鉴定，该产品达到了国际先进水平。

（六）核电装备"走出去"情况

中国科学院等离子体所和上海电气核电集团有限公司的联合体获得 ITER Cryostat for the Magnet Cold Bench 项目的承制任务。该装置将用于 ITER 关键的 TF 磁体和 PF1 磁体的低温测试，由中国科学院等离子体所负责设计，上海电气核电设备有限公司负责制造并直接出口法国。

哈尔滨电气与江苏核电有限公司建立新的对俄营销渠道。双方就雅库特小堆、彼得格勒扩建等项目与俄罗斯原子能海外公司、Titan-2 公司开展工程、技术、商务配合。

二　存在的问题

（一）核电快速发展对主设备原材料产能形成压力

目前国内核电产业进入新一轮快速发展阶段，核电项目集中启动，对核电产业主设备原材料产能产生一定压力，其中汽轮机高低压转子、长叶片以及高压外缸等长周期铸锻件尤为显著。同时，核电项目建设周期越来越短，原材料产能对项目产品顺利出产产生一定影响。

（二）核电人才队伍存在缺口

核电装备制造企业的部分关键岗位人员如核级焊工、无损检验人员、大型机加操作人员等存在缺口。这些岗位人员培养周期长，且核电装备制造企业与核电用户单位相比，薪酬竞争力弱，部分关键岗位不能完全满足当前核电建设的需要。

（三）低价中标不利于行业良性健康发展

核电装备及零部件、原材料的最低价中标策略不利于制造企业的良性竞争，对装备制造企业的质量、生存造成一定的风险，不利于行业的正向发展，不利于产业链整体升级，不符合高质量发展的要求。

（四）仪控仪表类小批量设备研发体制问题

一方面，由于核电主泵使用仪表数量少，同时生产周期长，部分仪表总需求减少，国内有技术基础的潜在合作厂家的研发意愿不强烈；另一方面，国外仪表厂家为了保持技术领先，产品更新迭代速度加快，导致国内厂家瞄准的技术指标还未研发就已落后。

三　对策和建议

（一）提升能力、扩大产能，保障工程进度

为应对当前市场形势，核电装备制造企业加快升级改造设备，购置"高精尖"设备，实现硬件实力提高；采用严格控制各工序间衔接、精细化进度控制等措施，实现管理能力和水平提升；持续优化技术、工艺方案，应用数字化、自动化技术，实现技术升级；多管齐下，全面扩大产能、保证质量、促进进度。

（二）推动国产化成果应用

建议行业协会进行可行的国产化成果认证，推动国产化成果在核电行业的应用。建议推动国产化科研与工程应用相结合，实现示范应用及成果转化。

（三）加快人才培育和引进

加强核电装备制造行业关键岗位的人才储备，加强与地方政府的对接，

出台相关政策支持核电关键岗位人才引进和培育；建立跨企业、跨领域的关键岗位人才转会和共享机制，推进人才在产业链内部顺畅流动。

（四）促进行业持续稳定发展

国家从政策层面保持核电建设长期稳定发展，每年批准合理的核电机组数量，有利于核电装备制造产业链相关企业提前配置资源；行业协会应进一步加强核安全文化建设，推动产业链上下游共同提升质量管理水平，促进产业持续稳定发展；核电行业应坚持"安全第一、质量第一"的原则，确保核电装备具有合理的市场价格和利润空间。

（五）促进集群产业形成协同创新网络

国家应围绕核能产业链关键环节部署创新链，培育创新能力强的领军企业与"专精特新"企业；建设公共创新平台，提升原创技术供给能力，强化技术创新服务支撑，形成产学研协同、产业链耦合的创新网络；优先在核电装备制造产业集群内建设国家制造业创新中心、国家技术创新中心、产业技术研究院等重大公共创新平台，促进集群产业形成协同创新网络。

参考文献

[1] 张廷克、李闽榕、尹卫平主编《中国核能发展报告（2022）》，社会科学文献出版社，2022。

[2] 于海江、邹海雷:《核电装备制造业进入国际先进行列》,《中国电力报》2021年7月22日，第5版。

[3]《百万千瓦级核电站轴封型主泵流体静压轴封产品样机通过鉴定》,《水泵技术》2019年第2期。

[4] 陆冬青:《高温气冷堆压力容器研制》，上海电气核电设备有限公司，2015年3月1日。

[5] 吴秀霞:《推进产学研深度融合 加快科技成果转化》,《中国船舶报》2023年3月15日，第3版。

[6] 干勇、谢曼、廉海强等:《先进制造业集群现代科技支撑体系建设研究》,《中国工程科学》2022年第2期。

B.6
中国核技术应用产业发展报告（2023）

中国核能行业协会核技术应用专业委员会 *

摘　要： 当前，我国核技术应用产业经济规模持续扩大、产业进入快速扩张期，但还存在基础产业不够坚实、行业应用市场机制不完善、缺少顶层规划文件以及科普工作不够深入等问题。本报告介绍了核技术应用产业的总体情况、国内外核技术应用发展情况，剖析了我国核技术应用产业发展的新形势和新任务，研究并提出了相关建议。

关键词： 核技术应用　射线装置　同位素　辐射探测器　核电子学

　　为切实推进我国核技术应用产业高质量发展，2022 年 4 月，中国核能行业协会启动首份《中国核技术应用产业发展报告（2023）》（简称《产业发展报告》）的编撰工作，并邀请219余位长期从事核技术应用产业化工作的专家、学者和企业家组建编写及评审团队。《产业发展报告》包括总体发展、技术与产业、典型案例三个篇章。其中，总体发展、典型案例各 1 篇，技术与产业包括 15 个专篇，共计 100 多万字。《产业发展报告》全面指出全球核技术应用产业发展大势，聚焦分析我国核技术应用产业的政策环境、市场规模及

---

　　*　本报告由中国核能行业协会核技术应用专业委员会编制，主要编写人员：冯毅、杨大助、王毅韧、安世忠。

　　报告主要执笔人：冯毅，高级工程师，中国核能行业协会核技术应用专业委员会专家副主任委员。曾任中广核核技术应用有限公司党委副书记副总经理、中国核能行业协会副秘书长、国防科工委系统工程二司处长、中国核工业总公司国际合作局副处长、核工业第二研究设计院三室组长，长期从事核行业管理及核技术应用产业化工作。

前景、发展动力、骨干企业、竞争格局、制约因素及发展瓶颈，并提出对策建议。

一 核技术应用产业概述

核技术应用（通常指民用非动力核技术应用）属于现代高新技术产业，它以核性质、核反应、核效应为科学基础（见附表1），以研究实验堆、射线装置、同位素、辐射探测器和核电子学为主要技术工具（见附表2），广泛应用于国民经济和社会发展相关领域。

核技术的主要应用领域为:（1）核农学［包括作物辐照诱变育种（含航天育种）、低剂量刺激效应、农用核素示踪（用于土壤、水分、农药/化肥残留的监测，原产地溯源）、辐射昆虫不育技术（用于害虫防治）、农产品（食品）辐射加工等］;（2）工业应用［包括射线加工（含高分子材料改性、射线束改性）、辐射消毒灭菌、离子注入加工、辐射无损探测等］;（3）核仪器仪表（包括通用基础核仪器、反应堆核仪器仪表、工业核仪器仪表、弱光探测技术等）;（4）核分析技术（包括X射线分析技术、中子束分析技术、超精细相互作用分析技术、离子束分析技术等）;（5）核医疗（包括核医学与分子影像学、放射治疗、放射性药物等）;（6）空间与地学应用（包括空间核技术、核测井、同位素水文地质学及水资源保护、海洋放射生态学应用等）;（7）环保产业应用［包括辐射处理废水技术、辐射处理固体（废）物技术、辐射净化烟道气技术等］;（8）社会安全应用（包括违禁品安检、核安保等）;（9）其他应用（见附表3）。

核技术应用涉及多门学科和多种技术，通过与非核技术的融合互补，形成了核农学、核分析、核医疗、同位素地质学、核材料学、放射生物学等诸多重要交叉学科;在技术成果转化应用过程中，呈现知识密集、不可替代、交叉渗透、应用广泛、嵌入式增长、关联效应强等特征，在促进材料、工艺、方法持续创新和信息获取与利用等方面具有独特的技术经济产业价值。

核技术应用发端于20世纪中叶，受到信息化、经济全球化和数字化浪潮的影响，深度融入相关国家的能源、工业、农业、医学、地质、材料、环保、考古、空间科学、基础研究、公共安全等领域，为经济持续增长、自然科学探索、产业转型升级、新兴产业培育、生态环境治理、民生福祉改善等提供了强劲动力。国际核能界将核电和核技术应用比作"车之两轮""鸟之双翼"。当今世界，核技术及其应用是国家技术水平和社会现代化的标志之一，是国家综合国力的重要体现，也是经济科技强国必争的战略制高点和优先布局的产业方向。国际原子能机构曾指出："就应用的广度而言，只有现代电子学和信息技术（ICT）才能与同位素及辐射技术相提并论。"

核技术应用是具体而生动的。（1）在自然科学探索方面，据统计，100多年来诺贝尔科学奖获得者中约 1/7 来自核科学技术领域。其中包括 X 射线、放射性、钋和镭、正电子、中子、同位素、人工放射性发现，回旋加速器、核反应堆建造，核裂变、锕系元素、同位素示踪技术及活化分析、碳 -14 法定年、穆斯堡尔效应、中子散射与中子衍射技术、放射免疫法、用碳 -14 示踪研究光合作用、计算机断层 X 射线扫描等诸多有重大影响的发现与成果。核分析技术具有灵敏度高、准确度好、非破坏性、取样量少、多元素分析能力等优点，已广泛应用于科学研究和经济活动中。（2）在推动传统产业升级方面，作物辐照诱变育种保障了粮食安全，射线加工助推高性能材料推陈出新，辐射消毒灭菌确保了食品药品和医疗器械安全，离子注入加工是芯片生产的重要掺杂工艺之一。（3）在协同新兴产业发展方面，同位素电池和原子钟帮助人类探索和利用太空，核测井技术突破引发了页岩气革命，辐射法制备高性能碳纤维原料及高性能原丝。（4）在民生福祉改善方面，核医学诊疗技术拯救了数以百万计患者的生命；最常用的放射性核素锝 -99m 已广泛用于心脑血管疾病、肿瘤以及脑功能疾病的诊断；全球生产的医用钴 -60 放射源已使世界上癌症患者总共延长了 107 年的寿命；核技术用于违禁品安检和核安保保障了人流物流畅通和通行安全等。（5）在生态环境治理方面，辐射处理废气、废水和废渣为解决环境生态治理难题提供了独特、可行的方案。

实际上，普通人的衣、食、住、行、用已广泛受惠于核技术应用这位"幕后英雄"，它和人类已经"形影不离"。

二　国际核技术应用产业发展概况

（一）简要发展历程

1895 年伦琴发现 X 射线，仅数月后，X 射线就被用于医学影像。1896 年贝克勒尔发现天然放射性。1930 年劳伦斯建造世界上第一台回旋加速器。1932 年安德森证实正电子存在。1936 年赫维西等建立中子活化分析法，并提出同位素示踪法。1938 年哈恩等发现核裂变。1942 年费米主持建造了全球首座核反应堆。上述具有里程碑意义的进展为核技术开发应用奠定了基础。1945 年第二次世界大战结束后，核技术的开发利用得到迅速发展，并不断催生新型产业。1948 年 Ansell 和 Rotblat 研制出逐点扫描核医学成像装置，用于甲状腺检测，开创了核医学成像装置大规模应用。1957 年国际原子能机构成立，为各国核科技交流合作提供重要国际平台。20 世纪六七十年代，核技术开发及推广出现热潮，在发达国家中逐步拓展，形成了诸多新兴产业，惠及国民经济和社会发展各个领域。1979 年三哩岛核事故后，美国核蒸汽系统供应商转向拓展核技术应用市场。20 世纪 80 年代，得益于微电子、计算机技术以及各种新型仪器设备强大市场需求牵引，发达国家核技术应用出现新的发展高潮，应用领域日益拓宽，核技术应用产业规模不断增大，商业模式也日渐成熟。1986 年切尔诺贝利核事故后，许多核电订单取消，促使西方发达国家核能企业纷纷转向核技术应用产业。20 世纪 90 年代在信息化和经济全球化浪潮的助力下，国际核技术应用产业呈现市场化、国际化、网络化、资本化特征，发展日臻成熟，出现诸多核技术应用大型头部企业，垄断竞争态势明显。2008 年金融危机及 2011 年日本福岛核事故后，核技术应用产业出现小幅波动后仍保持平稳发展。

（二）发展概况

世界上已有 150 多个国家和地区开展核技术的研究开发和推广应用。在发达国家，核技术应用商业模式成熟、市场集中度高，且已形成一系列规模大、关联紧密的新兴产业，其产值已占到国内生产总值的 2% 以上。国际上不少知名核蒸汽供应系统（NSSS）供应商同时也是核技术应用领域的头部企业。美国将核技术列为优先支持的 22 项重大技术发展方向之一。美国核科学顾问委员会的评估报告《国家同位素未来需求》认为，2018 年底美国核技术应用产值已达 6000 亿美元，约占 GDP 的 3%。据报道，日本、韩国、瑞典和欧盟主要大国核技术应用产值占 GDP 比重为 2%~3%。很多发展中国家高度重视核技术应用，并开展了各具特色的技术开发及应用活动，虽然目前产业规模较小，但未来成长空间巨大，且合作意愿很强。

（1）研究实验堆方面，综合利用成效明显，延寿扩容势头强劲。据IAEA《2023 年核技术评论》，截至 2022 年底全球 53 个国家共有在运研究堆 233 座（含临时关闭），这些"万能"工具为科学研究、医疗诊治和工业界提供了中子束和不可或缺的辐照服务，并为核科技人才的教育和培训提供了重要平台。美、俄、德、法等核技术发达国家高度重视研究堆的布局与建设，已建成众多世界一流、功能强大的研究堆群。其中，美国累计建成研究堆 307 座（在运 50 座），俄罗斯 124 座（在运 58 座），德国 46 座（在运 6座），法国 39 座（在运 5 座）。世界各国研究堆在诸多领域得到综合利用，成为科学研究、医学、工业和教育等领域不可或缺的重要工具和手段（见附表 4）。

全球运行 40 年以上的研究堆比例接近 70%，许多国家正实施在运研究堆的延寿管理和更新改造计划，目标是使其安全运行 60 年以上。同时，有 10个国家正在建造 11 座新研究堆、14 个国家正式规划建设 14 座新研究堆。进入 21 世纪后，德、法和俄分别建成了 FRM Ⅱ、RJH 和 PIK；美、俄、法正在新建多用途快中子高通量研究堆（VTR、MBIR、JHR）；欧盟正在比利时新建欧洲能源研究基础设施（MYRRHA）。发展中国家也积极开发建设新研究堆项目。

（2）射线装置方面，大型医用装置布局加速，工业应用拓展深化。据国际粒子治疗协作委员会（PTCOG）统计，截至 2021 年中，全球已运营的质子 / 重离子医疗中心突破 101 家（含治疗装置共 107 台），在建项目约 40 个。运营的质子/重离子医疗中心中，质子医疗中心89家，重离子医疗中心6家，质子/重离子联合医疗中心6家；按国别看美国有40家、日本和欧盟均有23家。世界不少国家重视硼中子俘获疗法，据IAEA统计，现有11个国家的20多个基于加速器的硼中子俘获疗法（BNCT）项目正在实施。全球医用直线加速器应用迅猛，过去5年复合增长率超过9%；医用直线加速器多模式一体化放疗技术和产品进入临床应用。世界卫生组织（WHO）建议的配置标准是每百万人口应有4台医用直线加速器。目前较领先的国家有美国（12.8台）、加拿大（8.7台）、日本（7.2台）、法国（6.8台）、德国（6.4台）和英国（5.5台）。工业辐照用电子加速器持续增长，特别是医疗产品消毒项目明显增加；电子加速器配备X射线转换靶有更多应用，辐射加工市场中电子加速器份额显著提高。根据Gartner统计，2022年底全球集成电路离子注入机市场规模约为32亿美元，且保持超过30%的年增长率。冷阴极X射线源在医疗成像、工业检测、安全检查等新应用领域发展显著。

（3）同位素方面，传统制备面临瓶颈，加速器应用正在兴起。全球共有100多种放射性同位素应用于医用领域，其中30余种医用同位素用于疾病的诊断和治疗，最常用的有钼-99/锝-99m（99Mo/99mTc）、碘-125（125I）、碘-131（131I）、碳-14（14C）、镥-177（177Lu）、锶-89（89Sr）、氟-18（18F）、钇-90（90Y）8种。其中前6种医用同位素的生产集中在荷兰（HFR）、比利时（BR2）、南非（SAFARI-1）、波兰（MARIA）、澳大利亚(OPAL)、俄罗斯（BOR60）几座研究堆，未来几年前4座堆（占裂变99Mo供应的65%）将陆续退役，全球或面临常用放射性同位素短缺。同时，加速器同位素制备快速发展，加速器生产99Mo研发及商业化在北美地区已取得积极进展，由电子加速器产99mTc制成的显像剂已获得美、加等国监管部门许可；加拿大有已交付电子直线加速器生产99Mo的商业订单；在美国电子加速器生产99Mo的工厂加速建设。据IAEA数据，全球有超过1500台回旋加速器，其中约1300台为中小型医用回旋加速器专门生产18F、11C等短寿命同位素，与正电子发射计算机断层扫描仪（PET）相配套。此外，核医学诊疗一体化、分子影像及α核素靶向治疗等需要更多新的放射性同位素。例如，碘-123与

碘 –131 相结合用于诊断和治疗甲状腺疾病；诊断性核药镓 –68（68Ga）和治疗性核药镥 –177(177Lu) 肽和酶抑制剂用作神经内分泌肿瘤和前列腺癌的载体。

（4）核探测器方面，新型探测器不断涌现，集成度与性能大幅提升。随着核探测器材料、制备工艺、微电子学器件以及信息处理技术等突破，涌现出一大批性能优异的核探测器，包括碲锌镉 (CZT)、砷化镓（GaAs）、碘化汞（HgI2）、溴化镧（LaBr3）、溴化铊（TlBr）等。碲锌镉探测器在核电和医学影像方面的应用不断扩大。溴化镧晶体广泛用于便携式核素识别仪。塑料闪烁体探测器广泛用于安检、人员车辆检测。镀硫化锌（ZnS）的塑料闪烁体广泛应用于氡的测量。宽禁带半导体探测器是一类新型探测器，化学气相沉积（CVD）金刚石、氮化镓（GaN）和碳化硅（SiC）等是研究的热点。另外，钙钛矿探测器也引起了业界的广泛关注。硅光电倍增管（SiPMT）的广泛使用提高了仪器的性能和紧凑性。平面硅工艺探测器派生出一系列先进的硅半导体探测器，如硅 PIN、硅漂移室探测器 SDD、全耗尽场效应管探测器 DepFET、pn-CCD 探测器、微条带探测器、线性阵列、二维面阵成像探测器等。专用集成电路（ASIC）在核探测器读出前端电子学有了更多应用，具有尺寸小、功耗低、便于集成、性能优异等优点。

（5）核技术应用在农业、工业、仪器、分析、医学、空间与地学、社会安全、环保等行业更加活跃。

——核农学在畜牧业、食品安全、作物育种、害虫防治、水土管理等领域的贡献持续提高。根据 FAO/IAEA 突变品种数据库，截至 2022 年 5 月底，70 多个国家在 214 种植物上育成并商业注册的植物突变品种总数已达 3402 个。核农学在选择和繁殖高产动物 DNA 芯片、控制兽药和农药残留、食品原产地溯源、辐射诱导遗传多样性改善粮食产量、昆虫不育技术（SIT）实现植物害虫综合管理、评估土壤和水资源利用效能、精确测量温室气体排放、评估碳封存等方面发挥着重要作用。

——工业方面，辐射加工是全球核技术应用范围最广、产业化规模最大的领域。根据 IAEA 统计，全球 50 多个国家共有 300 余座 γ 辐照装置，总装源活度约为 4 亿居里，全球有超过 3000 台工业辐照电子加速器，总功率超过 120MW；主要分布在亚洲、北美和欧洲，发达国家辐射加工市场成熟，发展中国家市场潜力巨大；电子加速器创新应用活跃、总体成长迅速。材料辐照改性已扩展到交联线缆、热缩与发泡材料、各类基材涂层固化与各类功能薄膜改性、半导体加固、轮胎预硫化、医用水凝胶制备、宝石致色等；辐射消毒中的医疗器械增量明显，辐射保鲜服务于食品安全、中药灭菌、宠物食品灭菌、包装材料灭菌及新冠病毒防控等。同时，射线检测与成像技术主要包括 X 和 γ 射线照相检测 (RT)、计算机辅助成像（CR）、射线实时成像检测（DR）、计算机层析照相检测（CT）和中子辐射照相检测等，已广泛应用在航空航天、核工业、船舶、兵器、铁路、电力、新能源汽车等行业。全球无损检测市场的主要增长区域在亚洲、拉丁美洲的发展中国家。

——核仪器方面，人工智能及其衍生产品的应用不断拓展。例如，在生命科学领域，使用三维 X 射线或中子结晶学结合深度学习软件，有利于破译蛋白质折叠结构。机器学习方法将强化粒子加速器在核医学癌症分期和放射治疗的应用。用于辐射探测和伽马光谱分析的商业无人机已经出现。工业核仪表具有便携式、智能化、在线化以及痕量分析等特点，为各种实时在线监测及快速分析提供了高效、便捷的技术手段。

——核分析方面，X 射线分析得到广泛应用，特别是环境及食品领域的重金属快速检测。基于大科学平台的 X 射线分析服务于生命科学、医学、药物学、新型储能材料的研发。基于新型中子源的中子束分析已广泛用于生物、医药、物理、化学、高分子、冶金、材料和地矿等各种学科及工业场景。核磁共振成像已经成为临床医学诊断和基础生命科学研究中最基本和最重要的影像学工具之一，随着神经网络算法的引入，磁共振快速成像成为研发新热点。加速器质谱 (AMS) 分析目前可实现从 3H 到 239Pu 等各种核素测量，应用领域从考古学拓展到地球、生命、环境、核物理与核天体物理等众多科学领域。

——医学方面，核医疗是利用射线装置、同位素及放射性药物进行疾病诊断、治疗和医学研究的科学，在恶性肿瘤、心脑血管疾病、神经退行性疾病等的诊疗中发挥着不可替代的作用，是现代医学的重要标志之一。医用核技术正经历从分子影像到精准医学进而向诊疗一体化转型。截至 2022 年 5 月，共有涉及 6 种正电子显像核素的 17 个 PET 药物、37 种 SPECT 药物被国外 FDA 批准用于肿瘤、神经及心血管临床 PET 显像及各系统 SPECT 显像，包括碘 [131I]、氯化镭 [223Ra]、镥 [177Lu]-dotatate、镥 [177Lu]-PSMA-617、钇 [90Y] 微球等在内的 12 种核素治疗药物获批进入临床。2021 年底，全球放射性药物市场规模 43.8 亿美元（约合 306 亿元）。2022 年底，全球医学影像设备市场约 700 亿美元，年增长率约 5.2%。据 IAEA 统计，到 2021 年底，全球 151 个国家共设置放疗中心 7565 个，其中，医用直线加速器设备 1.42 万台、质子 / 离子治疗设备 116 台、近距离放疗设备 3345 台，主要分布在北美、西欧和东亚地区。

——空间与地学方面，核技术应用尖端核心地位突出。美国"毅力号"火星车于 2020 年 7 月 30 日发射升空，该火星车所需能源全部由多任务同位素温差电源（MMRTG）提供，该电源重 45kg、功率 110W，采用 Pu-238 为同位素热源（以 PuO2 陶瓷形式）、热电偶发电、工作寿命 14 年。2019 年 6 月 25 日，美国航空航天局 (NASA) 用重型火箭向太空发射了一台深空原子钟（汞离子钟），其稳定度是 2×10^{-15}，比 GPS 卫星上的原子钟精确 50 倍，即每 1500 万年误差只有 1 秒。核测井是测井技术的重要组成部分，据估算，2022 年底全球核测井仪器及服务需求规模约为 29 亿美元；国际上已研制出满足不同地质导向服务需求、高可靠性、高稳定性的随钻测井与旋转导向系统；以可控射线源为基础的智能化核测井系统成为主流技术。在同位素水文学方面，地下水及地热资源寻找、水利设施安全性监测、港湾泥沙淤积预测、监测水体污染等应用在国际上有很大发展，并渗透到矿泉（瓶装水）、地热、水力发电、水资源、航运等行业。在海洋放射生态学方面，放射性示踪剂被用来追踪海水的流动，了解海洋和沿海生态系统，监测放射性和非放射性污染物（如微塑料和甲基汞），评估海洋酸化对钙化生物的影响。

——社会安全领域，核技术为出入口控制、实体防护、违禁品安检等行业提供了高端主流装备，发挥核心作用；2021 年底全球核技术的市场总规模为 231 亿元，其中，行李 / 包裹检查约 120 亿元、货物 / 车辆检查约 59 亿元、人员安全检查约 21 亿元、放射性物质检测约 31 亿元。核安保是防范恐怖分子获取核材料、破坏核设施等采取的重要措施，可有效防止、侦查和应对涉及核材料和其他放射性物质或相关设施的偷窃、蓄意破坏、未经授权的接触、非法转让或其他恶意行为。

——环保方面，不少国家开展了利用电子束处理"三废"（烟道气、废水、污泥等）的技术研发和中试。2021 年中国在电子束处理印染废水上实现了首次工业规模应用。电子束处理"三废"表现出不可替代性，具有良好的应用前景。

三 我国核技术应用产业发展概况

（一）简要发展历程

1950 年，中科院近代物理研究所（后更名为中国原子能科学研究院）在北京成立。1958 年，建成了第一座重水研究性反应堆和第一台回旋加速器。20 世纪 60 年代，我国开始了辐射诱变育种和同位素示踪研究开发及应用。20 世纪 80 年代，后核技术在农业、工业、生物医学、材料制备等领域的应用逐步扩大，我国积极探索后核技术的产业化应用。1986 年，建成 HI-13 串列加速器。1990 年，北京同步辐射装置建成。1992 年，社会主义市场经济体制确立后，多种所有制单位积极参与核技术应用开发，在市场需求牵引下，技术转化和市场应用空前活跃。2010 年，上海同步辐射光源建成；首批工业用钴 60 同位素从秦山核电三厂顺利出堆。2011 年，中国实验快堆建成，核技术应用领域产业出现多个知名品牌及企业。2016 年，国务院《"十三五"国家战略性新兴产业发展规划》发布，核技术产业被列为超前布局战略性产业。HI-13 串列加速器升级工程通过竣工验收。2017 年，我国自主设计建造中国先进研究堆通过竣工验收。多家核技术应用企业在上海、深圳证券交易所和老三板挂牌上市，资本市场对核技术应用的关注度明显升高，为产业发展注入新的活力。2018 年，中国散裂中子源建成，电子束处理印染废水技术实现产业化应用。2019 年，全球首台全景动态 PET-CT 成像系统正式进入临床验证阶段；首台碳离子（重离子）治疗示范装置取得《中华人民共和国医疗器械注册证》并投入运营；首批高比活度医用钴 60 源从秦山核电三厂出堆。2020 年，锦屏深地核天体物理加速器成功出束；新冠疫情期间，数以百万件的医疗防护服、口罩、头盔、防护镜等借助辐射消毒用于临床中。2021 年，《医用同位素中长期发展规划（2021—2035 年）》正式发布。

（二）国内发展概况

改革开放后，我国核技术应用加快发展，多种所有制单位积极参与，逐步形成专业化、市场化、规模化发展态势。目前，我国核技术应用产业成熟度显著提升，核心平台、装备及材料自主化供给能力不断增强，在工业、农业、医疗、环境保护、社会安全等领域的应用不断拓展，已深度嵌入多个应用行业，正积极迈向高质量、创新发展的新阶段。

经济规模持续扩大。截至 2022 年底，全国从事放射性同位素和射线装置的法人单位已超过 10 万家，较 2018 年增长 43.15%，其中绝大部分为民营中小企业。在运民用研究堆（含临界装置）有 18 座（可产同位素的 5 座）、计划建设 3 座，高通量研究堆中子应用平台形成规模。在用各类射线装置约 22.7 万台、放射源 16.4 万枚，分别较 2018 年增长 25.17% 和 15.02%；工业辐照加速器已经取得了大规模应用，85% 以上的装置实现了自主化、规模化生产；医用同位素及放射性药品研制生产持续增长，医用质子 / 重离子加速器、γ 刀及核医学设备不断取得突破并开始投放市场。保守估计，我国核技术应用产值从 2015 年的 3000 亿元（约占 GDP 的 4.0‰），到 2022 年底已接近 7000 亿元（约占 GDP 的 5.7‰），年均增长 15% 以上。其中，工业应用产值占比超过 50%，医用核技术产值占比约 20%，发展相对成熟。多支核技术应用股票挂牌上市，借力资产证券化杠杆，加速产业发展。

图1　2009~2022年全国从事生产、销售、使用放射性同位素和射线装置单位数量

图2　2009~2022年全国各类射线装置及在用放射源数量

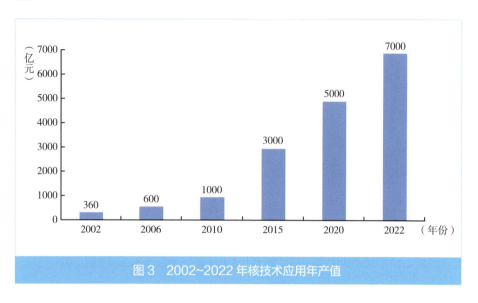

图 3　2002~2022 年核技术应用年产值

　　产业已进入快速扩张期。一是产业布局明显提速。核技术应用特别是基础产业和工业及医用拓展应用产业，在我国长三角、珠三角、环渤海和成渝经济圈等增长极实现了规模化重点布局，也从嵌入区域经济集群中获得溢出效应。截至 2022 年底，我国质子 / 重离子医疗中心有 14 个在运营中（大陆 10 个加上中国台湾 4 个），有 19 个在建设中，有 7 个在规划中。2021 年 6 月，国家原子能机构会同七部委局联合印发《医用同位素中长期发展规划（2021-2035 年）》，瞄准我国医用同位素生产、放射性药物研制和应用需求，就加快建立稳定的自主供给体系做出部署。目前，四川和陕西两省，山东烟台、四川绵阳、湖南衡阳三市，浙江海盐、四川夹江、甘肃金塔三县均已出台同位素应用相关产业规划，积极推进重点项目。2022 年 10 月底，浙江海盐秦山同位素生产基地建设项目开工建设，项目一期总投资 4.6 亿元，规划建设 5 条同位素生产线，包括钴 -60、碳 -14、碘 -131 和锶 -89 等同位素。四川夹江医用同位素溶液式生产堆正筹备开工，项目总投资 7 亿元，设计功率 200KW，年产能 10 万居里钼 -99、2 万居里碘 -131、400 居里锶 -89。二是产业创新实现突破。例如，首台国产重离子癌症治疗示范装置投入临床应用，全球首台全景动态 PET-CT 成像系统正式进入临床验证，国内首台基于强流质子回旋加速器的硼中子俘获治疗（BNCT）装备取得重大突破，强流质子超导直线加速器实现百千瓦高功率连续束流稳定运行。三是优势产业持续巩固。辐射加工方面，产业规模2022年底已达3500亿元；工业辐照加速器批量化生产；截至2021年底，我国共有γ辐照装置约130座，总设计装源活度达1.7亿居里、实际装源量超过7000万居里；国内用于辐射加工的电子加速器超过880台；特别是，新冠疫情期间，数以百万件的医疗防护服、口罩、头盔、防护镜等借助辐射消毒用于抗疫临床，为抢救生命争取了宝贵时间。核医学诊疗方面，产业规模2022年底已达1400亿元左右；截至2019年底，国内设立核医学科（室）1148个，有正电子显像设备427台、单光子显像设备903台、有医用回旋加速器120台；核医学诊疗正向市中心医院加速普及，国产医疗加速器正在逐步走向中高端市场；2019年国内共有医用直线加速器2021台，2021年底国内放疗服务市场规模约为517亿元，年复合增长率为13.7%。射线无损检测应用领域不断扩大；违禁品查验成套设备在满足国内需要的同时已畅销100多个国家；电子束处理"三废"实现工业化应用，做到全球领先。四是"走出去""引进来"迈出坚实步伐。首届中国－东盟和平利用核技术论坛顺利召开。亚洲首个国际原子能机构放药及放射源协作中心在北京挂牌。我国相关海关安检成套设备、工业辐照用电子加速器、钴-60辐照集成装置等产品实现批量化出口，沿"一带一路"远销海外，甚至销往欧、美、日、韩、俄等国家，我国核技术应用部分主流产品，正从"中国制造"向"中国创造"华丽转身。同时，不少国际核技术应用头部企业加速在华业务拓展，中外合资合作项目及在华投资明显增加。

同时，各相关领域应用取得积极进展。

——研究实验堆方面，从原材料供应、制靶、堆内辐照到辐照后分离制备放药形成了配套的堆产同位素产业链。我国有CARR和CMRR两座高通量束流研究堆，其中CARR的热中子注量率达$8 \times 10^{14} n/cm^2 \cdot s$，该指标位居于世界前列、亚洲第一。依托CARR已建成热中子和冷中子成像装置、样品准备实验室和样品环境等配套设备。结合国内核医学迫切需求，秦山第三核电厂商用重水堆生产60Co、99Mo、14C项目，医用同位素生产堆（MIPR）生产

99Mo、131I、89Sr 等计划正抓紧实施，相关高通量多功能研究实验堆建设项目规划取得实质进展。

——射线装置方面，各类应用型加速器技术日益成熟、产业化水平逐步提高；2020 年，我国电子加速器制造业市场规模达到 73.1 亿元，主要应用场景包括工业辐照、无损检测、医学诊疗、安全检测等。中低能工业辐照加速器基本实现了自主化、规模化研制生产，正向高能、高功率、高效率、提高自动化及稳定性方向发展，工业辐照加速器国产化率达 85%。质子 / 重离子治疗装置供应以瓦里安、亿比亚等进口品牌为主，国内自研的质子 / 重离子治疗装置已投入运营并实施规模化市场布局。按 WHO 推荐 2~4 台 / 百万人口的配置标准，我国医用直线加速器应达到 2800~5600 台，对比欧美标准，我国则需要近 8000 台医用直线加速器，市场缺口巨大。

——同位素方面，截至 2022 年底，我国在用的 16.4 万枚放射源中，I 类源 1.57 万枚、II 类源 1.8 万枚、III 类源 1654 枚，其他放射源 12.86 万枚。2022 年，进口放射源 8717 枚，出口放射源 2369 枚；进口非密封放射性物质总活度 2.81×10^{16}Bq，出口非密封放射性物质总活度 3.7×10^{16}Bq。放射源制备方面，我国先后研制 241Am-Be 中子源、137Cs 辐射源、192Ir 后装源等 20 种放射源产品；近年又实现了 70% 工业辐照 60Co 源的国内供应；2018 年，我国首次利用热源制成了瓦级同位素电源产品，大功率电源处于研发阶段；我国氚光源从科研试制向批量生产推进。依托 CMRR 生产的 131I 可满足国内 20% 的市场需求，生产的小批量无载体 177Lu 用于科研；2021 年 HFETR 实现了 89Sr 小批量生产。目前，99Mo、125I、14C 等放射性同位素仍主要依赖进口。LEU 靶件生产裂变 99Mo 的工艺流程已经打通并完成了居里级工艺验证；医用高比活度 60Co 的制备正积极开发中；生产 14C 氮化铝陶瓷靶材（AlN）已开启工艺辐照。加速器产同位素中，18F 使用量约占核医学诊断用量的 20%，主要由医疗单位自行制备。加速器产新型医用同位素，如 64Cu、89Zr、124I、225Ac 与 223Ra 等的需求强劲；依托国内配备的 160 多台小型医用加速器，正电子核素 11C、18F 等的生产能基本满足临床需求；受限于高能粒子加速器配置，治疗用核素 67Cu、225Ac 与 223Ra 等的制备尚处于起步阶段，与国际先进水平存在差距。2H、10B、13C、18O、15N、22Ne 等稳定同位素制备国产化已取得积极成果。

——放射性药物方面，2021 年中国放射性药物市场规模为 51 亿元，年复合增长率超过 16%，放射性药物发展迅速，产业正经历培育期；涌现了一批专注核药研发创新的"小而美"企业，市场融资相对活跃。目前我国具备 99mTc 系列标记药物及配套药盒、18F-FDG、131I- 碘化钠口服溶液、诊断及治疗用 131I- 碘化钠胶囊、125I 粒子源等产品的批量化生产技术；产品涵盖口服溶液剂、口服胶囊剂、注射液、注射用冻干药盒等多种剂型。辐照钇 -90、镥 -177、锶 -89、碘 -131 技术开发进展显著；18F-PSMA-BCH 等放射性药物研发取得重大进展。

——探测器方面，截至 2021 年底，海关布置了大型货物检测 280 多套安检设备和滚装货车检查 25 套大型安检设备，产值约 10 亿元；碘化钠探测器的年市场规模为 30 亿~50 亿元，其中主要由美国圣戈班和乌克兰晶体院供货，特别是大尺寸、高品质碘化钠产品和探测器组件等。国内碲锌镉探测器在铀矿开采、乏燃料监控、后处理，以及个人核安全防护等领域的市场份额正逐年增大，未来可达 200 亿元。高纯锗探测器目前以进口为主，每年从 ORTEC 和 CANBERRA 两家公司进口 200 支以上，采购额约 2 亿元，进口替代需求迫切。

——核仪器方面，2021 年底，国内核仪器市场规模达到了 218.98 亿元，年复合增长率均超过了 10%。除通用仪器仪表、核能用仪器仪表及辐射防护环境监测外，工业核仪器仪表因适合非接触、非破坏性及各种苛刻工作条件（如高温、高压、高黏度、高腐蚀性和高毒性等），可对非密闭和密闭容器内的物料成分和特性进行实时快速测量，被广泛应用于工矿企业及各类流程生产过程中，在国民经济发展中起到了不可取代的作用。

——核分析方面，目前分析仪器已经广泛应用在环境、食品以及生命科学、医药、生物、物理、化学、冶金、材料、地矿和考古等学科及工业行业中。2021 年，中国占全球 X 射线荧光光谱仪市场的 32.51%。钢铁、水泥、火电三个行业的潜在分析仪器市场容量在 3000 台至 5000 台。越来越多的行业

对在线成分监测产生需求，例如化肥、食品安全等。作为智能制造的基础硬件，瞬发伽马中子活化分析设备市场必将越来越大。2022 年核分析技术助力发现月球新矿物"嫦娥石"。目前，中国已成为全球 MRI 增长速度最快的市场，2020 年，中国 MRI 市场规模达 89.2 亿元，年增长率超过 10%，国内核磁共振设备主要依赖进口。

此外，核农学、核测井、环保、水资源、社会安全等应用更加深入。截至 2021 年底，我国已经累计在 45 种植物上培育出近 1050 个植物突变品种，占国际同期育成植物突变品种总量的 1/4 强，每年为国家增产粮、棉、油 10 亿~15 亿公斤，年创社会经济效益 20 多亿元。辐照保鲜项目助力脱贫攻坚，辐照灭菌工程技术在高原藏药中首次应用。我国核测井仪器设备和服务市场每年有数十亿元的规模，为自然资源勘察开采提供重要支撑。电子束处理印染废水产业化项目，实现 7 台电子加速器联机并行，废水处理能力达 30000m3/d，出水达到国家一级 A 排放标准。同位素水文学在我国水资源调查评价、开发利用、监测与管理，以及水污染评价与防治、地热资源开发等领域正发挥着越来越重要的作用。全球首套基于碳纳米管冷阴极分布式 X 射线源的静态 CT 智能违禁品查验系统研制成功；核技术违禁品安检为冬奥会保驾护航。

四　新形势和新任务

（一）新形势

党的二十大科学谋划了未来一个时期党和国家事业发展的目标任务和大政方针，擘画了以中国式现代化全面推进中华民族伟大复兴的宏伟蓝图。党的二十大报告就"加快构建新发展格局，着力推动高质量发展"做出重要部署，明确了工作要求：要坚持和完善社会主义基本经济制度，坚持两个"毫不动摇"；建设现代化产业体系，推进新型工业化，加快建设制造强国、质量强国、航天强国、交通强国、网络强国、数字中国，推动制造业高端化、智能化、绿色化发展；加快实施创新驱动发展战略，加快实现高水平科技自立自强；推进高水平对外开放，推动共建"一带一路"高质量发展；全面推进乡村

中国核技术应用产业发展报告（2023）

振兴，加快建设农业强国，促进区域协调发展，统筹发展和安全等。上述目标任务为推进我国核技术应用产业高质量发展提供了根本遵循。我们要坚持以习近平新时代中国特色社会主义思想为指引，主动谋划并确保我国核技术应用产业发展行稳致远，为推进中国式现代化谱写核技术应用产业的新篇章。

《中华人民共和国国民经济和社会发展第十四个五年规划和 2035 年远景目标纲要》（以下简称《纲要》）是我国开启全面建设社会主义现代化国家新征程的宏伟蓝图。《纲要》提出了 17 个方面的战略任务和重大举措，部署了引领未来的重大攻关项目、基础设施领域的世界级标志性工程、重要民生保障项目等 102 项重大工程项目。这些重大项目中许多与核技术应用密切相关，为我国核技术应用产业嵌入式发展提供了战略机遇，对核技术应用产业发展也提出了新要求。

面临新形势、新要求，我国核技术应用产业高质量发展依然面临诸多问题与挑战：一是基础产业不够坚实。研究实验堆综合利用率不高，射线装置产品以中低端为主，同位素供应对外依存度偏高，高端辐射探测器亟待技术突破。二是行业应用市场机制不完善。行业信息披露不足，营商环境需要优化，领军企业群体有待培育，新产品开发投入不足，应用场景需求牵引力不足，存在"玻璃幕墙"，不少应用行业处于产业发育期，跨行业产学研用创新协同平台不足，产融结合不够。三是我国尚无核技术应用产业综合性顶层规划文件。四是核技术应用科普工作不够深入。不少公众及行业认为核技术应用"十分神秘"，甚至存在一些盲目恐"核"心理。

（二）新任务

1. 筑牢核科技根基，实现产业发展自立自强

一是破解"卡脖子"。作为国家战略性新兴产业，我国核技术应用仍面临诸多"卡点"，如缺乏加速器核心器件、部分同位素原料、高性能探测器、高端核医疗设备整机、高灵敏度核仪器、创新放射性药品等。贯彻新发展理念，构建新发展格局，实现核技术应用高质量发展，就必须坚定不移实施创新驱动发展战略，加大研发投入，配备核心人才，对接应用场景，推进融合

式创新，保护知识产权，完善标准体系，尽快实现核心关键技术自主可控。二是催生"新大脑"，服务科技强国。发挥核技术交叉学科优势，促进技术原始创新。核技术的生命力在于与物理、化学、生物、医学、材料、信息、能源、纳米等学科的高度融合，并不断产生新的交叉学科，促进原始创新。强化基础研究的应用牵引与国家战略科技力量，加快形成国家实验室体系，在提升国家创新体系整体效能方面，提供核技术应用的可行方案。三是开发新技术，助力质量强国、数字强国建设。基于新型反应堆、射线装置、同位素和核探测器的新方法不断涌现，为核技术在生物医学、环境科学、新型材料、现代工业和农业、纳米科技、国防安全等领域中的应用提供了强大工具；结合云计算、大数据、深度学习、免疫学、分子生物学等学科，核技术应用产业有望成为新技术的战略策源地。

2. 做大核技术应用，推动传统产业升级改造

大国竞争，产业为要。加快建设以实体经济为支撑的现代化产业体系是我国赢得战略主动的关键基座，更是党中央的重大决策部署，是"国之大者"。制造业中传统产业占比超过80%，而核技术应用与制造业门类的30%紧密相关，对制造强国建设至关重要。因此，通过深化核技术应用来推动传统产业升级改造，不仅是光荣使命，而且是战略机遇，我国必须牢牢抓住发展机遇。例如，在辐射加工技术方面，美国的工业辐射加工营收中，有66%来自半导体加工，有24%来自轮胎加工，两项相加达到90%。而我国在这些领域的应用基本处于起步阶段。再如，在辐射灭菌技术方面，20世纪90年代国际上医疗器械消毒灭菌中辐射灭菌的比例就达到50%。而我国这一比例目前仅为10%。因此，我国需要大力拓展辐射加工、辐射灭菌的应用。核仪器仪表的推广可以使相关传统行业加速向智能化、绿色化、数字化转型；无损检测的应用有助于确保基础设施和大型高端装备的质量、精度和可靠性。

3. 做强核技术应用，催生、壮大新兴产业

当今世界，新一轮科技革命和产业变革正在孕育发展，颠覆性技术不断涌现，多重技术交叉融合不断催生新产业、新业态、新模式。新兴产业是现代化产业体系的新引擎，代表了新一轮科技革命和产业变革的方向，是培育

发展新动能、获取未来竞争新优势的关键领域。核技术应用的全谱系技术以学科交叉安身立命，以拓展新应用为常态，贯穿第一、第二、第三产业，拥有三产融合优势，是培育壮大新兴产业的利器和"神器"。例如，集成电路、生物医药、先进结构材料、新型功能材料、轨道交通装备等，很多关键环节需要核技术应用的深度参与。我们要以强烈的使命感加快做强核技术应用，以更加开放的心态深入研究新兴产业的全产业链条，主动对接重要环节，加快突破关键核心技术，协同融合发展，壮大我国新兴产业。

4. 做优核技术应用，服务国家重大需求

健康中国、平安中国、美丽中国建设是人民对美好生活的向往，也成为核技术的用武之地，如核医学诊疗、违禁品检查、治理"三废"、水资源管理等。《医用同位素中长期发展规划（2021—2035年）》明确提出，要"建立稳定自主的医用同位素供应保障体系，满足人民日益增长的健康需求，为建成与社会主义现代化国家相适应的健康国家提供坚强保障"。核技术的应用为心脑疾病、癌症以及阿尔兹海默症患者的诊断、治疗带来福音。利用辐射分析技术对各种各样的隐匿违禁品进行检查和检测，可以有效防范核恐怖活动，并应对利用集装箱、汽车、航空货包、物流载体等进行走私或偷运毒品、爆炸物等情况。核技术在许多特殊"三废"的处理中有着不可替代的优势，已经进入产业化布局，必将在建设美丽中国中发挥重要作用。

5. 做活核技术应用，增强产业发展内在活力

按照建立高水平社会主义市场经济体制的要求，坚持两个"毫不动摇"，充分发挥有效市场和有为政府的作用，更好发挥企业家精神，允许技术、人才、资本等要素的合理有序流动，按照高效规范、公平竞争、充分开放的原则，促进核技术应用产业营商环境建设。

展望未来，我国核技术应用发展空间很大，预计2025年可达万亿元市场规模。我国核技术应用产业在推进新型工业化，建设科技强国、农业强国、制造强国、质量强国、航天强国、交通强国、文化强国、数字中国、健康中国、平安中国、美丽中国的新征程以及实现"双碳"目标上，必将发挥更大的、不可替代的重要作用（见附表5）。

五 相关建议

（一）加强顶层战略谋划

建议国家有关部门出台综合性规划与指南文件，把核技术应用产业提升为国家战略性新兴产业，融入国民经济和社会发展大局；统筹核科学、核技术、核产业一体化协调推进，在推进中国式现代化的进程中，积极打造核科技产业强国。

（二）筑牢发展基础

针对核技术应用产业发展的短板，充分发挥新型举国体制优势，组织各方攻关，给予必要的政策、资金支持，彻底扭转该产业中关键技术、材料等受制于人的局面，并建立可持续的创新发展能力。

（三）构建融合创新平台

面向市场，整合资源，建立跨技术、跨行业、产学研用相互融合的协同创新平台，打破行业"玻璃幕墙"，推进供求对接、研产对接、产融对接，为核技术应用产业发展开辟绿色通道。

（四）统筹产业发展与安全监管

建立健全符合国情、与国际接轨的法律、法规、政策体系，积极构建透明、敏捷、包容的新型监管体系，为核技术应用产业安全、健康发展提供便利，保驾护航。

（五）进一步做好核科普宣传

加大核科学普及力度，让全社会了解核技术应用对社会进步、经济发展、人民福祉增进的积极促进作用；主动加强公众沟通，及时妥善应对涉核舆情，引导公众理性对待核事业，为核技术应用产业发展营造良好舆论环境。

附表1

核技术应用的科学基础	
核科学基础	对应的核技术
核反应	核能发电、同位素制备、中子活化分析、中子散射分析、带电粒子活化分析、光子分析方法等
核效应	正电子湮没技术、穆斯堡尔谱技术、核径迹技术、辐射加工技术、离子束加工技术等
核性质	同位素示踪技术、核素断代技术、核医学诊疗技术、放射治疗技术等

附表2

核技术应用分类（Ⅰ）		
核技术应用基础设施/材料	核技术应用装置、设备和同位素	产品和服务
研究实验堆	同位素生产堆 束流研究堆	制备同位素，开展中子活化/散射/衍射分析，核孔膜生产，单晶硅中子掺杂，珠宝辐照着色等
射线装置	电子直线加速器 变压器型高压加速器 电子帘加速器 地那米加速器 重入式射频电子加速器 电子感应加速器 质子/重离子加速器 静电加速器 离子注入机 X光管 CT球管 冷光源 多点/分布式X射线源中子发生器等	带电粒子活化分析，同位素生产，无损探伤检测、辐射加工、消毒灭菌、安检、辐照材料改性、高端芯片制造、"三废"处理、石油测井、包装材料印刷、涂层固化、膜材料加工、轮胎预硫化等，质子/重离子/中子治疗设备
同位素	稳定同位素 放射性同位素 特种同位素	在基础科学、工业、农业、医学、能源、生命科学、生态环保、导航、产品溯源、量子科技和新材料等诸多领域广泛应用
辐射探测器和核电子学	气体探测器 闪烁和发光探测器 半导体探测器 核径迹探测器 中子探测器 高能粒子探测器等	核测量仪器仪表、大科学工程、核医学诊疗设备、工业CT、安检设备、核安保、科学仪器、空间物理、卫生检疫、食品检测等应用

附表3

核技术应用分类（Ⅱ）		
领域	分领域	产品和服务
核农学	（1）作物辐照诱变育种（含航天育种）	诱发植物基因组产生可遗传的突变，在诱变后代中筛选出新的育种材料
	（2）低剂量刺激效应	增强作物生理机能，加快生长发育，从而实现作物高产和品质改善
	（3）农用核素示踪	针对靶标物质在特定物质或系统（如土壤、植物）中的迁移、转化、吸收和分配及生物功能和作用机理等行为与规律进行研究，促进植物营养、土壤环境的改善
	（4）辐射昆虫不育技术	将大量人工饲养的靶标害虫经射线辐照使其不育，再将其持续释放到自然环境中，使不育雄虫与野生雌虫交配不产生后代，达到控制靶标害虫的目的
	（5）农产品（食品）辐射加工	利用射线杀灭农产品（食品）中的寄生虫、病原微生物等，抑制新鲜果蔬的生理代谢活动，杀虫灭菌，抑制发芽，延缓生理过程，确保食品安全、保鲜
工业应用	（1）射线加工（含高分子材料改性、射线束改性）	利用 γ 射线或电子束引起高分子材料的聚合、交联、降解，制备优质电线电缆、轮胎、热收缩材料、发泡材料、超细粉末、高效电池隔膜、包装材料、宝石着色、橡胶硫化、纺织品、薄膜改性等；辐射处理废水、固体废物、净化烟道气、去除可挥发有机物等
	（2）辐射消毒灭菌	利用 X 射线、γ 射线或高能电子束等高能射线杀死微生物，属于冷加工技术，无污染、带包装、无残留、不引入二次污染物。用于食品、药品、药材、中成药、医疗器械、化妆品、保健品、宠物食品、牲畜饲料等的消毒灭菌，医用水凝胶制备，冷链食品新冠病毒防控等
	（3）离子注入加工	为大规模集成电路重要的掺杂手段之一，比传统热扩散掺杂更能形成高效的 PN 结；可使金属表面得到强化，提高硬度、耐磨性、耐腐蚀性和抗疲劳强度，可降低磨损率；广泛用于改变光学材料的折光率，提高超导材料的临界温度，表面催化、改变磁性材料的磁化强度等
	（4）辐射无损探测	一种分析判断待测对象的组织结构、缺陷的无损检测技术，分为 RT、CR、DR、CT 和中子辐射照相检测等，广泛用在石油、化工、航空、航天、兵器、核能、汽车、地质、生物、医药、材料、电子、芯片、文物考古、锂电池等领域

续表

领域	分领域	产品和服务
核仪器仪表	（1）通用基础核仪器	核探测器与核探测信息处理必备的核电子部件组成的基础设备，广泛用于核工业、环保及卫生、海关安检、公共安全、核应急、核安保等领域
	（2）反应堆核仪器仪表	指反应堆核测量系统仪表，如辐射监测系统仪表（包括在线监测仪表、移动式监测仪表、实验室检验仪表、环境监测仪表等）、火灾探测仪表等
	（3）工业核仪器仪表	对样品的密度、微观结构和元素组成等进行在线实时分析的方法，可测定样品的基本物理（或化学）量，如密度、浓度、厚度（高度）、水分、流量、挥发分、料位、结构及其变化等，以调控生产工艺和保证产品质量；广泛用于半导体工业、地质、冶金、选矿（煤）、煤炭及焦化、钢铁、发电厂灰分分析、食品、药品、珠宝在线分析鉴别等领域
	（4）弱光探测技术	采用电子学、信号学及物理学等综合方法对微弱光信号进行探测的技术，如检测微伏、纳伏量级的光电信号等，用于固体物理、高能物理以及天体粒子物理中的弱光探测，在长距离光通信、卫星遥感、激光雷达、夜视成像、伪装识别、有害气体探测和医学诊断等领域具有应用前景
核分析技术	（1）X射线分析技术	利用X射线与物质间的交互作用分析物质的结构、组织和成分的分析方法。包括X射线荧光光谱分析、吸收谱分析、散射分析、漫散射分析、康普顿散射分析等。应用于矿业、制造、勘探、环保、食品、生命科学、医学、药物学、新型材料、各类实验室
	（2）中子束分析技术	研究材料的微观结构、晶格动力学、织构、应力等信息的方法。在物理、化学、材料、工程等研究领域发挥着独特作用，成为物质科学研究和新材料研发的重要手段，主要包括：中子活化分析技术、中子散射技术、中子成像技术等
	（3）超精细相互作用分析技术	利用原子核的磁矩和电四极矩与周围电磁场之间的相互作用，分析核能级的移动和分裂，获得周围环境的信息，从而探测物质的微观结构，广泛用于基础研究、材料、生物、化学、医学、冶金、地质、考古等领域。主要包括核磁共振效应、正电子湮没技术、穆斯堡尔谱学、扰动角关联技术等
	（4）离子束分析技术	离子束分析技术主要包括加速器质谱分析、卢瑟福背散射分析、离子激发X射线荧光分析和沟道效应分析等。在凝聚态物理和材料科学中已获广泛应用。通过将射线或粒子束聚焦建立的微束分析方法，应用扩展到生命科学、环境、地学、考古等领域

续表

领域	分领域	产品和服务
核医疗	（1）核医学与分子影像学	诊断、治疗和研究疾病的方法，常用于心血管系统、中枢神经系统、肿瘤及内分泌系统的诊断，内照射治疗和外照射治疗
	（2）放射治疗	利用电离辐射治疗疾病的技术，常用于癌症治疗，包括外照射、近距离照射、核素治疗、质子治疗、重离子治疗、硼中子俘获治疗（BNCT）等多种技术。临床放疗设备主要有医用电子直线加速器、电子回旋加速器、质子加速器、重离子加速器、γ刀、Co-60远距离治疗机、γ射线后装腔内治疗机等。硼中子俘获治疗发展较快
	（3）放射性药物	用于诊断、治疗或医学研究的放射性核素制剂、标记药物或生物制剂。一般按照特殊药品管理。分为诊断用和治疗用放射性药物。放射性核素主要通过反应堆、核素发生器以及加速器等生产方式获取
空间与地学应用	（1）空间核技术	专门用于空间探索或空间科学研究的核技术，包括放射性热源、放射性核素电池、空间反应堆核能系统和空间核能推进装置等；空间辐射安全和空间生物技术，涵盖空间辐射剂量学、辐射生物效应和机理、空间辐射防护方法以及利用空间辐射环境的生物育种方法等
	（2）核测井	通过测量岩石和介质的核物理参数，用以研究确定地质剖面、油气藏等矿产资源、矿井等工程的地球物理方法。分为γ测井、中子测井和放射性示踪测井三大类。独立的核测井方法有三十多种，能提供五十多种参数
	（3）同位素水文地质学及水资源保护	利用环境同位素和其他同位素示踪剂，研究地下水及其相关资源保护利用问题。涉及地下水及地热的寻找、水利设施安全性检测、港湾泥沙淤积监测、水体污染监测、矿泉水及贫气水资源开发、环境同位素测试技术与装备等相关产业
	（4）海洋放射生态学应用	研究放射性物质在各种海洋介质中放射性水平和相互作用，放射性核素在海洋食物链和海洋生态系统中的传递及其辐射效应，为保护海洋生态、开发海洋资源、评价相关核能工程提供服务
社会安全应用	（1）违禁品安检	运用射线探测技术和计算机断层扫描成像技术（CT）等辐射成像和探测技术，快速有效地检查人员、货物、行李、包裹、信件、交通工具等，实现对武器、爆炸物、毒品、禁品、特殊核材料与放射性物质、生化威胁等高效查验，以保障社会公共安全。主要应用场景包括各类安检、海关监管、邮政物流、绿色通道、大型活动安保、重要设施安全、放射性物质监测等
	（2）核安保	防范涉及核材料和其他放射性物质或相关设施的违法行为，包括防范恐怖分子获取核材料、破坏核设施，防范放射性物质泄漏对公众生命、财产和环境造成损害

领域	分领域	产品和服务
环保产业应用	（1）辐射处理废水技术	利用高能射线（γ射线或电子束）对水中污染物和有害微生物产生直接和（或）间接作用，使之发生一系列物理、化学及生物学变化，从而达到净化废水的目的。该技术可以有效加速生物难降解有机物的降解，明显降低废水（污水）中的总有机碳（TOC）、生化需氧量（BOD）、化学需氧量（COD），还可以有效地杀菌和去除某些重金属污染。适合煤化工、印染、制药、焦化、垃圾渗滤液、化工园区等废水的处理
	（2）辐射处理固体（废）物技术	利用射线（主要是电子束和γ射线）与固体（废）物之间的作用，通过电离和激发产生的活性粒子与污染物质发生一系列物理、化学与生物化学变化，导致固体废物的降解、聚合、交联并发生改性，从而达到净化的方法。可用于废橡胶、塑料、城市污水污泥、生物医学废物、国际空港和海港的垃圾、抗生素菌渣的处理等。该技术为采用常规方法难以处理的废物提供了新的净化途径，已经成为固体废物处理的重要手段之一
	（3）辐射净化烟道气技术	利用电子加速器产生等离子体，从而氧化烟气中的二氧化硫和氮氧化物，同时加入氨，使其与氧化后的气态污染物反应生成硫酸铵和硝酸铵，实现脱硫脱硝。辐照技术还可有效去除挥发性有机物（VOCs）和垃圾焚烧烟气与飞灰中的二噁英等
其他应用		

附表4

世界各地研究堆的综合利用（截至 2022 年底）		
		单位：个
应用领域	所涉及研究堆数量	对应国家数量
教学 / 培训	161	51
中子活化分析	116	50
放射性同位素生产	82	41
中子成像	69	37
材料 / 燃料辐照	68	26
中子散射	44	28
地质年代学	24	21
嬗变（硅掺杂）	23	15
嬗变（宝石着色）	20	12
中子治疗研发	15	12
核数据研究	16	9
其他 *	116	34

* 其他应用包括仪器仪表的校准和测试、屏蔽实验、创建正电子源和核废物焚烧研究等。

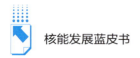

附表5

国家发展战略目标与核技术应用贡献	
国家发展战略目标	核技术应用贡献
科技强国	核科技（基础研究、大科学平台等）
农业强国	核农学（育种、虫害防治、水土管理、杀菌保鲜、食品溯源等）
制造强国	涉核工艺（芯片制造、材料改性、资源利用等）
质量强国	核测控（无损检测、工艺控制等）
交通强国	核测控（材料研发、无损检测等）
航天强国	核动力与测控（深空探测、无损探伤等）
文化强国	核分析（考古、文物保护）
健康中国	核医疗（疾病预防、诊断、治疗等）
美丽中国	核环保（环境监测、"三废"处理、生态保护等）
平安中国	核安保（反恐、安检、货物查验、核法证等）
数字中国	核仪表（过程数字化、智能化、自动化等）
"双碳"目标	核能与核技术（核电、核测井、水坝检漏、风电光伏材料等）

参考文献

[1] 柴之芳主编《中国大百科全书（第三版）——核技术》，中国大百科全书出版社，2021。

[2] 中国核学会编著《2018—2020核技术应用学科发展报告》，中国科学技术出版社，2021。

[3] 中国核学会编著《2016—2017核技术应用学科发展报告》，中国科学技术出版社，2018。

[4] 国家发展和改革委员会组织编写、何立峰主编《"十四五"规划战略研究》（上、中、下），人民出版社，2021。

[5] 雷增光等编著《2018中国同位素与辐射技术产业发展报告》，科学出版社，2019。

[6] 中国核学会核技术工业应用分会核技术仪器设备专业委员会组织编写《中国核技术仪器设备学科发展研究报告》，中国原子能出版社，2016。

[7]《中华人民共和国国家核安全局2022年报》，2023。

[8]《中华人民共和国国家核安全局2021年报》，2022。

[9]《中华人民共和国国家核安全局2020年报》，2021。

[10] IAEA, *Nuclear Technology Review* 2023, 2023.

[11] 肖伦主编《放射性同位素技术》，原子能出版社，2005。

[12] 罗顺忠主编《核技术应用》，哈尔滨工程大学出版社，2009。

[13] 黄钢等主编《核医学与分子影像》，上海交通大学出版社，2016。

[14] 吴国忠等编著《辐射技术与先进材料》，上海交通大学出版社，2016。

[15] 王学武、唐劲天主编《肿瘤粒子治疗工程技术》，中国科学技术出版社，2022。

专题研究篇

B.7
新时代中国核能"三步走"发展战略研究报告

张 明* 姜 衡 李林蔚 崔增琪 宿吉强

摘 要: 我国核能发展历时 40 多年,历经艰苦创业、开拓创新,热堆技术、快堆技术、聚变堆技术取得了长足的进步,推动了我国核能从无到有、从小到大,取得了世人瞩目的成就,为国家能源安全和经济建设做出了突出贡献。当前及未来一段时期,我国核能发展处于最为重要的战略机遇期,深入实施核能"三步走"发展战略,持续扩大热堆发展规模,以科技创新为抓手推动快堆商业化应用,以工程化为目标攻关可控核聚变关键核心技术,是核能大规模持续发展的有效途径。

关键词: 核能"三步走"发展战略 热堆 快堆 聚变堆

---

* 张明,正高级工程师。现任中核战略规划研究总院院长助理。主要研究方向为战略规划、政策法规、科技创新、体制改革等。

一 核能"三步走"发展面临的形势

（一）全球核能发展预期大幅提高

近年来，核能作为稳定可靠的低碳能源，已成为世界公认的应对能源安全保障和全球气候变化不可或缺的能源选择。世界核能发展呈现积极态势，西方国家正积极制定相关政策和计划。国际原子能机构连续 3 年上调了全球核电发展预测。在首届全球核能峰会上，32 个国家签署《核能宣言》，承诺充分发挥核能潜力。在第 28 届联合国气候大会上，22 个国家发起《三倍核能宣言》，提出到 2050 年全球核电装机容量较 2020 年增加 2 倍的目标。2023 年美国发布《商业腾飞计划—先进核能》，提出"2050 年前美国新增核电装机 2 亿千瓦"的目标，实施"两代五型"战略，即"三代+、四代"两代，AP1000（大型轻水堆）、VOYGR（模块化小型轻水堆）、Xe-100（高温气冷堆）、Natrium/MCFR（钠冷快堆 / 熔盐堆）、贝利计划微堆五种堆型，加快核电布局发展。法国宣布将在 2050 年前分两期建设 14 台 EPR2 机组。与此同时，我国正全面落实"积极安全有序发展核电"的政策方针，连续两年每年核准建设 10 台核电机组，在运在建核电装机规模即将成为世界第一。

（二）核能是我国实现"双碳"国际承诺的重要力量

我国明确提出 2030 年碳达峰与 2060 年碳中和的目标。从总量上看，2004 年以来，我国碳排放量长期居世界首位，2021 年我国温室气体总排放量超过 119 亿吨，占全球总量的 33%。2030 年实现碳达峰之前，碳排放量还将有一定增长，到 2060 年碳中和时，根据有关预测需减排二氧化碳 100 亿吨以上，减排压力巨大。核能可作为清洁低碳、安全高效的优质能源，在降低煤炭消费、有效减少温室气体排放等方面具有独特的优势，是实现碳达峰、碳中和目标的重要能源组成。据测算，一台装机为 100 万千瓦核电机组全生命周期，每生产 1 度电的约排放 11.9 克二氧化碳；年发电量达到 80 亿度左右，减少二氧化碳排放 640 万吨，相当于植树造林 1.8 万公顷，同时减少二氧化硫

等其他大气污染物排放，清洁低碳的优势十分明显。

我国逐步推进低碳化发展进程，逐步建立清洁为主、电为中心、互联互通、多能协调、智慧高效的新型能源体系，能源版图加速重构。我国立足基本国情和发展阶段，须发挥核能在安全性、高效性和稳定性等方面优势，使其与可再生能源形成良好的补充和支撑，实现多种能源形式互补，这将对支撑电力系统的安全稳定运行起到重要作用，核电有望成为新型能源体系的主要基荷能源之一。实施核能"三步走"发展战略，积极安全有序地大规模发展核电，可助力优化我国能源结构，构建新型能源体系，助力实现碳达峰、碳中和目标。

（三）"热堆—快堆—聚变堆"核能"三步走"发展是世界核能大国的普遍战略选择

美国、俄罗斯、法国等主要核能大国虽然在核能发展采用的技术路线上有所差别，但在战略部署上都是率先实现热堆的大规模应用，积极研发或部署商用快堆，支持聚变技术的发展。

美国是全世界最早利用核能的国家，其核电技术一直处于领先地位。当前，美国核电机组数、核电装机容量和发电量都居全球首位。美国核能发展战略是：热堆具有较强的经济竞争力，推动产业发展；不间断研发快堆技术，确保全球领先地位；核聚变技术作为未来能源，科学技术研发进程加快。

俄罗斯核能发展路线长久以来都是坚持短期内优化 VVER 技术，中期实现基于快堆的先进核燃料循环系统，长期内掌握核聚变技术的战略。2009 年，俄罗斯政府确定了核工业的三个优先事项：在未来两三年内提高轻水反应堆的性能；在中期发展基于快堆部署的闭式燃料循环；长期发展核聚变。长期以来，俄罗斯倾力打造以压水堆、快堆、聚变堆为"三步走"的核能技术，支撑本国核能持续发展。

法国是全球核电发电占本国电力比例最高的国家。法国核电近中期以 EPR 系列为主力机型支撑法国国内及全球市场发展；中期内部署先进的快堆核能系统，实现核燃料闭式循环；远期发展核聚变技术。

总体来说，核能"三步走"发展是推动先进核能系统科技、产业发展的重要路径，事关国家战略布局、能源安全。落实核能"三步走"发展战略是服务国家战略需求的有效支撑，是我国核行业发展的内在需要，也是形成我国核能国际竞争优势的关键举措。

二 我国核能"三步走"发展战略的历程与现状

（一）制定核能"三步走"发展战略，开启核能发展新征程

20 世纪 80 年代，我国提出核能"三步走"发展战略。1983 年 1 月，原国家计委、国家科委组织召开了"核能发展技术政策论证会"，制定了《核能发展技术政策要点》，分别对热堆、快堆、聚变堆的技术发展政策做出规定，并提出"发展核电必须相应发展后处理"的技术要求。当时我国提出，根据核工业技术发展现状和经济合理的原则，我国第一代核电站堆型主要采用压水堆。我国开展快中子增殖堆研究，做好技术储备，以适应核能进一步发展需求。快中子增殖堆可提高铀资源利用率 40~60 倍，为充分利用铀资源，我国应适当安排快中子增殖堆科研，争取在 20 世纪 90 年代后期建成一座小型快中子试验堆，为后续商用快堆建设做好技术储备。能源发展的长远方向是受控核聚变反应堆的利用。

40 多年来，我国积极推进核能"三步走"发展战略并形成雄厚基础。核能"三步走"发展战略实施以来，我国热堆技术完成了由二代向三代的升级跨越，工程建设实现了规模化、批量化、国产化发展。快堆形成了完备的科研技术体系，我国先后安排了实验快堆、示范快堆、一体化快堆科研、铅铋（铅冷）快堆科研、MOX 燃料、金属燃料等重大项目；在可控核聚变方面，我国推进"中国环流二号"（HL-2）、"中国环流三号"、EAST 等大科研装置建设，聚变技术不断取得突破。

（二）核能"三步走"发展战略在技术和产业方面均取得重大成果

1. 热堆实现批量化、标准化发展，电力供应结构占比逐步提升

我国热堆发展经历了起步阶段、适度发展阶段、积极发展阶段、安全高

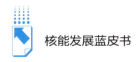

效发展阶段和积极安全有序发展新阶段共五个阶段，现已跻身世界三代/四代核电技术前列。

在起步阶段（20世纪80年代至90年代中期），我国采用"自主化"与"引进再消化"两条路径并行，其间秦山一期30万千瓦核电机组建成并网发电，改变了我国大陆无核电的局面，使我国正式成为能够自行设计、建造、运行和管理核电站的国家之一；秦山二期60万千瓦工程是我国自主设计、自主建造、自主运营和自主管理的第一座商用核电站，为我国后续百万千瓦级机组自主建设打下了扎实基础，我国走上了核电国产化的道路。

在适度发展阶段（20世纪90年代中期至2003年），我国采用"以我为主、中外合作、引进技术、推进国产"的发展方针，先后启动了4个项目共8台机组的建设（秦山第二核电厂、广东岭澳核电厂、秦山第三核电厂和江苏田湾核电厂），装机容量660万千瓦，把我国核电发展推上了一个小批量建设的新台阶。

在积极发展阶段（2004年至2010年），我国采用"招标引进、发展三代、一步到位、跨越发展"的核电建设道路，做出了引进AP1000技术和EPR技术的决定，并开工建设4台AP1000机组和2台EPR机组，将它们作为自主化依托项目，开启三代核电技术自主化进程。在此阶段，累计30台机组开工建设，进入批量化发展阶段。在此期间，我国颁布的《核电中长期发展规划（2005—2020年）》明确了核电发展坚持"热堆—快堆—聚变堆"的"三步走"路线。

在安全高效发展阶段（2011年至2020年），我国实现了由二代向三代核电技术跨越。我国实施了"大型先进压水堆与高温气冷堆核电站"国家科技重大专项，吸纳国内各方面力量针对核电设计、装备制造、材料研制、工程技术等方面的关键问题开展攻关；全面掌握了三代非能动核电技术，在ACP1000和ACPR1000机型的基础上，研发具有完全自主知识产权的三代核电技术"华龙一号"，形成型谱化、系列化发展的良好局面。

在积极安全有序发展新阶段（2021年至今）我国实现由三代向四代核电技术迈进。核电自主创新能力显著增强，"华龙一号"自主三代核电技术成功并网，正在积极推进一体化快堆立项工作，具有第四代核电特征的石岛湾高温气冷堆机组投运，标志着我国在第四代核能领域部分技术达到世界领先水平。

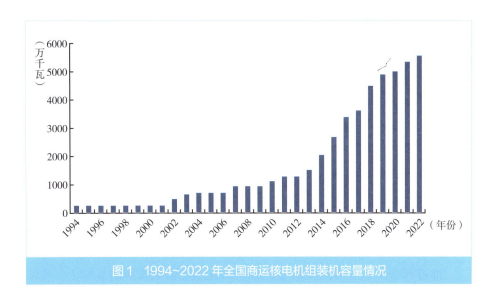

图1　1994~2022年全国商运核电机组装机容量情况

截至2023年底，我国商运核电机组数为55台，总装机容量约为5703万千瓦，仅次于美国、法国，位列全球第三；在建核电机组26台，总装机容量约为3030万千瓦，在建核电机组装机容量继续保持全球第一。2022年度，我国核电总装机容量占全国电力装机总量的2.2%，核能发电量约为4177.8亿千瓦时，同比增加2.5%，约占全国总发电量的4.7%。40多年来，我国核电发电量持续增长，为保障电力供应和推动降碳减排做出了重要贡献。

2. 快堆核能系统研发有序推进，实现工程化应用

我国快堆发展历经预先研究阶段，中国实验快堆（CEFR）的工程设计、研发和建造阶段，示范快堆（CFR600）的设计、科研、验证、建造阶段和商用快堆的设计、研发阶段，并匹配发展各阶段的燃料闭式循环能力。

推进快堆技术预先研究。我国钠冷快堆工程技术的预先研究阶段为CEFR的设计和建造进行了技术准备。从1987年起，钠冷快堆技术发展被纳入国家"863"计划能源领域的重大项目之一。1988~1993年，中国原子能科学研究院

作为主持单位，西安交大清华大学、核工业一院、中核四〇四有限公司、上海交大等作为合作单位，以该实验快堆为工程目标进行预研论证，论证重点包括快堆设计、钠工艺、材料和燃料以及快堆安全研究。

完成实验快堆研发设计与建设运行。CEFR 的热功率为 65MW，电功率为 20MW。从 CEFR 项目得到国家批准开始，我国钠冷快堆技术的研发进入了以 CEFR 工程为直接牵引的工程研究、实验验证、设计和建造阶段。在 CEFR 工程开始实施后，我国共开展设计验证试验项目 50 多项。通过 CEFR，我国了解了快中子装置的反应堆物理特性和相关理论，研究了 MOX 燃料的设计及制造技术并形成了一定的技术基础，全面掌握了核级钠制备、分析等技术。

开展示范快堆研发设计与建设。中国示范快堆是一座额定发电功率 600MWe 的池式钠冷快堆。示范快堆电站的安全性、可持续性等主要目标瞄准第四代核能系统的要求，我国结合 CEFR 工程实践经验，确定了 CFR600 总体技术方案。

推进百万千瓦级商用快堆工程科研。在示范快堆技术的基础上，我国开展放大设计及工程科研试验验证，掌握商用快堆核心技术，并初步建立了商用快堆标准规范体系。中核集团设立了一体化闭式循环快堆核能系统项目，通过开展型号设计和关键技术攻关，加快推进实现快堆的金属燃料闭式循环。

推进后处理及燃料再循环发展。在水法后处理及燃料再循环方面，我国已初步建立并掌握了后处理、MOX 燃料的技术体系，打通了乏燃料后处理工艺流程，为后续发展奠定基础数据和经验反馈。在干法后处理及燃料再循环方面，我国已建立干法后处理主工艺概念流程，实验室规模取得初步进展；在金属燃料研发方面，我国已开展了金属燃料组件概念设计、先进包壳材料试制、金属燃料芯体制造工艺研究、金属燃料单棒和组件制造工艺研究、金属燃料生产线方案设计等工作。

3. 聚变研究进入世界第一方阵

国际磁约束受控核聚变研究始于 20 世纪 50 年代，在研究进程中，我国先后探索了箍缩、磁镜、仿星器、托卡马克等众多途径，都围绕如何提高等离子体的关键参数，最终满足受控核聚变反应的条件。从 20 世纪 70 年代开始，托卡马克途径逐渐显示出独特优势，成为磁约束核聚变研究的主流途径。国际上自托卡马克开展实验以来，等离子体综合参数不断提升，装置的离子温度、密度与能量约束时间"三乘积"提升了几个数量级，先后在欧洲联合环（JET）与美国托卡马克聚变测试堆（TFTR）获得氘氚聚变功率输出，揭示了托卡马克磁约束可控核聚变路线的原理可行性。国际聚变界数十年的不懈努力使得人们对可控核聚变科学的认知愈加清晰，同时聚变工程技术有了长足的进步，但诸多关键技术仍存在很大挑战，各国需共同迎接挑战。全球规模最大、影响最深远的国际合作项目之一国际热核聚变实验堆计划的目的就是希望通过国际合作共同努力，建造一座核聚变反应堆，验证聚变堆科学和工程技术可行性。ITER 的设计建造标志着国际可控核聚变研发正在由科学研究迈入聚变堆工程阶段。

我国聚变技术快速发展，已步入国际第一方阵。我国在 1984 年建成了核聚变领域的第一座大科学装置——"中国环流一号"（HL-1）托卡马克装置，实现了我国核聚变研究从原理探索到中大规模装置实验的跨越。HL-1 为我国自主设计、建造、运行聚变装置培养了大批人才，积累了丰富经验。2002 年我国建成第一个具有偏滤器位形的托卡马克装置"中国环流二号"；2006 年，全超导托卡马克装置东方超环（EAST）首次放电成功。2020 年，国内规模最大、参数能力最强的新一代人造太阳"中国环流三号"（HL-3）首次放电成功。HL-3 等离子体体积是国内现有最大装置的 2 倍以上，等离子体电流最高可达 300 万安培，等离子体离子温度最高可达 1.5 亿度以上，聚变三乘积可达 $10^{21}\mathrm{m}^{-3}\cdot\mathrm{keV}\cdot\mathrm{s}$ 量级，规模能力仅次于 JET（2023 年底宣布停止使用）、日本 JT-60SA（无氘氚运行计划）和 ITER（计划 2037 年氘氚运行），预计 2030 年前 HL-3 将是国际上唯一具备开展燃烧等离子体研究能力的大科学实验平台。近十年来，国内高校也建造运行了一批聚变实验研究装置（如华中科技大学的 J-TEXT、中国科学技术大学的 KTX、清华大学的 SUNIST 等），这些装置在聚变基础问题探索和人才培养等方面发挥了重要作用。

近年来，我国可控核聚变装置运行不断取得突破。国家大科学装置 HL-2

在国内首次实现归一化比压大于 3 的高比压运行，EAST 首次实现 403 秒的长时间高约束模运行，HL-3 实现 100 万安培等离子体电流高约束模式运行，再次刷新我国磁约束聚变装置运行纪录，标志着我国磁约束核聚变研究向高性能聚变等离子体运行迈出重要一步。2023 年，HL-3 正式成为继 JET 之后，全球第二个 ITER 签约卫星装置。同时，我国聚变堆关键技术研发也取得了一系列重要进展。在驱动聚变堆"点火"的外部加热技术方面，我国研发的射频负离子源中性束实现单级加速电压超 160KV，平均束流密超 $270A/m^2$，技术指标国际领先。在聚变堆涉核关键技术方面，我国多项核心技术持续领跑 ITER 各方。我国负责的 ITER 产氚包层系统率先通过了 ITER 设计评审，制造出全球首个全尺寸聚变堆产氚包层模块，率先完成 ITER 增强热负荷第一壁全尺寸原型件认证，发布全球首项核聚变领域国际标准《核聚变堆高温承压部件的热氦检漏方法》，实现了我国可控核聚变标准历史性突破。2023 年，中核集团牵头执行的 ITER 托卡马克主机安装第一阶段任务圆满完成。TAC1 安装标段工程是 ITER 实验堆托卡马克装置最重要的核心设备安装工程，也是 ITER 迄今为止金额最大的合同工程。这是中国核能单位首次以工程总承包形式成功参与国际大科学工程的商业项目，也是中核集团积极响应"一带一路"倡议的又一次坚定落实，意味着在核聚变领域，中核集团 30 多年不间断进行核电建设所形成的工程总承包能力获国际核能高端市场认可，将为我国深度参与聚变国际合作、自主设计建造未来中国聚变堆奠定坚实基础。

三 我国核能"三步走"发展战略的定位与关系

（一）热堆仍是未来较长一段时间核能发展的主力堆型和主导产业

热堆是技术成熟并具有经济性的核电堆型。它一直是全球核电在运在建的主要堆型，热堆技术应用已经历 70 多年发展，在此期间，我国积累了大量的经验，技术成熟度、经济性、安全性持续提升。根据 IAEA 统计结果，截至 2023 年底，全球在运核电机组中有 97.6% 为热堆，热堆发电量在全球电力供应中的占比达到 20%。

热堆是近中期新建核电装机的主力堆型。从全球看，美欧国家在 20 世纪七八十年代大力开发全球铀资源，掌控了全球大量优质资源，可支撑本国相当数量热堆长期运行使用，预计在 2050 年前仍将以热堆为主力建设堆型。从我国能源与减碳现实需求以及先进快堆核能系统技术发展看，在核电保持 1000 万千瓦/年的建设节奏假设下，2040 年前我国仍会以热堆为主力建设堆型，届时热堆核电的装机规模将达到约 2 亿千瓦。

热堆是百年尺度能源，它利用的是铀 -235，对铀资源的利用率较低，只有不足 1%。《2022 年铀：资源、生产和需求》红皮书显示，全球已探明可回收铀资源（开采成本低于 260 美元 /kgU）总量约为 792 万吨，可供当前全球核电机组使用约 130 年。

（二）快堆是维持核能可持续大规模发展的优选路径

快堆核能系统的研发部署是核能产业可持续发展的关键，快堆是富有潜力的核能建设堆型。我国若只发展热堆，将在铀资源获取、厂址开发保护、乏燃料安全管理等方面面临越来越大的压力。快堆核能系统具有燃料增殖、高放废物嬗变、固有安全等优势，可实现铀资源利用的最大化和放射性废物的最小化，是我国综合考虑技术可行性、先进性、可持续性等因素下的优选路径。

快堆是中远期核电建设的主力堆型。从全球各国需求看，2050 年前后或将迎来快堆核能系统发展的需求旺盛期。从我国国情实际看，大力发展低碳能源助力"双碳"目标的实现，并确保核燃料的安全可靠保障，2040 年前后核电建设宜以快堆为主力堆型，我国应通过快堆金属燃料循环，依靠自持循环解决资源保障问题，减少对天然铀资源的依赖，实现核能可持续、安全、大规模发展。

快堆是千年尺度能源。快堆可燃烧铀 -238，在天然铀中占比 99.3%，也是热堆氧化铀乏燃料后处理获得的主产物。此外，快堆也可燃烧超铀元素，经过多次循环，理论上可提升铀资源利用率 40 倍以上，且大幅减少长半衰期高放废物，因此快堆被认为是千年尺度能源。

（三）聚变堆是人类终极能源解决方案的最优选之一

可控核聚变技术仍处于关键科学技术攻关阶段，是颠覆性核能技术。可控核聚变技术发展仍面临氘－氚燃烧等离子体、高耐辐照材料、氚自持等关键技术难题，这对人类科技发展及工业水平提出严峻挑战。聚变若能实现商业化，将给人类能源供应带来颠覆性变化。

聚变堆是远期建设的主力堆型。它因资源丰富、环境友好、固有安全，被认为是人类社会未来的理想能源。聚变堆技术进一步工程化面临巨大挑战，聚变堆商业化应用可能在 2050 年以后实现。

聚变堆是万年尺度能源。聚变堆以氘氚为初装料，理论上氘在海水中储量巨大，通过压水堆解决氚初装料后，即可实现氚增殖自持，无须继续外加氚。理论上，聚变堆为万年尺度能源。

（四）核能"三步走"发展战略各步之间紧密衔接、共存发展

核能"三步走"发展战略的核心是解决核燃料可持续供应问题，各步之间优势互补，互为支撑，紧密衔接，共存发展。

从燃料供应看，热堆乏燃料后处理产生的钚可为快堆提供燃料，热堆产氚可提供聚变堆初装料，快堆产生的增殖钚也可为热堆提供燃料。

从工程化看，我国热堆实现了二代向三代技术的升级跨越，建成实验快堆，正在建设示范快堆，建成"中国环流二号"、"中国环流三号"、EAST 等科学装置，在研发体系、工程体系、装备体系、人才队伍等方面为快堆商业化、聚变堆工程化提供了扎实的基础。

从功能优势看，热堆技术成熟、经济性好，具备大规模发展条件，但存在低成本铀资源难获取、乏燃料量大导致的安全管理压力大等挑战。快堆的优势体现在一是增殖核燃料，充分利用铀资源，经过多次循环，铀资源利用率可以提高 40 倍以上；二是嬗变长寿命高放废物，可降低储存风险，释放乏燃料安全管理压力。热堆、快堆功能互补，互为支撑，长期内共存发展。

从时间尺度看，热堆为百年尺度能源，快堆为千年尺度能源，聚变堆为万年尺度能源，三者既有叠加又有搭接，共同支持核能可持续发展。

四 持续推进核能"三步走"发展战略走深走实

核能是高科技战略产业，是兑现减排承诺的支撑，是非化石能源的主力，也是实现"双碳"目标现实理性的选择。当前阶段，我国要按照"热堆走稳、快堆走实、聚变堆走好"的发展思路，加速实施核能"三步走"发展战略，以科技创新引领产业化体系建设，加快推进核能"三步走"发展战略时不我待。

（一）推进热堆核能规模化、型谱化、数字化发展

当前我国三代压水堆"华龙一号"全面建成投产，高温气冷堆示范工程投入商运，三代压水堆已在首批工程应用的基础上正式进入批量化建设、规模化发展阶段。我国应强化数字赋能，瞄准核电产品数字化和过程数字化两大目标，建设高度自动化的实体核电厂和过程数字化的虚拟核电厂，二者实现数字孪生，在提高核电安全性的同时降低建造、运维成本；我国还应以型谱化发展为抓手实现技术突破和优化，持续提升热堆的经济性、安全性、资源保障能力，加强三代核电技术的标准化体系建设，进一步提升核电的竞争优势，推动核工业高质量发展。

（二）推进快堆核能系统商业化进程

我国的快堆技术正全速向先进、大型商用电站发展，我国应聚焦先进工艺技术、关键设备，瞄准创新链、产业链中的"卡点"和薄弱环节，扎实推进关键核心技术攻关，尽早具备工程化建设的条件；以技术突破为抓手，显著提高安全性和经济性，使快堆核能系统具备商业化规模发展的条件。快堆核能系统是实现核燃料安全长期有效供应和核能可持续发展的重要路径，我国应当尽快推动快堆核能系统商业化进程，形成热堆—快堆协调发展新格局。

（三）高质量开展聚变技术攻关和验证

可控核聚变技术作为人类能源问题的理想解决方案，已成为大国科技竞争的前沿阵地。短期内，可控核聚变技术仍处于关键科学技术攻关阶段，我国要切实增强培育发展未来产业的紧迫感和使命感，遵循科学发展规律，树立科学发展理念，高质量开展关键核心技术攻关和试验验证，加强国际合作促进技术发展，推动可控核聚变技术取得实质性进展，有序推进聚变技术工程化应用进程，抢占世界能源科技创新高地的战略制高点。

五 核能"三步走"发展的政策建议

基于我国"双碳"目标实现、能源发展需求和未来能源体系建设布局，当前应加强快堆核能系统的发展布局，有序推进可控核聚变关键技术攻关，保障我国能源安全和持续高质量发展。

一是明确将核能"三步走"发展战略上升为国家战略。充分考虑我国核工业现有技术基础和开发潜力，积极推动从国家战略层面明确我国核能"三步走"发展战略，统筹制定具有前瞻性、全局性、权威性和可操作性的核能发展战略规划并实施。结合我国核科技已有基础和重点应用领域，统筹规划布局，合理确定近、中、远期技术发展路线图，统筹发挥全国科研力量和资源优势，集中力量推进关键技术攻关，形成强大合力，抢占技术高地和市场先机。

二是提升天然铀供给保障能力。增强铀资源国内保障能力，加大国内铀矿勘查财政专项资金投入，聚焦"找大矿、找富矿、找经济可采矿"，实施找矿突破战略行动，尽快摸清我国铀资源"家底"，扩大国内天然铀产能规模。加大海外铀资源开发，将海外天然铀勘查开发上升为国家战略，纳入国家间双边、多边合作，在中亚与哈萨克斯坦、乌兹别克斯坦两国建立铀资源开发政府对接协调机制；在非洲重点以产业合作等方式获取资源；在加拿大、澳大利亚推动解决投资政策和保障监督限制问题。推进运输通道建设，着力保障铀资源海上运输和陆路运输安全。

三是设立"一体化闭式循环快堆核能系统"国家科技重大专项。一体化闭式循环快堆核能系统具有高燃料利用率、高增殖、快倍增的显著优势，是实现快堆燃料可持续供应、快速扩展核电装机规模的最佳途径。但该系统技术难度大、研发周期长、需求资源多，当前仍有大量前沿科学技术问题需要深入研究，这些问题涉及核物理、中子科学、先进材料、高精度设备、高性能计算等，亟须通过国家科技重大专项集中行业内外力量协同攻关。国家应统筹部署建设该系统，力争在 2035 年前后实现工程化应用。

四是加快推进核燃料闭式循环试验验证能力的建设。试验验证是保障先进核能系统的安全性和可靠性的前提，一直是我国核科技创新发展的突出短板。我国应加强科研与验证的统筹布局，加快试验验证能力建设。一要推动现有研究堆持续正常运行，用于先导组件、结构材料的辐照考验。二要加快推动多功能高通量快中子研究堆建设，配套靶件制备实验室、辐照后检验热室等试验设施，有效解决我国缺乏快中子辐照资源问题。三要加快推动快堆燃料再生热实验室等设施建设，是干法后处理技术热试验和燃料制造热试验（中试规模）的必要条件。

五是加强 ITER 国际合作计划。我国应全面掌握聚变实验堆技术；积极推进聚变实验堆主机关键部件研发，力争在 2040 年启动建设磁约束核聚变先导工程实验堆。

参考文献

[1] 核能安全利用的中长期发展战略研究编写组:《新形势下我国核能安全利用的中长期发展战略研究》，科学出版社，2019。

[2] 中国能源中长期发展战略研究项目组:《中国能源中长期 (2030、2050) 发展战略研究》，科学出版社，2011。

[3] 中国工程院"我国核能发展的再研究"项目组:《我国核能发展的再研究》，清华大学出版社，2015。

[4] 中国科学院编《中国核燃料循环技术发展战略报告》，科学出版社，2018。

[5] 李林蔚：《加快推进核能发展"三步走"助力"双碳"目标实现》，《中国核工业》2022 年第 4 期。

[6] 崔增琪：《热堆推动我国核能"三步走"发展的历史贡献及未来展望》，《中国核电》2023 年第 16 期。

[7] 中国核能行业协会：《中国核能发展报告 (2018)》，2018。

[8] 中国核能行业协会：《中国核能发展报告 (2021)》，2021。

[9] 中国核学会、中国核科技信息与经济研究院编著《2049 年中国科技与社会愿景——核能技术与清洁能源》，中国科学技术出版社，2020。

[10] 苏罡等：《中国核能科技"三步走"发展战略的思考》，《科技导报》2016 年第 15 期。

高温气冷堆核电站示范工程的建设和运维研究报告

张延旭[*]

摘 要: 华能山东石岛湾高温气冷堆核电站示范工程是全球首座商运的第四代核电站工程。本报告回顾了示范工程的研发和建设背景,研究总结了建设运维的主要经验,研究指出了示范工程商运对于我国抢占第四代核电技术制高点、培育核能产业新质生产力具有的重要意义,同时对高温气冷堆技术的未来在供热替代、规模化制氢和发电补充方面的发展进行了展望。

关键词: 第四代核电 高温气冷堆 石岛湾核电站

华能山东石岛湾高温气冷堆核电站示范工程(以下简称"示范工程")是我国核电自主创新重大标志性工程,是党和国家交给华能集团的重大政治任务,也是华能核电产业建基立业的奠基性工程。

示范工程实施以来,受到党中央、国务院的高度关注。2020年9月,习近平总书记对示范工程做出重要指示批示。在上级单位的坚强领导下,华能山东石岛湾核电有限公司(以下简称"石岛湾公司")坚决贯彻习近平总书记重要指示批示精神,把示范工程建设作为重大政治任务和自主创新的

* 张延旭,华能山东石岛湾核电有限公司党委书记、总经理,中国核能行业协会常务理事,高级工程师。全程参与位于山东荣成的200MWe球床模块式高温气冷堆(HTR-PM)核电站示范工程的建设、运维,具备丰富的高温气冷堆建设、运维经验。

"头号工程"，认真履行民用核设施核安全管理责任，积极安全稳妥推进国家科技重大专项高温气冷堆核电站示范工程建设。示范工程于 2023 年 12 月 6 日实现投产商运，在全面验证高温堆技术可行性、实现高温堆工程应用的基础上，有效带动了高温堆产业链向上下游延伸，加速推动了先进核电科研成果产出，形成了一系列世界性、行业性关键技术，一大批原创型、创新型技术得以实现工程转化与验证。示范工程实现了多个中国原创、世界首创，为国家重大科技项目探索出一条产学研用结合的奋发图强之路，也为国内后续高温堆项目开发建设贡献了"华能力量""华能经验"。

一　高温气冷堆核电站示范工程的研发与建设背景

（一）核电产业背景

在产业发展初期，核电行业就把安全性放在首要位置，提出了纵深防御、冗余性、多样性、保守性的设计理念。20 世纪 70 年代中期，Browns Ferrey 电站火灾、三哩岛事故后，人们开始对核能安全有了极大的关注。到了 20 世纪 80 年代，尤其是切尔诺贝利核电厂事故后，如何预防和缓解严重事故成为非常突出的问题。核电站安全问题被提到更重要、更迫切的地位，国际核能界着眼于设计安全性更好的反应堆，期望核电站能够避免重大的核泄漏事故的发生，模块式高温气冷堆就是在这样的背景下提出的。

2011 年日本福岛核事故后，我国于 2012 年发布《核安全与放射性污染防治"十二五"规划及 2020 年远景目标》，提出了"每堆年发生大量放射性物质释放事件的概率低于百万分之一"的概率安全目标。高温气冷堆具备固有安全性，能够排除堆芯熔化和放射性物质释放的风险，这一特质恰好能与上述要求相匹配。

（二）高温气冷堆的先进性

高温气冷堆是第四代核能系统中的一种先进堆型，具有多方面的先进性和优势。主要包括以下几个方面。

固有安全性。高温气冷反应堆具固有安全性，燃料即使在极端情况下也能保持其完整性，在没有外部干预的情况下，高温气冷反应堆能够依靠事故温升和负反应性温度系数实现自停堆，从而避免了堆芯熔化的风险。

高出口温度。高温气冷堆的出口温度可以达到 700~1000℃，因此高温气冷堆不仅可以用于高效发电，还可以用于热电联产和工业热应用，如制氢、石油精炼、煤化工等，拓宽了核能的应用范围。

高效发电。高温气冷堆可以实现更高的发电效率。在 700~750℃ 的出口温度下，结合蒸汽循环可以实现亚临界、超临界以及超超临界发电，效率可达 40%~48%，显著高于传统核电站 30%~35% 的发电效率。

模块化设计。高温气冷堆采用模块化设计，可以根据电力需求灵活配置反应堆模块数量，提高了建设的灵活性和经济性。模块化设计还有助于降低建造成本和缩短建设周期。

燃料的多样性。高温气冷堆可以使用不同类型的燃料，包括铀、钍等，这为核燃料的多样化和可持续利用提供了可能。

低环境影响。高温气冷堆的运行不产生温室气体排放，有助于减小全球气候变化的影响。同时，由于其高出口温度，高温气冷堆可以替代燃煤电厂，减少对环境的污染。

（三）我国高温气冷堆核电站示范工程的研发与建设背景

我国的高温气冷堆的研究始于 20 世纪 70 年代。1986 年"863"计划启动后，选取高温气冷堆为我国跟踪世界先进核能技术的两个重点项目之一。1992 年，国务院批准建设 10 兆瓦高温气冷试验堆（HTR-10）；HTR-10 于 1995 年开工建设，2000 年 12 月建成临界，2003 年 1 月实现满功率并网发电。HTR-10 主要系统及设备运行正常，我国积累了大量运行经验，前后多次进行了固有安全特性的验证演示实验，在国际上引起了很大反响。

在我国 HTR-10 技术的基础上，2004 年 3 月华能集团、中核集团、清华大学三方签署合作框架协议，共同开展高温气冷堆核电站示范工程的建设；该项目得到了国家发展和改革委员会、科学技术部和国防科工委的支持；

2006 年 1 月，国务院公布了《国家中长期科学和技术发展规划纲要 (2006—2020 年)》，高温气冷堆核电站被列入国家重大专项；2008 年高温气冷堆重大专项总体实施方案得到国务院常务会议批准；2012 年 12 月 9 日，华能山东石岛湾高温气冷堆核电站示范工程正式开工建设。

高温气冷堆核电站重大专项的总体目标是：以我国已经建成运行的 10 MW 高温气冷实验堆为基础，攻克高温气冷堆工业放大与工程实验验证技术、高性能燃料元件批量制备技术，建成具有自主知识产权的 20 万千瓦模块式高温气冷堆核电站示范工程。

二　高温气冷堆核电站示范工程建设和运维的主要经验

（一）创新重大专项建设管理模式，发挥举国创新体制优势

示范工程为世界首台球床模块式高温气冷堆，技术创新性强，技术研制难度大，示范工程客观上存在建设周期长、建设投入较多的情况。在国家有关部门指导下，华能集团、原中国核建集团、清华大学三方组建产学研团队，共同牵头实施示范工程的建设。示范工程建设期间，整体管理有效，管理层级精简，各方面信息传达沟通顺畅，为示范工程建设实施提供了坚实保障。示范工程建设注重顶层规划和布局，以国家科技重大专项总体要求以及经国务院批准的总体实施方案为依据，紧密围绕专项总体目标，对目标进行合理分解，在各个分目标的完成过程中，充分发挥示范工程营运单位的牵头组织能力，依托高校及科研院所的科研创新能力、整合国内各工业企业的加工制造能力，建设团队强强联合并且不断探索和发挥举国体制的作用。

华能集团、中核集团、清华大学三方领导及成员共同成立现场指挥部，定期召开现场指挥部会议，协调示范工程建设；总设计师系统定期召开相关方共同参与的设计协调会，解决工程设计中遇到的问题。研发单位、示范工程设备制造厂、核燃料制造厂、工程建设单位、总包方、业主等各方，合力进行协同创新，形成了有效的协同体制，为专项实施提供了重要的保障。

通过专项实施，高温气冷堆核电站重大专项逐渐形成以企业为创新主体，产学研结合，探索高科技成果产业化的创新机制，并组建了与国内企业之间联合攻关的协同创新体。示范工程顺利商运的成果表明，这样的机制和探索是有效的，在资金保障、技术攻关中起到了关键推动作用。

（二）坚持自主创新，掌握关键核心技术

关键核心技术是"要不来、买不来、讨不来"的，我国只有坚持自主创新，才能掌握关键核心技术；只有牢牢掌握了关键核心技术，才能真正掌握竞争和发展的主动权。示范工程建设期间，石岛湾公司联合上下游企业，坚持自主创新，在设备制造领域取得了一系列引人瞩目的重大成果。

示范工程反应堆压力容器和金属堆内构件由上海电气集团有限公司制造，具有尺寸大、重量重、参考标准严、加工精度高、设计制造技术难度大等特点。通过专项研发，研发团队逐一突破并掌握控制棒孔道管嘴与顶盖焊接技术及变形控制、大直径筒体和封头整体热处理及变形控制、大直径接管与筒体马鞍形焊缝自动焊接、容器加工和装配过程中尺寸控制、压力容器立式水压试验及应变测量、大锻件制造等多项关键技术。该压力容器是迄今为止世界上尺寸最大、重量最重的核电反应堆压力容器。高温气冷反应堆压力容器的成功研制不仅提升了我国超大型核电反应堆压力容器的制造能力，填补了国内核电站核岛主设备制造的一项空白，还培育了国内核电主体材料制造商的技术能力，提升了国内核电装备制造的整体水平，标志着我国核电装备的制造技术水平迈上了新的台阶。

示范工程蒸汽发生器由哈尔滨电气集团公司制造，具有结构复杂、材料性能要求高、技术难度大的特点。通过专项研发，哈尔滨电气集团公司形成和掌握了具有自主知识产权的 T22 和 Incoloy800H 材料换热管对接焊工艺、厚壁低合金钢筒体成型窄间隙焊接及无损检测检验技术、传热单元成型及检测技术、筒体法兰密封槽及 M112×4 螺孔加工工艺、管板加工和管子－管板胀焊及检测技术、管板与管箱组件异种钢全位置自动 TIG 焊接及无损检测技术、水压试验电阻应变测量技术、大开孔法兰外圆内椭孔加工及马鞍形坡口加工

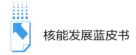

工艺、传热管涡流检测等多项关键技术，研制了大量工具工装及辅助检测装置。高温气冷堆蒸汽发生器的成功研制提升了我国核电高端材料及设备的加工制造水平。示范工程蒸汽发生器调试运行以来，设备状态稳定，各项参数均满足技术要求。该蒸汽发生器的成功研发表明我国材料行业、装备制造行业已经有质的飞跃，完全具备关键核电设备的国产化研发、生产和制造能力。

示范工程厂房由中国核工业二四建设有限公司建造，其厂房结构布置、系统设备设计不同于压水堆，新技术与设备大量使用，施工具有极大的挑战性。工程建设期间存在大量设计验证和设备验证，设备到场时间分散；核岛内土建与安装交叉作业中的施工困难，屏蔽冷却水系统与大型预埋件、贯穿件及钢筋冲突，北方厂址混凝土冬季施工难度大等问题。为解决上述问题，石岛湾公司联合设计方、总包方、各施工承包商，探索模块式高温气冷堆核电站基建施工方案，开创了高温气冷堆核电站特有的一系列施工工艺和技术，主要包括大体积混凝土冬季施工技术、蒸汽发生器牛腿集成式模块化施工技术、超深型密闭式竖井群筒仓施工技术、高支模组合式大荷载楼板支撑体系施工以及复杂的堆内构件安装技术、蒸汽发生器热气导管安装及三壳组对技术以及关键材料特殊焊接工艺等，有效提升了示范工程施工效率，缩短了施工工期，解决了一系列施工难题，形成高温气冷堆核电站专有建造技术。

（三）创新调试技术，搭建完整的高温气冷堆调试技术标准体系

面对示范工程核岛 2200 多台首台 / 套设备和诸多设计尚未经实践验证等带来的不确定性风险，在国内外没有可供参考的同类型机组、没有成功调试经验可供借鉴的困难下，石岛湾公司联合清华大学等科研院所和设备厂家，依托专项科研攻关，大胆探索、不断创新，安全规范地完成了国内首个超大体积气体压力试验，进行低功率并网技术、过渡堆芯阶段机组功能及失去厂外电源、甩负荷等 700 余项调试试验，掌握了高温气冷堆系统调试第一手资料和完整调试数据库，积累了大量宝贵的高温气冷堆系统调试经验，摸索建立了一套行之有效的示范工程调试管理模式，搭建高温气冷堆调试技术标准体系，开发标准 110 余项，为后续高温气冷堆技术规模化发展奠定了基础。

石岛湾公司牵头高温气冷堆核电站示范工程调试工作的总体组织、管理及实施。示范工程建立了规范化的调试人员培训授权体系，确保人员的技能满足要求；健全调试安全管控网络以及三级质量管控体系，在业界首次引入调试监理制度；建立完善的调试文件体系，有效指导调试工作的规范高效开展；建立适用于示范工程自主调试模式的 3T 移交接产流程，保障移交接产工作有序开展；按照全方位、全流程、信息化原则，构建覆盖全领域调试管理工作的信息系统，不断开展调试关键技术研究，高质量完成 720 项调试试验。

（四）创新高温气冷堆运维技术，保障示范工程投产运行

石岛湾公司联合清华大学、华能核能院等科研院所深入研究高温气冷堆关键系统与设备运行维护特性，凝练示范工程调试运行经验，对示范工程运维工作存在的问题开展针对性研究，以提升高温气冷堆经济性、技术成熟度和可靠性。

掌握高温气冷堆系统设备运行技术。石岛湾公司依托专项研发，开发反应堆、蒸汽发生器、主氦风机等主设备运行技术，掌握了高温气冷堆机组总体启停运行技术；通过总结运行经验，掌握了一回路氦气净化及氦辅助系统、燃料装卸系统等高温气冷堆特有系统运行技术，以及高温气冷堆水、气化学控制技术；针对高温气冷堆"双堆带一机"的特点，高标准建立了满足法律法规要求的双堆运行管理体系，制定了完善的运行管理制度；在无成熟参考电站可供借鉴的条件下，自主开发整套高温气冷堆运行技术文件体系，包含总体运行规程、系统运行规程、报警响应规程、定期试验规程、功能再鉴定规程、隔离规程、消防行动卡、故障处理规程、扩展应急运行规程等技术文件共九大类 820 份，保障高温气冷堆安全稳定运行。

解决高温气冷堆维修技术"卡脖子"难题。石岛湾公司对示范工程特有设备故障模式、维修技术及策略开展技术攻关，突破多项"卡脖子"难题，编制维修规程 1200 余份；研发燃料装卸系统过球设备卡堵处理方案，开发高温气冷堆氦气介质阀门维修技术，开发配套的专用工具，解决了高压氦气介质阀门首次应用、密封要求苛刻等问题；实现核级先导式安全阀校验工具国产化，校

验设备成熟可靠，行业领先，具有良好的推广应用价值。对高温气冷堆维修技术的全面掌握，以及具有完全自主知识产权的技术成果，使我国摆脱了对国外厂家的技术依赖。

建立高温气冷堆设备可靠性管理体系。石岛湾公司建立了以设备分级管理为基础、以关键敏感设备为核心的高温气冷堆设备可靠性管理体系，研究制定了高温气冷堆设备可靠性分级原则，完成全厂设备可靠性分级，依托专项研发了高温气冷堆设备可靠性管理平台；创新了工作机制，以"小核心，大协作"为基础模式，围绕重点设备与系统，选拔精英人才，构建了包含机械、电气、仪控、系统、采购、运行等多专业的横向网络式团队，建立了设备可靠性跨专业工作组，从风险识别、技术支持、可靠性绩效提升三个方面，临时 SPV 识别、预维优化、健康评价等维度消除隐患，为行业生产管理和设备管理提供了宝贵经验。

（五）坚持党建引领，形成党建推动重大技术攻关新经验

示范工程建设过程中，石岛湾公司、清华大学、中核能源科技有限公司等参研、参建单位充分发挥党建工作的方向指导、思想引领和团结凝聚等作用，把党的领导和党的建设融入设备制造和重大专项建设的中心工作，以党建凝聚各类市场主体攻坚克难的信心和决心，形成了应用党的建设推动重大技术攻关的新经验。

参研、参建单位通过发出《高温气冷堆"党建促专项"系列党建活动倡议书》等行动举措，在示范工程各参研、参建单位，高温气冷堆全产业链各环节主体中，跨部门、跨行业、跨所有制组织开展系列联合党建活动和党建研究工作，并成立"党员先锋队"，通过党建搁置分歧、凝聚合力促进高温堆示范工程建设。这些行动在一些涉及单位多、协调难度大的项目上取得了不错的成果，在统一思想认识、加深相互理解、消除本位主义方面取得了突出成效。示范工程建设全产业链的企业之间形成了党和国家事业至上的共识。

2019 年示范工程建设进入攻坚关键期，在前述研究与活动的基础上，石岛湾公司全面提出"党建引领、聚力攻坚"的号召，并在全参研、参建企业

范围内发起"聚力攻坚杯"劳动竞赛，同步建立公司领导班子率队攻坚机制，实施挂牌督战和攻坚督导专项行动。在示范工程建设的攻坚关键期，石岛湾公司与各参研、参建单位充分发挥基层党组织的战斗堡垒作用，联合组建多支党员突击队，先后打赢电缆敷设、首次并网、双堆初始满功率、商运投产四大攻坚战，顺利实现高温气冷堆核电站示范工程的商运投产。

党的建设是中国共产党在中国革命中战胜敌人的三个"法宝"之一。示范工程建设调试过程中形成的经验就是在多方参与的市场经济条件下的举国创新体制中，应用这一"法宝"推动重大技术攻关与科技创新的经验。示范工程的实践经验表明，这一"法宝"应用在举国创新体制中，能够有效提升各类市场主体政治站位，弥补市场机制不足，可能对我国今后的科技创新具有参考和借鉴意义。

三　高温气冷堆核电站示范工程的战略意义

（一）助力我国抢占第四代核电技术制高点，为世界核能发展提供中国方案

目前世界核能技术正处于"三代—四代"过渡时期，全球尚没有第四代核电项目实现商业化、工程化应用，以中、美为代表的 10 个核电大国正在围绕第四代核电技术领域的工程化应用展开激烈角逐。美国能源部将高温气冷堆"XE-100"项目列入"先进反应堆示范计划"，计划在 2028 年到 2030 年前后建成。随着机组投产商运，示范工程成为世界首个实现第四代核电技术商业化运行的项目，有力地推动了中国核能技术"换道超车"，实现了四代核电技术全球"领跑"。

经过为期十多年的首堆建设调试，我国形成了一批独有的试验成果，研发出一套高温堆专有的调试运行技术，掌握大体积双模块化反应堆回路强度密封及升温技术、低功率密度特点反应堆的固有安全性能验证技术、反应堆持续装卸料多点联动控制技术、双堆一机联调联配启停堆运行技术，创建过渡堆芯阶段"W 平台"运行模式，开发动态化辐射防护技术。示范工程的

建成投产将推动我国形成具有完全自主知识产权的先进核能技术体系，为世界核能技术安全发展和构建清洁低碳安全高效的全球能源体系贡献了"中国方案"。

（二）带动产业链和装备制造业升级，培育核能产业新质生产力

示范工程项目推进过程中，石岛湾公司举全公司之力，积极发挥现代产业链"链长"作用，充分发挥产学研用集聚协同效应，带动产业链上下游500 余家企业开展技术攻关，先后攻克超大型核级锻件、超长传热管制造等核心技术，研制首台超大超重核反应堆压力容器、首台电磁轴承结构大功率主氦风机、全球首台高温气冷堆螺旋管式直流蒸发器等堪称"大国重器"的核心设备，实现了球形燃料元件工业化生产，完成了不停堆换料燃料装卸系统等一系列原创技术的工程转化验证，成功研制出 2200 多套世界首台 / 套设备、创新型设备 660 余台 / 套，实现 93.4% 的设备国产化率，填补了多项世界空白，全面提高了国内装备制造业整体水平，为我国核能产业培育了新质生产力，使我国成为世界上第一个可以提供高温堆商业电站全套设备的国家。

（三）积累首堆经验，打开第四代核电技术从实验堆迈向商用市场的大门

在十多年的示范工程建设调试过程中，在高温气冷堆设备制造、土建施工、设备安装、堆芯物理、运行控制和设备维护方面，积累了大量原始数据和首堆经验。在示范工程的持续运维过程中，仍会产生大量原始数据和运维经验。根据统计，示范工程运行期间，每月可产生约 25000 条运行数据，30000 余条堆芯物理热工相关数据、2000 余条化学控制数据、300余条辐射防护相关数据。梳理、分析上述数据，有助于我们进一步探索、认识高温气冷堆的物理热工特性、首台 / 套设备可靠性及故障模式、辐射源项特征及防护特点、化学腐蚀特征及关键敏感部位、运行控制特性等一系列未知领域。

示范工程的首堆建设和运维是一个挑战未知、排除不确定性、建立确定性的过程。这一过程会产生大量的首堆经验和原始数据。这些宝贵的原始数据和首堆经验能够加深我国对球床模块式高温气冷堆的认识，有助于构建对高温气冷堆建设和运维进行预测、控制的新体系、新模式，进而建立高温堆技术发展的确定性期望，进一步推动高温气冷堆技术的产业化推广，打开第四代核电技术从实验堆迈向商用市场的大门。

四　高温气冷堆商业化发展及预见

示范工程带动了球床模块式高温气冷堆控制棒系统、吸收球停堆系统、燃料装卸系统等关键系统的研发与验证，培育了高温堆商业电站全套设备产业化制造能力，积累了首堆数据和首堆经验，为高温气冷堆技术的商业化推广奠定了坚实的基础。随着全球对清洁能源和低碳技术的需求日益增长，高温气冷堆技术将成为未来核能发展的重要方向。

高温气冷堆的技术优势体现在固有安全性、发电效率高、应用途径广及小型模块化等方面。立足高温气冷堆技术的经济特点及发展现状，高温气冷堆市场定位可以概括为"供热替代、规模制氢、发电补充"。其中，"供热"体现多用途，替代化石能源；"制氢"促进工艺成熟，瞄准规模化绿色化工产业；"发电"突出安全性，定位中小规模。

（一）供热替代

2020 年 9 月，国家主席习近平在第 75 届联合国大会一般性辩论上宣布，我国二氧化碳排放力争于 2030 年前达到峰值，努力争取 2060 年前实现碳中和。2023 年世界气象组织发布《全球气候状况临时报告》确认 2023 年是有记录以来最热的年份，全年平均气温比工业化前水平高出 1.45 ± 0.12℃，进一步逼近《巴黎协定》所设立的 1.5℃控温目标。联合国秘书长呼吁出席第 28 届联合国气候变化大会（COP28）的各国代表帮助世界避免"气候崩溃"。截至 2023 年，已有 150 个国家正式提出碳中和（或气候中和、净零排放）承诺。

国际能源署（IEA）数据显示，供热是全球最大的终端能源消费领域，目前这个领域的主要能源是煤、石油、天然气等传统化石能源，不满足各国的碳中和发展要求。高温气冷堆相较于其他核能系统，具有良好的供热应用潜力。首先，得益于固有安全性，高温气冷堆可以贴近用户建设，从而降低热能传输损耗，实现核能供热安全性和经济性的平衡。其次，高温气冷堆的反应堆出口温度可达 700~1000℃，可以满足绝大多数领域的热力需求，包括石油炼化、化工生产、稠油开采及油页岩提炼、区域供热和海水淡化等。在各国均提出碳中和承诺的背景下，高温气冷堆在供热替代领域有望进一步发展。

（二）规模制氢

氢能是全球能源转型和应对气候变化的重要领域，是一种高效清洁的二次能源。与电能相比，氢能可实现低损耗的长期储能，也能够实现长距离低损耗传输，氢气储运结合固体燃料电池和热泵技术，可实现用户端的分布式热、电、冷联供，也可应用于汽车、轨道交通、船舶等领域。同时氢能的热值是天然气、汽油的 2~3 倍，是煤炭的 4~7 倍，氢能燃烧不会产生碳排放。氢能可以通过直接燃烧为钢铁、冶金等行业提供高效原料、还原剂和高品质的热源，在各国的政策驱动下，具有广阔的发展前景和战略意义。

许多国家和地区已经发布了氢能发展战略和路线图，如欧盟、美国、韩国、日本、新加坡、智利和埃及等；欧盟发布氢能源战略，计划到 2050 年能源结构中的氢能占比提高到 12%~14%；韩国颁布了《促进氢经济和氢安全管理法》，推动氢能产业发展。我国将氢能产业作为战略性新兴产业和未来产业重点发展方向，发布了《氢能产业发展中长期规划 (2021-2035 年)》《能源技术革命创新行动计划 (2016—2030 年)》《"十四五" 能源领域科技创新规划》等促进氢能产业的顶层规划文件。

高温气冷堆具有固有安全性和高温优势，是用于核能制氢的首选堆型之一。日本原子力机构（JAEA）进行了高温气冷堆碘硫循环制氢的研究，设计了氢电联产的商业反应堆。进入 21 世纪，美国重新重视并开展核能制氢研究，出台的一系列氢能发展计划都包含核能制氢相关内容，研发涉及碘硫循环、混合硫循环和高温蒸汽电解等多方面；在碘硫循环的研究方面，在 2009 年建成了小型台架并进行了实验；在高温蒸汽电解方面，开发了 10kW 级电解堆并进行了考验。

我国"十一五"初期，对核能耦合热化学循环制氢、高温蒸汽电解制氢进行了基础研究，建成了原理验证设施，验证了工艺的可行性。依托山东省"核动未来"科技示范工程课题，目前示范工程相关单位也正在开展高温气冷堆耦合高温固体氧化物电解池制氢方面的技术研究，目的是开发 100kW 以上的高温蒸汽电解装置，使其与高温气冷堆核电站示范工程耦合连接，开展示范运行与应用研究。该项目利用高温蒸汽电解，生成绿色的高温氢气，未来高温氢气可直接应用于绿色甲醇、绿氨等化工产品生产。随着高温堆制氢技术的成熟以及中国、欧盟等国家和地区法律法规、政策的推动，绿氢及其衍生物需求将进一步增加，有望进一步推动高温堆在规模化制氢领域加速发展。

（三）发电补充

核电是清洁、高效、安全的绿色能源，发展核电是优化能源结构、保障能源安全的重要举措。在碳中和发展背景下，能源开发的碳排放约束日益收紧，核电预计将保持较快发展态势。

在核电市场，当前高温气冷堆还难以与大型压水堆正面竞争，但可以突出其固有安全性特点，走差异化发展路线。一方面，基于高温气冷堆技术在安全性方面的突出优势，对于部分安全环保要求高、经济承受能力强的国家和地区（如中东、西欧国家和地区），高温气冷堆同样具有良好的吸引力，挖掘这种类型市场是实现高温气冷堆供电应用的重要途径。另一方面，高温气冷堆厂址适应性好，二回路蒸汽参数与现有火电机组汽轮机匹配性较好，高温气冷堆可建设在不适宜大型压水堆建设的内陆地区，也可直接替代现有火电机组的燃煤锅炉，与原有火电汽轮机直接耦合发电，实现存量火电机组的燃煤替代，满足内陆地区的碳中和发展需要，填补压水堆的市场空白。

参考文献

[1] 吴宗鑫、张作义:《世界核电发展趋势与高温气冷堆》,《核科学与工程》2000 年第 3 期。

[2] 李虎伟、依岩、曹健、初永越:《核电厂概率安全分析溯源与建议》,《中国核工业》2012 年第 12 期。

[3] 《中国高温气冷堆技术的发展》,《中国科技产业》2006 年第 2 期。

[4] 张作义、原鲲:《我国高温气冷堆技术及产业化发展》,《现代物理知识》2018 年第 4 期。

[5] 《习近平在第七十五届联合国大会一般性辩论上发表重要讲话》,中央人民政府网,2020 年 9 月 20 日,https://www.gov.cn/xinwen/2020-09/22/content_5546168.htm。

[6] 清华大学碳中和研究院:《2023 全球碳中和年度进展报告》,2023 年,http://cntracker.jafly.net/report。

[7] 张平、徐景明、石磊、张作义:《中国高温气冷堆制氢发展战略研究》,《中国工程科学》2019 年第 1 期。

B.9
新时代核能科普创新发展研究报告

陈 荣* 贾子蔚 陈富强

摘 要： 做好核能科普越来越成为建立社会共识、保障核能事业积极安全有序发展的基础性、战略性任务。自我国核电事业起步以来，相关政府部门和核能行业一直积极开展核能科普，取得了一定的成效。但在数字化、网络化的今天，核能科普工作仍存在很大发展空间。新时代核能科普的主要任务是：普及核科技知识，强化科普价值引领，培育公众对核能发展战略意义的认可和支持；提升公众科学素质，树立科学、理性的核安全观；弘扬科学精神，培育核能发展的未来接班人；助力核能事业发展，推动核能项目顺利落地和建设。报告建议：核能科普要深刻融入"大科普"，国家应制定核能科普系统规划；加强核能科普内容和科普手段创新；强化核能科普工作的人才队伍建设；发展核能行业的核能科普合作机制；开展科普工作的国际交流和学习互鉴。

关键词： 核能科普 核安全观 科普人才培养

前 言

当今世界发生的种种重大事件和问题往往和科技密不可分。公众对科技问题的不同理解正在成为撕裂社会共识、冲击社会稳定的重要因素。核能行

---

* 陈荣，研究员级高级工程师。现任中国核能行业协会战略研究部主任。主要从事核能行业发展战略规划与政策研究、行业发展趋势分析、核能立法研究等。

业作为利益与风险共存的高科技行业，一直是全社会高度关注的敏感性行业。做好核能科普越来越成为建立社会共识，是保障核能事业积极安全有序发展的基础性、战略性任务。

党的十八大以来，党中央对科技创新和科学普及做出了一系列重大决策部署。习近平总书记开创性地指出，"科技创新、科学普及是实现创新发展的两翼，要把科学普及放在与科技创新同等重要的位置"，[①] 为我国新时代科普工作指明了发展方向。2021 年国务院出台《全民科学素质行动规划纲要（2021—2035 年）》，2022 年 8 月国家有关部门印发《"十四五"国家科学技术普及发展规划》，2022 年 9 月中共中央办公厅、国务院办公厅联合印发《关于新时代进一步加强科学技术普及工作的意见》，彰显了党中央对科普工作的高度重视，也体现了新时代科普工作支撑和服务国家科技创新大局的高度重要性。我们必须深刻学习理解党中央关于科普工作的最新精神，深入领会核能科普工作对于核能行业发展的重要意义，积极创新与新时代核能发展相适应的核能科普方式方法，才能不断提升核能科普工作效果，促进我国核能事业积极安全有序发展。

一 我国核能科普工作取得的成绩与面临的挑战

自我国第一座核电厂秦山核电站起步以来，相关政府部门和核能行业一直在积极探索核能科普宣传的有效方式，几十年来不懈努力，创造了丰富多彩的核能科普工作模式，取得了一定的成效。

（一）政府层面设立核能科普专栏并积极组织指导各类科普活动

国家核安全局、国家原子能机构、国家能源局分别作为我国核安全监管部门、核工业主管部门及能源主管部门，指导核能行业开展了形式各样、主题鲜明的核能科普活动，并均在官方门户网站设立了核能科普专栏，发布权威、准确的核能科普知识，客观、透明公布行业发展动态。其中，国家核安

---

① 《为建设世界科技强国而奋斗》，人民网，2016 年 6 月 1 日，http://politics.people.com.cn/n1/2016/0601/c1024-28400027.html。

全局长期公开并实时更新我国核电厂安全状况、辐射环境监测数据，联合相关部门持续开展"全民国家安全教育日核安全宣传"等活动。国防科工局建立了涉核新闻宣传领导小组，凝聚行业力量统筹做好涉核新闻宣传工作，唱响行业发展"主旋律"。国家能源局多年来持续指导支持行业各单位开展形式多样的核能科普宣传活动，推动全社会形成支持核能发展的共识。

各级地方（特别是涉核省市）党委和政府积极履行科普工作领导责任，组织指导开展市、县、乡、村、街道核能科普活动、核能知识竞答、核应急主题宣传等，有效传达核能发展的战略意义及核能发展依靠人民、惠及人民等发展理念。

（二）企业与学校、媒体、社会组织等深入合作，持续创新核能科普内容与形式

近年来，我国各涉核企业及相关单位坚持开展公众沟通的探索实践与创新，已经成为我国核能科普的中坚力量。

（1）持续开展并创立了国内有影响力的系列核能科普品牌。涉核企业已经举办了11届"魅力之光"杯全国中小学生核电科普夏令营系列活动，在中小学生心中深植涉核科学素养，为祖国青少年一代筑起"核能梦"。全国高校核与辐射科普联盟深入合作，每年一度的全国高校学生课外"核+X"创意大赛已经举办了8届，广泛发动高校学生的想象力与创造力，丰富核科普作品、讲好核科普故事，并探索与时俱进的传播方式，带动高校乃至全社会形成一股"核"谐发展的正能量。中广核集团"八七公众开放日"活动、中核集团"核你在一起"科普开放周线下体验活动已分别开展了11年和9年，各核能企业邀请公众走近核电，展示核能项目的高科技属性和生态友好属性，近距离向社会公众宣传绿色、清洁、高效的核能行业形象。

（2）持续开发满足公众需要的核能科普作品。多年来，国内已经公开出版了《走进核科学技术》《为什么要发展核电》《阿核的博客》《中国核电科普手册》等一系列核能科普书籍。每个核能项目都开发、制作了各有特色的核能科普读本，以深入浅出的话语阐释核能科学原理及应用前景，描绘核能

美好未来。针对儿童开发的《大头儿子小头爸爸》核电版、《铀子哥的故事》等动画剧集，积极践行了"从娃娃抓起"的核能科普理念。《许你万家灯火》电视连续剧对核电人工作、生活和精神追求进行全方位科普。各核电企业、核电从业者也积极利用网络传播方式，在微信公众号、抖音、微博等媒体平台上开展各种生动丰富的核能科普，"核电小苹果"、"最美核电婚纱照"、"寻找最科幻少年"、"喊话"《流浪地球》的"你们负责想象、我们负责实现"等科普创意屡屡成功"破圈"，赢得广泛社会公众的认可和喜爱。为拉近核能与公众之间的心理距离，各单位设计制作了"华龙宝宝""国核一号"等一系列生动可爱的卡通形象、文创作品等，为核能科普创造了更贴近公众的形象。

（3）核能科普展馆建设不断推进。中核集团、中广核集团、国家电投、华能集团及所属的核电项目，均建设了核能科普场馆，承担面向地方各行各业、各年龄段社会公众开展科普的重要作用；一些优秀展厅每年可以承担数万人次的访问，成为地方企事业单位、高校及中小学科普团建的首选场所，并获多项国家级荣誉证书；部分核电基地联合地方科协等单位，在当地科学技术馆共建核能科普展区，进一步扩大了核能科普的受众范围。

（4）深入细致持续推进常态化科普。各核能企业已经建立了常态化的核能科普工作模式，建设了一支认真热心、严谨细致的专兼职科普队伍，持续制度化、规范化地开展各种科普活动；深入推进核能科普进校园、进养老院、进社区、进党校、进机关等活动，并与助学扶贫、校外辅导、乡村振兴、社区共建、党团活动联建、当地习俗、节庆活动、文化旅游等各类活动紧密结合，随时随地把核能科普知识送达公众身边。海阳核电结合地方文化特色开展了"方言版核电大讲堂"和"我家乡的核电站"创意绘画比赛等，邀请公众参观供热工程，让"核能供暖是安全的"理念深入人心。华能集团常态化开展一系列扶贫、乡村振兴举措，搭建公众沟通"连心桥"，开展联结公众情感的"软科普"。各涉核集团充分借力国家各类宣传日活动、重大项目进展等宣传节点，积极融入核能科普元素，让核能知识"润物细无声"地传播到更广泛的社会面。

（三）科协、协会、学会等积极发力，发挥科普工作主要社会力量作用

中国科学技术协会（简称"中国科协"）在中国科学技术馆设立规模较大的核能展区，展列"华龙一号"模型、托卡马克装置模型，并通过辐射测量互动器具让公众对"剂量值"有直观的感知，展区深受广大青少年欢迎；中国科协领导下的"科普中国"网站，已经成为国内地位最为领先、内容最为全面的互联网科普平台，多年来致力于知识传播普及、破除谣言，引领公众科学素养提升，并把小型模块化堆、四代核反应堆技术、核能供暖等名词含义通过视频动画、科普文章等生动形象地传达给公众。

中国核学会作为我国核科学工作者之家，是发展我国核能科学技术事业发展和科技普及的重要社会力量，以学术角度出发广泛开展"核能科普院士行"、核科普教育基地建设等工作，并与企业合作共同打造"魅力之光"等科普品牌活动。中国辐射防护学会、各省核学会及各省辐射防护协会等社会组织也积极组织开展了各具特色的核能科普活动，打造出"核辐社"科普公众号等生动活泼的优秀核能科普传播品牌。

中国核能行业协会充分发挥行业发展桥梁纽带的社会组织优势，联合有关政府部门及涉核企业，设立了核能公众沟通委员会，打造开展核能科普、营造核电建设良好社会舆论氛围的长效机制；持续组织召开核能公众沟通交流大会，面向全社会分享传播核能行业最新发展形势、科技创新成绩及公众沟通行动与成效，并通过多角度的报告与活动，向公众传递客观认识风险、理性分析问题的科学思想；连续出版的年度核能发展报告（蓝皮书）、核能年鉴已成为政府、社会各行各业了解核能事业发展的重要窗口；开创性地策划建设了我国首个核能行业共商共建的核能科普网络平台——核能云端博物馆，权威、全面、综合地介绍核能发展历程、核能科普知识原理、核能综合利用与核技术的广泛应用等科普知识；积极推进核能科普进党校，为不同层级的领导干部提供有高度、有广度、有新鲜度的核能科普知识，助力行业发展。

（四）我国核能科普工作存在的问题

几十年来，全社会共同努力推动核能科技知识普及、提升公众对核能的了解与支持，保障了我国核能事业的稳步发展。但是，与党中央提出的科普工作要求相比，与数字化、网络化时代公众对科普知识的要求与期待相比，核能科普工作仍存在很大差距。由于核能涉及复杂的科学和工程原理，不易被普通大众理解，将复杂的核能知识以简明易懂的方式进行科普传播在世界范围内还存在挑战。

同时，网络空间已经成为信息传播的重要阵地，通过微博、网络、微信等平台传播的科学信息已经占到80%以上，对核能科普的科普内容、传播方式、技术手段和工作范式也都提出了更高要求。特别是福岛核事故及核污水排放问题持续引起世界各国高度关注，也进一步加剧了公众对核安全的恐惧与担忧，给核能科普工作带来了更多的困难和挑战。

目前我国核能科普存在以下主要问题。

（1）核能科普工作缺乏顶层规划、统筹安排和相互协同。行业各单位根据各自情况量力而行，因此科普工作效果很难衡量。

（2）所宣传的核能科普知识经常夹杂大量公众不易理解的专业词语，缺少简明易懂又科学严谨的通俗表达。

（3）核能科普宣传以平面媒体及线下活动为主，通过抖音、视频号等的线上科普工作开展与传播不足。核能科普亟须创造更多生动有趣的表现形式和采用公众喜闻乐见的传播手段。

（4）缺少对"既懂核能又懂科普"的核能科普人才的系统培养机制，核能科普人才队伍严重不足，特别是严重缺乏核能科普"网红""大V"等有公众影响力的核能科普专家，核能科普依然任重且道远。

二　我国核能科普工作的任务与目标

碳达峰、碳中和目标是党中央做出的重大战略决策。核能作为清洁、低碳、安全、高效的优质能源，是新型电力系统安全稳定运行的重要支撑，在保障国家能源安全和电力供应方面不可或缺，并将在我国实现碳达峰、碳中和目标中发挥重要作用。2022 年 10 月党的二十大报告明确提出"积极安全有序发展核电"，2023 年习近平总书记主持召开新时代推动东北全面振兴座谈会时强调"加快发展风电、光电、核电等清洁能源，建设风光火核储一体化能源基地"。核能科普作为核能创新发展的重要一翼，必须要为核能事业积极、安全、有序发展提供有力支持。我们认为新时代核能科普有以下任务和目标。

（一）普及核科技知识，强化科普价值引领，培育公众对核能发展战略意义的认可和支持

核能产业是国家高科技战略产业，核能科技涵盖了前沿基础研究、复杂系统工程设计、高性能材料制备、尖端装备制造、超大型工程建设、长期严格运行维护、核安全监管技术、后端处理技术等众多领域的高端科技研究与创新。发展核能可以促进我国科技自主创新与高技术产业发展，促进国家高端制造业和装备业提质升级，也是维护我国大国地位的重要手段。只有深入开展核能科普，普及核能科技知识，才能让公众更加理解核能、接受核能、支持核能发展。

在当今百年未有之大变局加速演进形势下，世界粮食与能源安全危机持续、"双碳"行动引发的新型经济贸易竞争、俄乌冲突等，让国际形势更加错综复杂。核能越来越显示出在保障能源安全和能源自主方面的高度重要性。国家要求"强化科普价值引领"，我们要通过核能科普，让社会公众深刻理解党中央和国务院高瞻远瞩确定的核能发展方针，让公众了解核能对中国社会主义现代化强国建设的高度重要性，理解核能在我国构建新型能源体系、增强能源安全韧性、实现"双碳"目标方面所承担的重要作用，从而坚定支持核能发展。

（二）提升公众科学素质，树立科学、理性的核安全观

《全民科学素质行动规划纲要（2021—2035 年）》指出，国民素质全面提升已经成为经济社会发展的先决条件。公民具备科学素质是指崇尚科学精神，树立科学思想，掌握基本科学方法，了解必要科技知识，并具有应用科技知

识分析判断事物和解决实际问题的能力。核能开发与利用是庞大复杂的科学工程，是高科技的系统集成与创新，在给人类带来重大利益的同时，也带来了核安全的风险与挑战。

从科学角度看，安全是一个相对概念，没有绝对安全的存在。利益总是和风险相伴而生的，但风险并不意味着变成不可接受的事故。习近平总书记提出要坚持理性、协调、并进的核安全观，这是习近平新时代中国特色社会主义思想在核安全领域的集中体现。发展和安全是人类和平利用核能的基本诉求，犹如车之两轮、鸟之双翼，相辅相成、缺一不可。科学理性的核安全观要求发展和安全并重，以确保安全为前提发展核能事业。发展是安全的基础，安全是发展的条件。要秉持为发展求安全、以安全促发展的理念，让发展和安全两个目标有机融合、相互促进。只有实现更好发展，才能真正管控安全风险；只有实现安全保障，核能才能持续发展。

通过核能科普，要让公众了解我国已形成了健全高效的核安全文化体系和核安全治理体系，了解我国核电安全运行的良好业绩和最新科技成就。通过深入、持续的核能科普，帮助公众启智祛昧、辨伪存真，在面对谣言和伪科学时具备科学思考的意识和能力。当公民素质不断提升、社会公众思考更加理性，社会共识就更为稳固，就会有更多的人勇敢地发出科学理性的声音，成为"谣言粉碎机"和"流言终结者"。

（三）弘扬科学精神，培育核能发展的未来接班人

在新一轮科技革命和产业变革深入发展的背景下，学科交叉融合不断推进，科学研究范式发生深刻变革，核能科技创新面临的任务更加复杂、长期而艰巨。需要通过核能科普让广大公众认识到加快核能科技发展是创新型国家建设必不可少的内容，是我国实现高水平科技自立自强的迫切要求，是建设世界科技强国的必由之路。要在最广大的人民群众中营造支持核能、热心核能科学探索的社会氛围，为核能发展创造良好的社会环境。要通过深入、持续的核能科普，从娃娃抓起培养对核能探索的兴趣，从而培育具备科学家潜质、愿意投身核科技研究的一代代青少年，为我国核能科技持续创新

打造坚实的人才队伍保障，为我国核能事业积极、安全、高效发展奠定扎实基础。

我国核能科技工作者通过几代人的接续奋斗铸就的"两弹一艇"精神，"干惊天动地事、做隐姓埋名人""以身许国、敢为人先"的科学家精神等，传承了中华民族千百年来的优秀文化精神，弘扬了当代社会主义核心价值观的重要内涵。通过科普，要把核能报国的精神传承给新一代，培养新一代青少年核能报国的光荣感和使命感，让我国核能事业通过一代代奋斗者的努力，成就中华民族伟大复兴宏伟大业。

（四）助力核能事业发展，推动核能项目顺利落地和建设

在党中央和国务院的高度重视支持下，"十四五"以来核电建设稳步推进。国家相关法规明确提出了核能项目前期阶段开展公众沟通的具体要求。核能科普是核能公众沟通的重要内容，在核能项目前期公众沟通工作中发挥着"排头兵"的重要作用。要深入当地机关、学校、工厂、街道社区等地方，以群众喜闻乐见的各种方式宣传核能科普知识，让各级政府领导、公众和社会普遍知核、信核、拥核、爱核，实现核能项目与当地公众和谐相处、融合发展，从而顺利推进核能建设。

三　对核能科普创新发展的建议

科普已经成为建设科技强国、构建人类命运共同体的软实力和硬要求。党中央已经明确要求，要以习近平新时代中国特色社会主义思想为指导，坚持把科学普及放在与科技创新同等重要的位置，强化全社会科普责任，提升科普能力和全民科学素质，推动科普全面融入经济、政治、文化、社会、生态文明建设，构建社会化协同、数字化传播、规范化建设、国际化合作的新时代科普生态，服务人的全面发展、服务创新发展、服务国家治理体系和治理能力现代化、服务推动构建人类命运共同体，为我国实现高水平科技自立自强、建设世界科技强国奠定坚实基础。

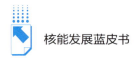

为深入贯彻落实党中央精神，推动核能科技与核能科普"双翼"齐飞，有力支撑核能事业积极、安全、有序发展，特提出以下建议。

（一）核能科普要深刻融入"大科普"，并制定核能科普系统规划

从国家层面看，《全民科学素质行动规划纲要（2021—2035年）》《"十四五"国家科学技术普及发展规划》等一系列文件对国家"大科普"工作已经做了全面部署。建议核能行业相关主管部门在国家科普规划的基础上，加强核能科普的系统谋划和顶层设计，形成核能科普工作规划，把核能科普全面融入国家大科普行动中，充分借力国家各级政府部门和各地方各类组织的科普活动，推动核能科普工作与科技创新、经济社会发展和国家安全各环节紧密融合。核能行业各企业、社会组织、研究机构等要积极协同、形成合力，在相关政府部门指导下充分发挥作用，以更多优秀的核能科普手段、活动、作品等参与到全社会共同推动、各部门协同联动的科普发展新格局中。

（二）加强核能科普内容创新

1. 顺应全媒体时代传播规律，增加优质科普产品和服务供给。加大核科普创新创作支持力度，鼓励核科研、业务成果转化为核科普产品，吸纳文学、艺术、教育、传媒等社会各方面力量繁荣核科普产品创作，挖掘、整理和传承核工业文化遗产，促进原创优秀核科普作品不断涌现，推进核科学知识的宣传与普及紧跟时代潮流，使核能科普产品多样化、多渠道化，切实做到核能科普作品公众"看得懂、喜欢看"，通过一大批感染力强、影响力大的科普作品来展示行业精神风貌、讲好中国核能发展故事。

2. 推动核能前沿科技研究资源的科普化。国家强调科普要注重前沿技术，核能科普也不能停留在"啤酒和白酒"的比喻上。满足公众对核能前沿新知识的好奇心，应该成为核能科普打动人心的重要力量。

（三）加强核能科普手段创新

1. 探索"科普+"的全科普新模式，将核能科普全面融入公众沟通、文

化宣传、工业旅游、社会公益、产品与企业宣传、扶贫支教、乡村振兴等面向社会公众的各类活动，把核能科普作为企业履行社会责任的重要内容，系统谋划，协调推进。

2. 加强核能科普基地建设。研究开展科普场馆内容提升行动，增强展示内容的准确性、通俗性，不断提升科技场馆展示能力和智能化水平；将爱国主义教育和科普教育相结合，推动科普基地与科学家精神教育基地融为一体，在大力弘扬科学精神和科学家精神的同时，让核能科普更富有爱国情怀与科学精神。

3. 加大具备条件的核科技基础设施和科技创新基地向公众开放力度，探索推动"八七开放日"成为全行业的公众开放日。

4. 与全社会各行各业广泛交流合作，打破核能科普的"孤立性"，使其融入全国科普工作大环境，不断拓展核能大科普发展新格局的深度、广度。

（四）强化核能科普工作的人才队伍建设

一方面，要完善核能科普人才规范化培训体系，提升核能科普人才队伍数量和能力，持续打造一批批"懂核能、会沟通、接地气、有情怀"的核能科普"精兵强将"，面向公众深入开展科普知识、科学精神、核工业精神传播。另一方面，要加强核能从业者科普能力的系统化全员培训，全面提升核能工作者的科普能力和科普意识，积极建设核科普志愿者队伍体系，并建设核能科普专家队伍；要推动大科学家讲科普，开展培养核科普"大 V"行动计划。此外，要充分发挥社会上其他科普人才的作用，例如目前有 1200 万名科普中国信息员活跃在基层一线，通过帮助他们认识核能、接受核能，让他们在更广泛的领域发挥核能科普宣传的积极作用。

（五）深化核能行业的核能科普合作机制

继续协力共建和持续丰富核能云端博物馆，将其发展成集知识性、交互性、趣味性、权威性于一体的核电科普知识网站和社交互动、科普品牌活动的线上集成平台，采用云技术、互联网及新媒体等数字化传播手段，打造核能行业的核能科普"中央厨房"。同时，集成各大核电基地的公开信息，将核能云端博物馆打造成各大核电基地面向公众发布公众沟通相关信息的官方统一平台。

探索建立针对社会热点的科普联合响应机制，及时响应社会热点，及时协商沟通后快速发布权威科学解读信息，做好舆论引导，引导公众科学理性思考和认知核能知识。

（六）开展科普工作的国际交流和学习互鉴

由于公众对核能的特殊关注和敏感性，核能行业具有"世界核能是一家""一损俱损"的特性。我们要加强与国际核电国家的科普交流与合作，积极学习、借鉴其他国家核能科普与公众沟通的良好经验与做法，并探索邀请其他国家核能科普专家来华做经验分享、参与我国核能科普与公众沟通活动、联合开展科普活动、"走出去"参与国外核能科普等各种合作形式，以利于加快提升我国核能科普的能力和水平。

参考资料

［1］《关于新时代进一步加强科学技术普及工作的意见》，中央人民政府网，2020 年 9 月 4 日，https://www.gov.cn/zhengce/2022-09/04/content_5708260.htm。

［2］《国务院关于印发全民科学素质行动规划纲要（2021—2035 年）的通知》，中央人民政府网，2021 年 6 月 25 日，https://www.gov.cn/zhengce/content/2021-06/25/content_5620813.htm。

［3］《科技部 中央宣传部 中国科协关于印发〈"十四五"国家科学技术普及发展规划〉的通知》，中国科学技术部网，2022 年 8 月 16 日，https://www.most.gov.cn/xxgk/xinxifenlei/fdzdgknr/fgzc/gfxwj/gfxwj2022/202208/t20220816_181896.html。

［4］《中华人民共和国国民经济和社会发展第十四个五年规划和 2035 年远景

目标纲要》，新华网，2021 年 3 月 13 日，http://www.xinhuanet.com/politics/2021lh/2021-03/13/c_1127205564_2.htm。

[5]《中国科协 教育部关于印发〈"科学家（精神）进校园行动"实施方案〉的通知》，中国教育部网，2023 年 7 月 14 日，http://www.moe.gov.cn/jyb_xxgk/moe_1777/moe_1779/202307/t20230725_1070664.html。

[6]《关于建立健全全媒体健康科普知识发布和传播机制的指导意见》，中国国家卫生健康委员会网，2022 年 3 月 2 日，http://www.nhc.gov.cn/xcs/s3581/202205/1c67c12c86b44fd2afb8e424a2477091.shtml。

[7]《关于加强国家科普能力建设的若干意见》，中国科学技术部网，2007 年 2 月 1 日，https://www.most.gov.cn/ztzl/gjzctx/ptzcjykp/200802/t20080225_59250.html。

[8]国新办举行新时代加强科学技术普及工作有关情况发布会文字实录，https://www.most.gov.cn/xwzx/twzb/fbh22090501/twzbwzsl/202209/t20220906_182301.Html。

B.10
中国核能供热发展报告

马元华[*] 张 真

摘 要: 在"双碳"目标及加快规划建设新型能源体系的背景下,核能供热技术在国内迅速发展推广。本报告回顾了国内核能供热技术的发展历程,并基于山东核电在1、2号机组核能供热示范工程的探索与实践,总结了核能供热技术发展、安全评价、项目推广、工程示范的主要成果与经验,展望了未来核能供热技术发展方向,提出了核能供热推广的政策建议。

关键词: 核能供热 低碳清洁 山东核电

核电因其发电稳定可靠,被公认为电力行业的"稳定电源",在我国能源领域主要承担稳定基荷的角色。同时,核电清洁低碳的优势明显,度电碳排放量低于光伏发电、与风电相当,据测算,全球核电已累计减少二氧化碳排放超过850亿吨。2020年12月,习近平主席在气候雄心峰会上庄严宣布,中国将于2030年实现碳达峰、2060年实现碳中和。党的二十大报告明确指出,"推动能源清洁低碳高效利用,推进工业、建筑、交通等领域清洁低碳转型。深入推进能源革命……加快规划建设新型能源体系……积极安全有序发展核电"。[①]当前,能源系统脱碳日益迫切,核电安全性及经济性得到进

---

* 马元华,正高级工程师,现任山东核电有限公司副总经理,长期从事三代压水堆核电机组工程建设管理、核能综合利用技术开发及示范落地工作。

① 《高举中国特色社会主义伟大旗帜 为全面建设社会主义现代化国家而奋斗——在中国共产党第二十次全国代表大会上的报告》,求是网,2022年11月1日,http://www.qstheory.cn/dukan/qs/2022-11/01/c_1129089160.htm。

一步发展和验证，核能在能源减碳方面的潜力受到普遍重视。多个国际组织和国家发布的能源转型路线图中，核能都扮演了重要角色。欧盟委员会《能源联盟进展2020》报告和英国政府能源白皮书《推动零碳未来》等研究报告表明，要实现能源系统清洁低碳经济性良好的转型，核能必不可少。法国的新能源政策是减少能源消耗，并提高可再生能源和核能的开发。中国社会科学院工业经济研究所发布的《中国能源发展前沿报告（2023）》指出，核电运行稳定可靠、换料周期长，可大规模替代化石能源作为基荷电源，是新增非化石能源中最具竞争力的能源品种，是我国实现碳达峰、碳中和目标的必然选择。随着政策引导和能源转型需求，核能的非电应用也逐渐走入公众的视野，主要包括区域供暖、工业供热、海水淡化、制氢等。除了降低碳排放外，核能对碳循环经济的贡献还在于提供低碳和低成本的电力与热能，以及创造稳定、高价值的就业机会。

一　我国核能供热发展回顾

在我国，核能供热以大型核电厂热电联产和低温供热堆两种技术路线为主，大型核电厂热电联产的主要代表是海阳核电、秦山核电、红沿河核电等近几年实施的大型压水堆核电厂热电联产改造；低温供热堆主要代表有"燕龙"池式低温供热堆、清华大学NHR200-Ⅱ供热堆、"玲龙一号"商用模块化小堆、国家电力投资集团公司海阳一体化小型堆等。两种技术路线有各自的优势和适用场景，我国商用核电基地均位于沿海地区，远离城市供热负荷中心，受供热距离、安全评审、公众接受性等因素影响，仅在部分北方地区电厂内提供冬季电厂自用采暖热源，尚未迈出电厂"围墙"；单纯的供热堆由于受经济性、选址、安全评审、公众接受性等因素影响，一直处于试验和研究阶段，也未能建成商业化核能供热项目。综上，2018年前，国内核能供热仅限于若干研究院所和核电厂内，其技术和规模与大规模对外供热有较大差别，我国也未能真正触及核能供热的落地及落地所面临的各种困难和问题。

2019年11月，国家电力投资集团山东核电有限公司（下称"山东核电")在国内率先完成核电厂运行机组的供热改造,实现了向核电厂周边70万平方米城镇居民的集中供暖,迈出了我国核能商用供热的第一步。该项目的顺利投产及良好示范引发了电力行业、供热行业的广泛关注,收获了地方政府、居民用户的一致好评,国家能源局授予该项目"国家能源核能供热商用示范工程"称号,并在首个供暖季结束后组织第三方对该项目开展了独立后评估,评估结论为"安全、稳定、清洁、高效"。随后,在海阳市政府的指导下,山东核电于2021年11月完成对核电1号机组供热改造,实现了海阳市主城区清洁供热的全覆盖,截至2023年底,海阳市核能供热接入面积已超过630万平方米。随着示范工程获得广泛认可,中核集团、中广核集团也纷纷启动核能供热项目,分别于2021年、2022年投产了秦山核电、红沿河核电向周边居民商用供热,田湾核电核能供热项目也于2022年正式开工建设。

2023年11月,山东核电900MW核能跨区域供热工程顺利投产,这标志着我国核能供热技术又完成了一系列新的突破。一是市供热规模的突破,单台机组供热能力由200MW级突破到900MW级,按照区域基础热负荷30W/m²测算,单台机组供热面积可达3000万平方米,相当于3~4个海阳市供热面积;二是供热目标区域的突破,通过大温差、长距离输热等技术,供热范围由电厂所在的烟台海阳市拓展到了威海乳山市,实现了一核双城协调供热。下文将基于山东核电核能供热项目实施经验,总结核能供热的监管审批流程、实施关注要点及运行状况。

二 核能供热监管审批流程

长期以来,在我国核能发电几乎是核能利用的全部,核能产业政策、核安全监管、环保要求等基本都是面向核电厂,对核电热电联供、核能供热的政策要求尚不清晰。山东核电在推动核能供热项目落地过程中开展了广泛的研究论证,并与监管部门进行细致的沟通,探索了可行的监管、审批手续。核电厂的供热改造涉及核电厂内部改造和市政供热管网的改造,由于投资主体不同、主管部门不同，山东核电分别依法办理审批立项手续，核能供热监管相关流程如下。

（一）核电厂内部供热改造

山东核电开展了项目的可行性研究、论证评审、初步设计及评审，确定可行技术方案，为项目决策提供了重要依据。山东核电向国家电力投资集团提交科技示范项目申请书，开展可行性研究和初步设计，并通过专家论证评审，完成项目立项；开展《山东核电关于海阳核电厂 1、2 号机组辅助蒸汽系统和高压缸排气管改造对核岛及汽轮机影响分析报告》，向国家核安全局请示并获取备案；开展《山东核电关于海阳核电厂 1、2 号机组核能供热实物保护改造的请示》，向国家原子核能机构核材料管制办公室请示并获取备案；开展建设项目环境评价，评价登记表完成备案。核电厂内部供热改造的主要审批流程见图 1。

（二）市政管网供热改造

海阳市人民政府委托海阳市海发新能源有限公司开展市政管网改造工作，建设单位委托咨询公司编制《项目申请报告》，报告依法附具了环保审批请示批复文件、用地预审和规划选址意见。建设单位在用地预审和规划选址上获得海阳市自然资源和规划局批复。《关于海阳市新老城区 450 万平方米核能供暖管网工程进行环保审批的请示》获得烟台生态环境局海阳分局批复。《项目申请报告》由海阳市行政审批服务局核准批复，并立项登记。市政管网供热改造的主要审批流程见图 2。

笔者总结山东核电核能对外供热工程经验并结合国内同类项目调研情况以及国家和地方最新法规要求，初步概括了核能供热项目需要办理的行政许可事项，为后续核能供热项目开发提供参考。核能供热项目需要办理的行政许可事项清单见表 1。

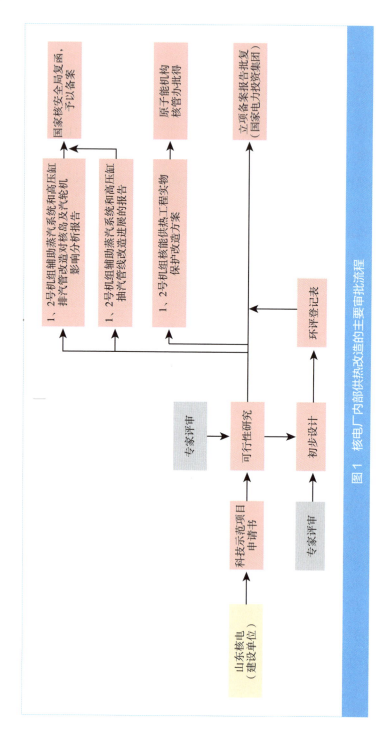

图 1 核电厂内部供热改造的主要审批流程

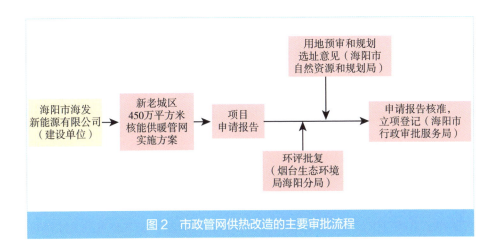

图2　市政管网供热改造的主要审批流程

序号	行政许可事项	行政许可主管部门
	表1　核能供热项目行政许可事项清单	
1	环境影响评价	生态环境部/地方环保部门
2	核安全评审	国家核安全局
3	实保评审	国家核安全局、国防科工局
4	水土保持方案审批	水利部门、行政审批服务部门
5	节能专篇报告评审	省发改委
6	消防评审	集团公司
7	职业健康	组织专家评审后备查
8	职业安全	组织专家评审后备查
9	项目备案	地方行政审批服务部门
10	土地手续	自然资源部门
11	工程规划许可	地方规划部门
12	工程质量监督	质量监督部门
13	排污许可证（登记表）	地方环保部门
14	竣工环保验收	地方环保部门

三　核能供热项目实施关注要点

（一）技术关注要点

海阳核电核能供热项目建设单位从汽轮机高压缸排汽管道上抽取蒸汽作

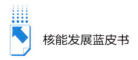

为对外供热的热源，抽汽规模达到 1500t/h，抽汽量约为主蒸汽流量的 1/5、为低压缸进汽量的 1/3。大规模地抽取蒸汽改变了原有的纯凝发电系统，建设单位需要重点关注这种改变对电厂核安全、主机安全及系统控制安全、核能供热安全的影响。

1. 核安全

核能供热建立了核电厂与供热系统的联系，将核安全与热网安全进行了关联，保障核电机组安全运行是开展核能供热的前提。供热正常运行阶段核电厂一、二回路接口参数较纯凝发电工况发生变化，需要重点关注改造对一、二回路主系统、主设备安全运行的影响；事故及瞬态工况下需重点关注供热改造新增的事故、瞬态以及热网事故等对电厂安全的影响。

2. 主机安全

核能供热改变了原有的汽轮机运行状态，影响到高、低压缸各级叶片做功能力及各级回热抽汽参数，需要重点关注改造对汽轮机飞射物总概率、高压叶片安全、低压叶片安全、低压叶片水蚀、汽轮机超速、气缸稳定性、MSR、凝汽器、除氧器、凝结水泵等的影响。

3. 控制安全

核能供热引入了新的负荷输出，核电厂从原有纯凝发电工况的堆机协调控制转变为堆—电—热协调控制，需要结合电、热的调节特性，重点关注反应堆功率控制与电热输出的匹配以及湿蒸汽测量精度低给热负荷计量带来的挑战，通过修正优化、修改控制逻辑等实现机组在纯凝工况与供热工况中的平滑切换。

4. 核能供热安全

在我国，核电厂远离大中型城市，因此采用核电厂热电联产供热的方式通常会导致热源远离负荷中心，该特性导致核能供热主干网的可靠性直接影响供热的可靠性。从降低供热成本、提升供热可靠性和经济性的角度来看，核电厂通常需要核能承担目标区域供热基础负荷，并在负荷中心设置合理的调峰手段，以实现供热需求变化时负荷的快速调节，并减少对核电厂的频繁调节。通过一系列的设计本质安全措施以及运行监控手段，保障核能供热的辐射安全也是电厂改造以及公众沟通关注的重点。

（二）工程实施关注要点

核电厂供热改造同时具备核电机组重大技术改造项目和工程建设项目的特征，对管理体系提出许多新的要求，工程实施难度很大，管理接口复杂，项目组织管理极具挑战性。核电厂对涉及控制系统、汽轮机、凝汽器等重要改造需要在机组大修窗口实施完成，结合改造方案及大修工期落实人机料法环准备情况，并将改造计划与大修计划融合统筹，确保改造顺利实施；对涉及机组正常运行期间在生产区域实施的重大改造，需要制定专项的实施方案，明确管理模式、组织分工、管理边界、协调机制、接口、生产变更改造流程等内容，确保生产区域工程建设与安全生产的有序推进。

（三）外部协调关注要点

核能供热涉及厂内、厂外两部分，从项目规划到建成投运，外部协调工作贯穿项目始终，有效的外部协调工作为项目的顺利实施创造良好的外部环境，为项目的按期投运奠定坚实的基础。各阶段外部协调的主要任务见图3。项目外部协调任务清单见表2。

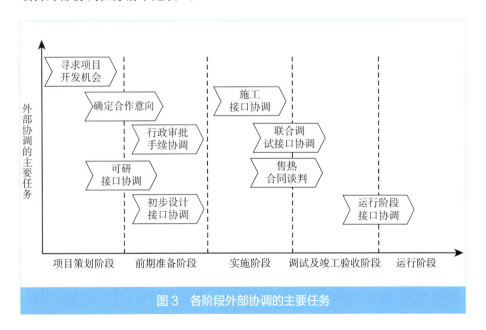

图3 各阶段外部协调的主要任务

表 2　项目外部协调任务清单		
任务名称	沟通、协调内容	协调对象
寻求项目 开发机会	收集相关国家政策、地方政府供热规划、热负荷等信息，落实工程建设的外部条件； 对接地方政府，取得地方政府对项目的支持	地方政府
确定 合作意向	与地方政府签订项目开发战略合作协议； 推动项目列入地方政府供热规划	地方政府 供热主管部门
行政审批 手续协调	依据国家和地方法律、法规，梳理项目开工、运营所需行政审批手续，如建设项目备案、环评等。通过密切联系和合理利用资源，推动项目审批	地方行政 审批局
可研接口 协调	协调政府和供热公司提供负荷及供热面积等可研输入； 协调政府和供热公司参与可研审查；根据供电公司要求完成供热机组在线监测系统相关资料上报和系统联调	地方政府 热力公司 供电公司
初步设计 接口协调	开展初设接口协调，完成供热参数、边界条件固化； 配合完成外网水力分析、事故影响分析	地方政府 热力公司 外网设计单位
施工接口 协调	结合厂内、厂外供热管网施工进度，制定管线对接方案； 厂外管网施工进度跟踪、管道安装清洁度检查	地方政府 热力公司 外网施工单位
联合调试 接口协调	建立联合调试组织机构； 调试外部条件落实，包括冲洗方案、补水点设置、排水点设置等； 签订联合调试调度协议； 制定调试应急方案	地方政府 热力公司
售热合同 谈判	售热合同技术条款谈判； 售热价格谈判	地方政府 热力公司
运行阶段 接口协调	向供电公司上报供热数据，与供电公司就供热期间机组调峰、调停、最高出力下降相关事宜开展沟通协调； 制定日常运维协调机制； 制定应急响应预案； 制定舆情监测和处置工作方案	供电公司 地方政府 热力公司

四　核能供热运行状况

　　山东核电 1 号机组向海阳市提供的清洁供热项目主要包含核电厂内的供热首站、换热器间和核电厂外的供热管网工程。厂外供热管线从供热首站至海阳新老城区最末端用户，路由长度约 46 公里。厂外建设 2 座中继水泵站（实际投用 1 座），1 座综合调度中心，沿途为 11 座换热站供热，该供热系统见图 4。

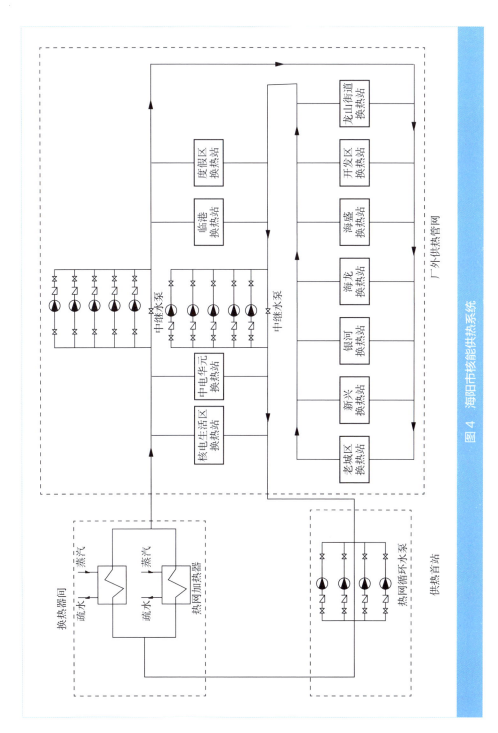

图 4　海阳市核能供热系统

195

（一）年耗热量和热负荷曲线

本项目 2021~2022 年度采暖季，稳定运行供热 143 天，实际供热面积达到 460.05 万平方米，累计供热量 197.6 万 GJ。各二级换热站累计供热量 191.8 万 GJ。厂外管网损失总热量为 5.8 万 GJ，厂外管网热损失比例约 2.9%。根据采暖季供暖运行情况整合，2021~2022 年采暖季海阳核电供暖热负荷曲线见图 5。

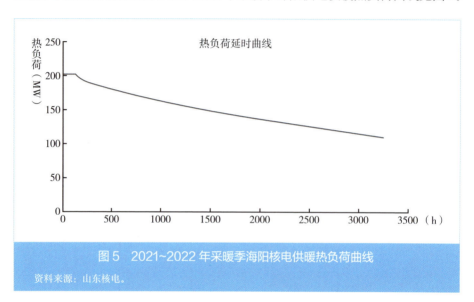

图 5　2021~2022 年采暖季海阳核电供暖热负荷曲线

资料来源：山东核电。

（二）供热首站运行情况

高压缸排汽为非调整式抽汽，抽汽参数为 346t/h、0.98MPa、179℃，实际运行疏水温度范围为 50~60℃。为保证核电机组安全运行，当机组反应堆功率调整时，对外供热量应做相应调整。机组反应堆功率在 90% 及以上负荷时，允许抽汽量 346t/h。

供热首站最大循环水流量为 2902t/h，设计供回水温度为 120/60℃，设计最大供热量为 729GJ/h。运行期间，调度中心要求供水温度原则上不超过 100℃，原设计温度和流量将无法满足供热量需求。为保证对外供热量，海阳核电厂结合循环水泵的流量特性，将最大热网循环水流量调整为 3500t/h，可根据室外气温和用户热负荷需求，对循环水流量进行适应性调整。

根据首个采暖季运行数据分析，采暖季初末寒期，实际运行循环水流量在设计流量 2902t/h 上下浮动。2021 年 12 月下旬至采暖季结束，循环水流量基本维持在 3500t/h，该流量大于设计流量，主要是由于厂内设计循环流量对应的温差参数与厂外实际供回水温差不匹配，系统必须加大循环流量，以输出设计供热能力。供热首站循环水流量曲线见图 6。

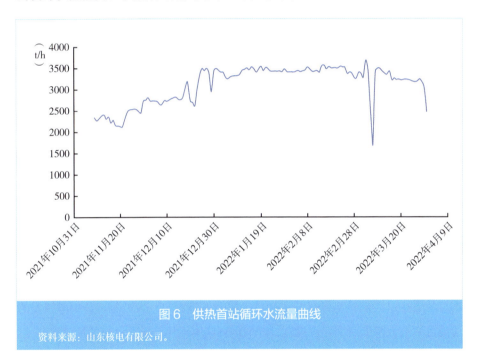

图 6　供热首站循环水流量曲线

资料来源：山东核电有限公司。

（三）厂外供热管网运行情况

热网循环水系统的供水温度需根据室外温度进行调节，因为供热面积大，供热管线长，必须提前预判用热计划量。2021~2022 年度采暖季，厂外供热管网实际运行温度供水温度范围为 90~100℃，回水温度范围为 40~50℃，供回水温差约 50℃。图 7 是供热首站采暖季运行供回水温度曲线。

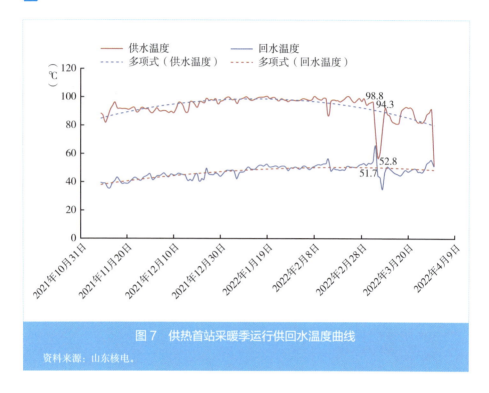

图7 供热首站采暖季运行供回水温度曲线

资料来源：山东核电。

2023年11月投运的乳山核能供热，供水温度为100~110℃，由于采用了大温差溴化锂换热机组，回水温度可以控制在30~40℃，供回水温差达到了70℃，供热输送能力提高了40%，有效降低了循环流量，减少了管网的输送成本。从乳山、海阳核电供热的运行对比数据不难看出，大温差、长距离技术的应用可以有效降低管网建设投资、降低运行成本、提升核能供热的经济性。

五 核能供热发展建议

（一）核能供暖"零碳"排放为低碳清洁供暖重要可行方案

与燃煤热电厂将煤炭的化学能转化为蒸汽热能不同，核能供暖利用的热能来自原子核裂变反应，能量密度高，且不产生任何温室气体。利用核能供暖是实现"零碳"供暖的重要可行方案，并已取得良好实践。山东海阳依托海阳核电厂余热供暖建成全国首个"零碳"供暖城市，供暖面积超过600万平方米，取代了当地12台燃煤锅炉，每个供暖季可节约原煤10万吨、减排二氧化碳18万吨，电厂热效率从36.69%提高到39.94%，每年减少向海洋排放热量130万GJ。从经济性看，核电厂燃料成本不足7%，相比燃煤热电厂燃料成本占比70%，热价对燃料价格浮动的敏感性低，供热经济性优势明显。从社会效益看，核能供暖可有效改善环境空气质量，大大缓解地方政府减排压力，提高居民冬季生活品质。因此，核能供暖是实现传统热源安全可靠替代的不二之选，将成为我国推进北方地区清洁供暖、助力实现"双碳"目标的重要路径。

（二）核能提供基础热负荷并在用户端搭配适当的调峰热源

以海阳核电厂2号机组为例，单机组可提供900MW供热负荷，可满足3~4个县级市集中供暖需求。随着核能供热的推广普及，不同区域因室外温度、用户需求等差异而带来的负荷变化需求均存在一定的差异性，统一到核电厂对热负荷进行分配、调整存在长距离输送调整滞后、电厂负荷频繁波动等问题，为缓解上述问题，建议将核能供热作为区域基础热负荷，提供持续稳定的供热输出，搭配适当的调峰热源作为补充，满足区域负荷变化需求。

（三）沿海大型核电厂热电联产搭配内陆核能供热堆打造清洁供热新局面

我国现有的在运核电厂均位于沿海地区，通过推广核电厂热电联产可以有效解决沿海地区清洁供热问题，小堆供暖直接利用小型核反应堆裂变产生的热量供热，可兼顾民用供暖和工业供汽需求。由于其堆芯功率低，相比大型核电厂余热供暖，小堆供暖系统安全性高、建造周期短，厂址选择更加灵活。目前，包括美国、法国、加拿大在内主要西方国家已广泛开展小堆供暖相关研究，先后建造了一批验证和示范堆。国家电投在推进核电余热供暖的同时，积极布局核能小堆供暖技术路径，自主研发设计的200MW"一体化供热堆"技术已十分先进成熟，相比同规格燃煤锅炉，每年可减少煤消耗

20 万吨、减排二氧化碳 50 万吨，可有效解决北方内陆等无核电厂覆盖地区清洁供暖问题。

（四）加大政策引导力度，积极推广核能供热

1. 因地制宜，将核能供热纳入地方供热规划

将核电余热供暖纳入全国核电厂址开发及项目建设规划布局中统筹考虑。国家能源局、科学技术部印发的《"十四五"能源领域科技创新规划》指出，应在确保安全的前提下积极有序发展核电，未来核电项目的开发建设力度必定进一步加大。建议国家层面立足"全国一盘棋"，加强政策引领和整体规划，坚持因地制宜、因厂制宜、地企协同的原则，充分考虑北方及部分南方地区核电厂址周边供暖需求、厂址条件等因素，合理布局供热项目，做好核能供热与城市发展规划的衔接，做好与城市已有供热系统及基础设施升级的融合，发挥好有供热体系和热力管网的作用，确保现有和新增热用户的需求，统筹规划核电厂前端设计配套余热供暖改造工作，推动相关后续开发建设核电项目以使"热电联产机组"及早落地，减少后期改造投资。

2. 对核能供热示范项目供暖价格及后续批量化建设给予政策支持

目前，核能供暖尚未形成规模化发展优势，示范项目建造和运营成本较高。考虑到其重要战略意义，建议对核电余热供暖、小堆供暖示范项目的供暖价格、税收以及后续批量化建设给予政策支持，综合考虑核能与常规能源供热成本、市场与居民承受能力等因素，合理制定供暖价格，鼓励采用股权合作、财政支持、税收优惠等方式，建立符合市场化原则的各类商业模式，保障居民可以承受、企业有合理收益，实现规模化发展与成本降低相互促进的良性循环。

3. 对核能供热项目给予供暖季优先发电上网政策激励

充分发挥"核电清洁低碳电力供应 + 清洁低碳热力供应"的优势，谋划好政策导向和产业布局工作，推动按照"稳发满发、能供尽供"的原则，避免供暖季核电供热机组调峰、调停，防止出现清洁供热能力下降及清洁供热保障率下降的问题，最大限度地利用核能优势，提供清洁电力、热力产品。

参考文献

[1] 张廷克、李闽榕、尹卫平主编《中国核能发展报告（2021）》，社会科学文献出版社，2021。

[2] 荆春宁、高力、马佳鹏等:《"碳达峰、碳中和"背景下能源发展趋势与核能定位研判》,《核科学与工程》2022 年第 1 期。

[3] 张涵:《《中国碳达峰碳中和进展报告（2021）》在京发布》,《中国国情国力》2022 年第 1 期。

[4] 刘忠敏、谢文杰、刘泓涧:《技术创新、产业集聚对能源生态效率影响研究》,《价格理论与实践》2023 年第 5 期。

国 际 篇

B.11
世界核能发展现状与展望

中国核能发展报告国际篇课题组 *

摘　要： 在地缘政治局势和军事冲突的持续影响下，气候变化和能源供应安全成为全球能源结构调整的主要驱动因素。越来越多的国家将核能视为一种弹性、可靠和低碳的能源，各国加快发展核能，多国调整能源政策、加大核电发展力度，以应对能源危机、气候变化和经济发展带来的挑战。国际权威机构预测数据表明，未来全球核电的装机容量将呈现持续走高趋势。

关键词： 核能　核电技术　核燃料循环　能源转型

---

　*　本报告由中国核能发展报告国际篇课题组编制，具体执笔工作由王茜、王墨、石磊、张宁、李言瑞负责，主审工作由白云生负责。
报告主要执笔人：王茜，高级工程师，长期从事战略规划 、政策跟踪研究等相关工作。

一 核电生产运行 ①

截至 2023 年 12 月底，全球在运核电机组 413 台，总装机容量 371510MWe，分布在世界 32 个国家（见表 1）。2023 年，全球有 5 台机组新并网发电，其中，中国 1 台（防城港 3 号机组）、斯洛伐克 1 台（MOCHOVCE-3）、美国 1 台（VOGTLE-3）、白俄罗斯 1 台（BELARUSIAN-2）、韩国 1 台（SHIN-HANUL-2）。其中，防城港 3 号机组于 2023 年 1 月 10 日首次并网发电，于 3 月 25 日正式投产。全球共有 5 台机组永久关闭，包括比利时 1 台（TIHANGE-2）、中国台湾 1 台（KUOSHENG-2）、德国 3 台（EMSLAND、ISAR-2、NECKARWESTHEIM-2）。其中日本 2 台核电机组暂停操作后又重新启动（TAKAHAMA-1、TAKAHAMA-2）。

截至 2023 年 12 月底，全球核电机组运行累计 19697 堆·年，在运反应堆中，主要的三种堆型包括压水堆（PWR）、沸水堆（BWR）和重水（PHWR）堆，数量分别为 304 台、41 台和 46 台，分别占据在运反应堆总数的 73.6%、9.9% 和 11.1%。全球在运反应堆分布情况见图 1。

表 1 全球在运核电机组情况				
国家	反应堆数量（台）	净装机容量（MWe）	2022 年核发电量（TWh）	核电占比（%）
亚美尼亚	1	416	2.6	31.0
伊朗	1	915	6.0	1.7
荷兰	1	482	3.9	3.3
斯洛文尼亚	1	688	5.3	42.8
白俄罗斯	2	2220	4.4	11.9
巴西	2	1884	13.7	2.5
保加利亚	2	2006	15.8	32.6
墨西哥	2	1552	10.5	4.5

---

① 本节内容是在《中国核能发展报告（2022）》和《中国核能发展报告（2023）》基础上更新的。

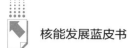

			续表
国家	反应堆数量（台）	净装机容量（MWe）	2022年核发电量（TWh）	核电占比（%）
罗马尼亚	2	1300	10.2	19.4
南非	2	1854	10.1	4.9
德国			31.9	5.8
阿根廷	3	1641	7.5	5.4
阿联酋	3	4011	19.3	12.4
匈牙利	4	1916	15.0	47.0
瑞士	4	2973	23.2	36.4
比利时	5	3928	41.7	46.4
斯洛伐克	5	2308	14.8	59.2
芬兰	5	4394	24.2	35.0
巴基斯坦	6	3262	22.2	16.2
捷克	6	3934	29.3	36.7
瑞典	6	6937	50.0	29.4
西班牙	7	7123	56.2	20.3
英国	9	5883	43.6	14.2
日本	12	11046	51.9	6.1
乌克兰	15	13107		
加拿大	19	13624	81.7	12.9
印度	19	6290	42.0	3.1
韩国	26	25829	167.5	30.4
俄罗斯	37	27727	209.5	19.6
中国	55[①]	53181	395.4	5.0
法国	56	61370	282.1	62.6
美国	93	95835	772.2	18.2
总计	413	371510	2486.8	

注：反应堆数量和净装机容量统计截至2023年12月底，核发电量为2022年数据。中国数据是指我国大陆核电数据情况，由于衡定标准不同，与国内统计数字有所差别；总计包含了我国台湾数据（2台机组，装机容量总计1874MWe，2022年核发电量为22.9 TWh）。

资料来源：IAEA。

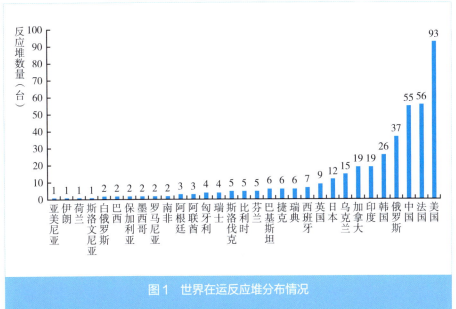

图1 世界在运反应堆分布情况

注：图中数据统计截至 2023 年 12 月底，其中中国数据指我国大陆核电数据情况，由于衡定标准不同，与国内统计数字有所差别。

资料来源：IAEA。

在运反应堆规模居世界前 5 位的国家分别为美国、法国、中国、俄罗斯和韩国，其反应堆数量之和占全球总量的 64.6%，装机容量占全球总量的 71.0%。

世界各国电力结构中，有 21 个国家核电占比大于 10%，有 12 个国家大于 25%，有 2 个国家大于 50%。各国电力结构中核电占比情况见图 2。

目前，全球在运核电机组运行年龄不少于 30 年、35 年、40 年和 45 年的机组分别有 278 台、255 台、165 台和 74 台，占在运机组总数的 67.31%、61.74%、39.95% 和 17.92%（见表 2）。

表2 全球在运核电机组的年龄、数量及占比情况

机组年龄（年）	数量（台）	占比（%）
≥30	278	67.31
≥35	255	61.74
≥40	165	39.95
≥45	74	17.92

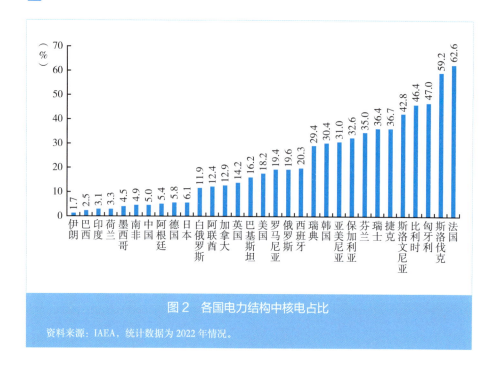

图2　各国电力结构中核电占比

资料来源：IAEA，统计数据为2022年情况。

二　核电工程建设①

截至2023年12月底，全球在建核电机组达到58台，分布在17个国家，总装机容量已达到59867MWe（见表3）。全球有5台核电机组新开工建设，其中中国4台②（三门4号机组，海阳4号机组，陆丰6号机组，徐大堡1号机组），埃及1台（ELDABAA-3）。世界在建核电机组净装机容量与台数情况见图3。在建反应堆中压水堆占比最高，已达到88.98%。世界各堆型在建装机容量见图4，各堆型数量占比见图5。

部分国家核电项目工程建设进展情况如下。

---

① 本节内容是在《中国核能发展报告（2022）》和《中国核能发展报告（2023）》基础上更新的。

② 数据来源于IAEA，由于衡定标准不同，与国内统计数字有差别，差额1台，为广东廉江1号机组。

英国。欣克利角 C（Hinkley Point C）项目成本从之前预估的 327 亿英镑增至 460 亿英镑。法国电力集团预计欣克利角 C 核电项目的第一个反应堆到 2029 年才能完工，更糟的情况是延误至 2031 年。

阿联酋。阿联酋核能公司（ENEC）宣布，布拉卡（Barakah）核电厂 3 号机组已开始商运。

土耳其。阿库尤 (Akkuyu) 1 号机组的建设工作已经完成，并已接收了首批核燃料，土耳其首个核电站获得核设施地位。阿库尤 3 号机组反应堆压力容器 (RPV) 的制造已在俄罗斯完成。阿库尤 4 号机组反应堆厂房基础板混凝土浇筑工作已经完成，涉及混凝土拌合物 17500 立方米。

美国。美国首座三代加先进核反应堆"西屋 AP1000"在南方核电厂沃格特勒（Vogtle）3 号机组正式投入商业运行。其是美国 30 多年来首个新建核电项目。

白俄罗斯。奥斯特罗维茨（Ostrovets）2 号机组已投入商运。

芬兰。奥尔基洛托核电厂 3 号机组开始常规电力生产，并将很快投入商运。这是芬兰 40 多年来首次投入运营的新核电机组，是欧洲最大核电机组。

表3　世界各国和地区在建核电机组情况		
国家	机组数量（台）	净装机容量（MWe）
中国	23	23724
印度	8	6028
土耳其	4	4456
俄罗斯	3	2700
埃及	3	3300
韩国	2	2680
日本	2	2653
英国	2	3260
孟加拉国	2	2160

续表

国家	机组数量（台）	净装机容量（MWe）
乌克兰	2	2070
斯洛伐克	1	440
美国	1	1117
法国	1	1630
巴西	1	1340
阿联酋	1	1310
阿根廷	1	25
伊朗	1	974
总计	58	59867

注：数据统计截至2023年12月底，其中中国数据指我国大陆情况。

由于衡定标准不同，与国内统计数字有差别，差额3台，分别为"国和一号"示范工程1号机组、"国和一号"示范工程2号机组和广东廉江1号机组。

资料来源：IAEA。

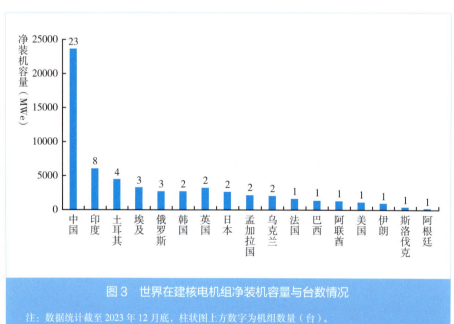

图3　世界在建核电机组净装机容量与台数情况

注：数据统计截至2023年12月底，柱状图上方数字为机组数量（台）。

资料来源：IAEA。

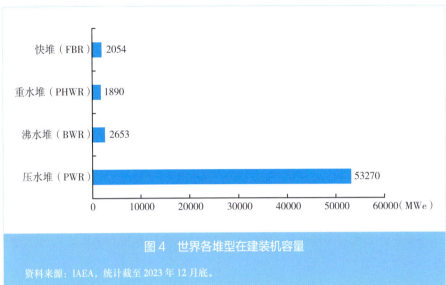

图 4　世界各堆型在建装机容量

资料来源：IAEA，统计截至 2023 年 12 月底。

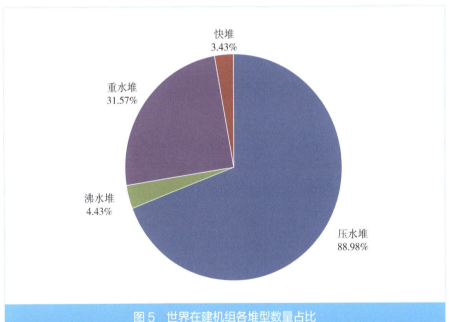

图 5　世界在建机组各堆型数量占比

资料来源：IAEA，统计截至 2023 年 12 月底。

核能发展蓝皮书

三 核能技术发展

根据 IAEA 的先进反应堆信息系统（ARIS）统计，截至 2023 年底，全球共有 80 余种先进反应堆概念设计[①]，几乎包括全球在研的所有堆型设计。当然还有更多的堆型概念由于相关国家没有报给 IAEA，IAEA 没有收录这些堆型。

（一）第三代核电技术

第三代核电技术是目前技术成熟度最高的先进核电技术，全球正在开展大规模商业部署。全球公认的第三代核电技术有压水堆和沸水堆两种堆型，设计寿命为 60 年，到寿期末还可以进行延寿，一般延寿两次，每次延寿 10 年甚至 20 年，总计可以延寿 20~40 年，因此第三代核电技术的运行寿期有望达到 80~100 年。考虑到目前是 21 世纪第二个十年代，部分第三代核电技术机组已经投入商业运行，因此第三代核电技术将在未来一段时间内有较大的产业化规模。目前，已经实现商业部署的第三代核电堆机型包括 HPR1000（"华龙一号"）、CAP1400（"国和一号"）、AP1000、CAP1000、EPR、VVER-1200、VVER-Toi、APR1400 和 ABWR 9 种型号。除了先进沸水堆 ABWR 外，其他 8 个型号全部是压水堆。

根据 IAEA 官方网站数据统计，2023 年全球共开工了 5 台核电机组，全部采用了第三代压水堆核电技术，其中包括 1 台"华龙一号"机组、3 台 CAP1000 机组和 1 台 VVER-1200 机组，总装机容量为 563.4 万千瓦。截至 2023 年底，全球在建核电机组 58 台，总装机容量 5986.7 万千瓦。全球在建的应用第三代核电技术的核电机组有 44 台，占全球在建核电机组数量的 75.9%；总装机容量 5174.9 万千瓦，占全球在建核电机组总装机容量的 86.4%。2023 年全球有 4 台核电机组投入商业运行，其中有 3 台机组采用了第三代核电技术，分别是白俄罗斯 2 号机组、中国防城港 3 号机组和美国沃格特勒 3 号机组。

---

① 本节数据来自国际原子能机构核动力反应堆信息系统 IAEA-PRIS。

210

表4　第三代核电技术 2023 年和 2022 年商业部署对比情况

单位：台

堆 / 机型	截至 2022 年底累计情况			截至 2023 年底累计情况		
	投运	在建	中止建设	投运	在建	中止建设
AP1000	4	2	2	5	1	2
CAP1000	0	2	0	0	5	0
EPR	3	3	0	3	3	0
HPR1000	4	11	0	5	11	0
CAP1400	0	2	0	0	2	0
VVER-1200	5	14	0	6	14	0
VVER-Toi	0	2	0	0	2	0
APR1400	5	4	0	6	4	0
ABWR	4	2	0	4	2	0
总计	25	42	2	29	44	2

注：全球共有 2 台 AP1000 中止建设，为美国萨默尔核电站的 2、3 号机组。

表5　第三代核电投运 / 并网情况（截至 2023 年底）

机型 / 台数	设计商	核电站 / 机组名称
AP1000（5 台）	西屋公司	三门1、2号，海阳1、2号，沃格特勒3号
EPR（3 台）	法马通	台山1、2号，奥尔基洛托3号
VVER-1200（6 台）	俄原集团	新沃罗涅日Ⅱ期1、2号，圣彼得堡Ⅱ期1、2号，白俄罗斯1、2号
APR1400（6 台）	韩国电力公司	新古里3、4号，巴拉卡1、3号，新蔚珍1号
"华龙一号"（5 台）	中核集团、中广核集团	福清5、6号，卡拉奇2、3号，防城港3号
ABWR（4 台）	通用 - 日立，东芝	柏崎刈羽6、7号，志贺2号，滨冈5号

注：在运 / 并网共计 29 台机组。

表6　第三代核电在建情况（截至 2023 年底）

机型 / 台数	设计商	核电站 / 机组名称
VVER-1200（14 台）	俄原集团	波罗的海1号，卢普尔1、2号，阿库尤1、4号，徐大堡3、4号，田湾7、8号，埃尔达巴1、3号
VVER-Toi（2 台）	俄原集团	库尔斯克Ⅱ期1、2号
APR1400（4 台）	韩国电力公司	新古里5、6号，新蔚珍2号，巴拉卡4号
AP1000（1 台）	西屋公司	沃格特勒4号

续表

机型 / 台数	设计商	核电站 / 机组名称
CAP1000（5 台）	国家电投	三门 3、4 号，海阳 3、4 号，徐大堡 1 号
EPR（3 台）	法马通	弗拉芒维尔 3 号，欣克利角 C 1、2 号
HPR1000（11 台）	中核 & 中广核	防城港 4 号，漳州 1、2 号，太平岭 1、2 号，三澳 1、2 号，昌江 3、4 号，陆丰 5、6 号
CAP1400（2 台）	国家电投	国核示范 1、2 号
ABWR（2 台）	通用 - 日立，东芝	岛根 3 号，大间町 1 号

注：在建机组共计 44 台。

国际原子能机构首次对韩国国内的 APR1400 机组进行运行安全评审。国际原子能机构运行安全审查小组（OSART）对韩国新古里 3、4 号机组 APR-1400 技术进行安全检查，旨在通过使用福岛核事故后的国际核安全标准客观评估机组运行安全绩效并提出改进建议，本次安全审查的范围包括领导、运行、维护、应急响应和事故管理等 10 个重点领域。评审结果肯定了核电厂使用便携式环境辐射监测设备和移动式海水净化系统，建议加强对运行人员能力提高的监督。在核电出口方面，韩国计划向波兰出口 4 台 APR1400 机组，还提议土耳其建设 4 台 APR1400 机组。

AP1000 全球核电项目取得里程碑节点。采用 AP1000 技术的美国沃格特勒 3 号机组完成商业运行。美国西屋电气公司与保加利亚、波兰、捷克、乌克兰等国家签署建设 AP1000 核电机组合作协议。美国西屋电气公司和韩国现代工程建设公司签订 AP1000 机组的工程、采购和施工合作协议，联合推动 AP1000 在全球开发。

俄罗斯按计划推动已经签署的 VVER-1200 国际合作项目开工建设。俄罗斯出口到埃及埃尔达巴核电站 4 台核电机组，第 3 台机组开工建设。值得注意的是，埃及成为南非之后非洲大陆第二个正式建设核电机组的国家。俄罗斯计划向孟加拉国卢普尔核电站供应核燃料，卢普尔 1 号机组预计 2024 年投入商业运行。俄罗斯库尔斯克 II 期计划建造 4 台核电机组，用于替代采用 PBMK 技术的 4 台机组。俄罗斯还在推进向匈牙利、印度等国家出口 VVER-

1200 核电技术。俄罗斯正在研发 VVER-S 反应堆技术，通过改变堆芯中水 – 铀比例以实现调节中子能谱的功能，并实现反应性的控制。VVER-S 堆芯中的多余中子被铀 –238 吸收，并可以产生钚为新的裂变材料。VVER-S 使用更少的铀资源，可以全堆芯装载 MOX 燃料，安全水平更高。目前 VVER-S 已完成设计文件，并获得了建设许可证。

法国在推动芬兰、法国、英国等 4 台 EPR 项目建设的同时，正在开展新版本 EPR-2 技术的认证工作。采用 EPR 技术的芬兰奥尔基洛托 3 号机组投入商业运行，这是欧洲建成的首座 EPR。法国弗拉芒维尔 3 号机组已经完成热试工作。采用 EPR 技术的英国欣克利角 C 核电站的 2 台机组建设工作正在推进，不过建造费用增加。法国正在推动 EPR 优化版本 EPR-2 技术的取证工作，法国核安全与辐射防护研究院对 EPR-2 技术关键设备的内部损坏风险相关设计和安全措施给出了较好的评价，该设备在建设周期、造价、经济性和安全性等方面均有提升。受俄罗斯天然气供应限制，法国认为核能在缓解欧洲能源危机方面至关重要，逐渐在国内推动分两阶段建造 14 台 EPR 2 机组的共识。

（二）小型模块化反应堆

IAEA 为罗马尼亚完成小堆厂址和外部事件设计审查任务，这是 IAEA 首次开展小堆厂址审查工作。俄罗斯 RITM-200 型小堆技术在 22220 型核动力破冰船上实现批量化部署，俄罗斯第四艘 22220 型破冰船——"雅库特"号破冰船下水，搭载的 2 台单堆热功率为 17.5 万千瓦的 RITM-200 型小堆技术，为船上的三台电动机提供电力，每个反应堆驱动一个螺旋桨。俄罗斯还计划在 2030 年再建造 2 艘该型破冰船。俄罗斯正在实施建造 4 艘搭载 RITM-200S 小堆技术的北极型浮动核电站计划，首座浮动核电站的船体正在我国的惠生（南通）重工有限公司铺设龙骨，之后将完成反应堆及其他设备的安装工作。美国 NuScale Power 小堆在爱达荷国家实验室的首堆项目中止建设。韩国原子能研究所、韩华电力、现代工程等多家研发机构签署研发以小堆为动力的超临界二氧化碳发电技术。韩国和美国联合加快小堆技术研发和全球部署，并且加入美国主导的使用小堆技术基础设施（FIRST）计划。英国宣布在"先进核能基金"框架下投入 2.1 亿英镑支持罗罗小堆第二阶段研发工作,开展制造工艺革新、缩短建造周期和降低方案的不确定性,并通过英国核监管办公室的通用设计评估。加拿大南方四省联合制订推进小堆部署战略计划。加拿大确定了小堆技术研发和部署的 5 项关键优先领域,强调了模块化小堆可以提供安全、可靠和零排放的能源,同时表示小堆有助于加拿大成为清洁能源技术和应对气候变化的全球领导者。

(三)第四代核能系统

核电技术先进的国家着眼于核能前沿性、革新性、颠覆性战略目标,积极开发第四代核能系统。俄罗斯计划 2035 年前在别洛雅尔斯克核电站建成设计寿命为 60 年、建设工期为 60 个月的全球装机容量最大的钠冷快堆技术 BN-1200。印度 FBTR 试验快堆首次实现满功率运行,热功率为 4 万千瓦,该堆将在钍燃料循环中发挥重要作用。俄罗斯别洛雅尔斯克联合厂完成 BREST-OD-300 铅冷快堆重 160 吨、直径 26 米的基底安装工作,并顺利推进铀钚氮化物燃料制造燃料制造厂和乏燃料后处理设施建设。美国和意大利、英国和意大利也开展铅冷快堆研发工作。美国与意大利签署开发基于铅冷快堆技术的下一代核电厂合作协议,旨在提升铅冷快堆性能,包括提高核电厂经济性、可持续性和非电力应用的能力。英国和意大利将合作建造一个非核原型铅冷快堆系统,以研究热力学、机械和功能性能。美国 X 能源公司完成 Xe-100 高温气冷堆基础设计,并在橡树岭国家实验室测试首批三向同性燃料颗粒。英国政府宣布支持高温气冷堆研究,并计划在 2030 年前建成一个示范项目。美国 ThorCon 公司推动研发印度尼西亚建设 50 万千瓦的浮动熔盐堆技术,英国莫尔泰克斯能源公司提出热功率 4 万千瓦、堆芯平均温度为 700℃、换料周期为 20 年的 FLEX 熔盐堆概念设计,荷兰、加拿大等国也在为熔盐堆研发提供资金支持。

(四)核聚变堆

美国能源部宣布国家点火装置(NIF)取得重要里程碑发展,复现核聚变点火,并突破净能量增益纪录,这是惯性约束聚变领域的重大科学突破。加拿大计划 2030 年前建设一座采用"磁化靶"技术的聚变电站。

国际热核聚变实验堆施工进度稳定，设备交付也取得一定进展，三菱重工完成 ITER 包层测试系统交付，俄原集团完成供电系统设备交付。美国通用原子能公司宣传研发了一种稳定、紧凑型先进托卡马克聚变中试厂概念，能够最大限度地提高效率。英国计划于 2040 年启动建设球形托卡马克原型聚变电站，电站选址在诺丁汉郡西伯顿地区。

（五）先进核燃料研发

俄罗斯核燃料产供集团研发出用于轻水堆的二硅化铀燃料芯块，可以提高燃料循环周期，并具有高导热系数和低热容的特点，降低了燃料熔化的概率。西屋公司和法国电力公司合作探索在后者 130 万千瓦级核电机组中装载 EnCore 增强型耐事故燃料测试组件，用于燃料组件的许可、认证、制造、交付和运行验证工作，以便 2030 年后在法国电力公司运行的核电机组中实现商业部署。西屋公司耐事故核燃料项目第一阶段内容包括研制带铬涂层锆合金包壳和高密度芯块，以增强燃料的抗氧化和耐腐蚀性能；该项目在第二阶段将使用碳化硅包壳和硅化铀芯块，以提高燃料的安全性和经济性。美国沃格特勒核电站 1、2 号机组计划装载铀丰度超过 5% 的耐事故燃料测试棒，首批燃料棒在 2023 年制造，并在当年秋季换料大修期间载入沃格特勒 2 号机组。

西屋公司首次将 3D 打印技术制造的核燃料碎片过滤器装入芬兰奥尔基洛托 2 号机组和奥斯卡港 3 号机组的 2 台沸水堆机组，增强碎片捕获能力，防止碎片进入燃料组件损坏燃料包壳，从而避免计划外停堆。

美国 X-energy 公司宣布投资 3 亿美元建造在橡树岭厂址建设三层各向同性包覆颗粒（TRISO）燃料制造厂。美国清洁核心钍能源公司计划 2023 年在爱达荷国家实验室先进试验堆测试和鉴定钍基核燃料（ANEEL）。

四　核燃料循环产业

核燃料循环由天然铀勘查采冶、铀纯化转化、铀浓缩、核燃料元件制造、乏燃料后处理及放射性废物处理处置等环节组成。2023 年，在全球积极发展核能的背景下，核燃料市场和供需格局重塑步伐加快，天然铀等核燃料市场价格持续走高，一次供应能力逐步增强。

（一）天然铀

1. 铀资源量

全球铀资源主要集中在澳大利亚、中亚、加拿大、非洲和俄罗斯 5 个国家和地区。按照 IAEA 和 OECD-NEA2022 年发布的最新版《2022 年：铀资源、生产与需求》[①]，截至 2021 年 1 月，全球开采成本低于 260 美元 /kg 的已查明可回收铀资源量约 791.7 万吨铀，排名前五国分别为澳大利亚（约 196 万吨铀）、哈萨克斯坦（87.5 万吨铀）、加拿大 (85.6 万吨铀)、俄罗斯（65.7 万吨铀）与纳米比亚 (51.0 万吨铀)。

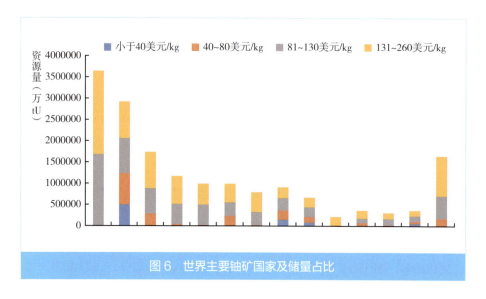

图 6　世界主要铀矿国家及储量占比

① 　NEA (2023), *Uranium 2022: Resources, Production and Demand*, OECD Publishing, Paris.

2. 天然铀生产

全球最大的天然铀生产商是哈萨克斯坦国家原子能工业公司（简称"哈原工"）。2022 年全球天然铀总产量为 4.9 万吨铀，其中哈原工产量为 1.14 万吨铀，占比 23%。之后分别是俄罗斯国有铀资源公司（14%）（包括其全资子公司铀壹的产量）、加拿大卡梅科矿业能源公司（12%，简称"卡梅科公司"）、法国欧安诺集团（11%，简称"欧安诺集团"）等。全球前九大生产商的总产量占全球总产量的约 92%（见表 7）。

表 7 世界主要产铀公司情况一览		
公司	天然铀产（吨）	占世界总数的百分比（%）
哈原工	11373	23
俄罗斯国有控股公司（包括其子公司铀壹的产量）	6962	14
卡梅科公司	5675	12
欧安诺集团	5519	11
中广核矿业	4627	9
纳沃伊	3300	7
中核集团	3247	7
必和必拓	2813	6
美国通用原子公司	1274	3
其他	4098	8
世界总计	48888	100

3. 天然铀价格

2023 年 1~12 月，天然铀价格显著增长，现货价格由 50.5 美元 / 磅增至 92 美元 / 磅（见图 7）。欧美核电企业自有库存处于历史低位，为了降低地缘风险，多家核电企业长贸合约的签署量增加，这会继续提升长协价格，刺激现货价格上涨，直到带动更多的一次供应入市。

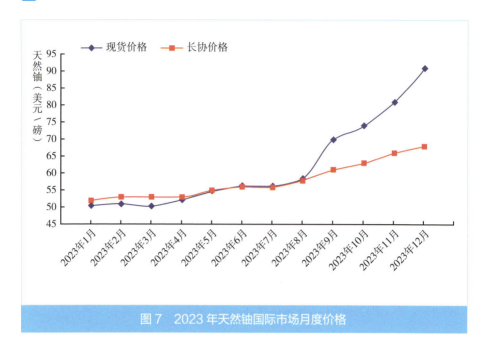

图 7　2023 年天然铀国际市场月度价格

（二）铀转化

1. 一次供应

国际上共有 4 家大型商业铀转化服务一次供应商，分别是卡梅科公司、俄原集团、欧安诺集团与美国康弗登公司。俄乌冲突爆发后，俄罗斯转化服务在欧美国家的供应量逐步减少，西方三大转化生产商进一步提高产量并保持高位。2023 年全球的铀转化产能和产能利用率见表 8。

表 8　2023 年全球铀转化产能和产能利用率

铀转化企业	国家及地点	设计产能（tU/ 年）	实际产量（tU/ 年）	产能利用率（％）
俄原集团	俄罗斯，谢韦尔斯克	12500	12000	96
卡梅科公司	加拿大，霍普港	12500	9000	72
欧安诺集团	法国，特里卡斯坦、马尔维西	15000	2600	17
康弗登	美国，梅特罗波利斯	7000	0	0

铀转化企业	国家及地点	设计产能（tU/ 年）	实际产量（tU/ 年）	产能利用率（％）
中核集团	中国，兰州、衡阳	15000	8000	53
总量		62000	31600	51

资料来源：WNA The Nuclear Fuel Report（2023）。

Orano 的新转化设施仍在生产升级过程中。

2. 二次供应

二次供应的主要来源是民用库存，包括能源企业的库存和政府所持有的民用库存。据统计，2023 年二次供应的全球市场供应量约为 3.08 万吨。随着铀转化市场价格持续上升，二次供应将持续减少。同时，随着核电业主和供应商商业库存加快消耗，西方浓缩厂的欠料供应和尾料再浓缩预计也将逐步减少。

3. 市场价格

2023 年 1~12 月，铀转化现货价格略有增长但总体稳定，相较年初铀转化现货价格由 40 美元 / 公斤增至 46 美元 / 公斤，铀转化长协价格由 27 美元 / 公斤增至 35 美元 / 公斤（见图 8）。

图 8 2023 年铀转化国际市场月度价格

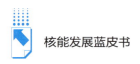

（三）铀浓缩

浓缩铀的供应包括商业浓缩厂提供的一次供应以及二次供应（例如先前生产的浓缩铀或尾料再浓缩的库存）。全球浓缩产能利用率整体维持在 95% 左右的高位。

1. 一次供应

国际市场铀浓缩服务供应商主要有俄原集团、欧安诺集团和欧洲铀浓缩公司。根据 WNA 统计，2023 年铀浓缩总额定产能约为 6.04 万 tSWU。其中，俄原集团产能最大为 2.77 万 tSWU；其次是欧洲铀浓缩公司，总产能为 1.83 万 tSWU；欧安诺集团产能为 7500 tSWU，见表 9。

表 9　2023 年国际市场中主要铀浓缩企业产能

铀浓缩厂商	额定产能（万 tSWU）
俄原集团	2.77
欧安诺集团	0.75
欧洲铀浓缩公司	1.83
中核集团	0.63
其他（日本、巴西等）	0.066
总量	6.046

资料来源：WNA The Nuclear Fuel Report（2023）。

2. 二次供应

目前，混合氧化物燃料和堆后铀燃料是全球主要的铀浓缩二次供应来源。未来，随着核电业主和供应商的商业库存加快消耗，铀浓缩二次供应将持续减少。

3. 市场价格

2023 年 1~12 月，铀浓缩现货价格由 118 美元 / 公斤 SWU 增至 159 美元 / 公斤 SWU，长协价格由 137 美元 / 公斤 SWU 增至 150 美元 / 公斤 SWU。从趋势上看，随着市场现货供应余量的消耗，铀浓缩现货价格与长协价格持续贴近，导致现货价格增长速度高于长协价格。

图9　2023年铀浓缩国际市场月度价格

（四）燃料元件制造

1. 轻水堆燃料

目前全球主要的轻水堆核燃料供应商包括法马通（Framatome）、西屋电气公司（Westinghouse）、环球核燃料公司（GNF）与俄原工产供集团（TVEL）。此外，韩国核燃料公司（KNF）市场竞争力正逐渐提升，还有一些国家本土的燃料元件供应商，包括日本三菱重工（Mitsubishi）、日本核燃料工业公司（NFI）、巴西核工业公司（INB）、西班牙燃料公司（ENUSA）、印度核燃料联合体（NFC）、伊朗燃料元件制造厂（Fuel Mfg. Plant）等。据WNA统计，2023年，美洲核燃料元件产能约为4754吨铀，欧洲核燃料元件产能约为6770吨铀，加上部分亚洲国家，国际（除中国外）核燃料元件产能总计约14076吨铀。

2. 重水堆燃料

目前除中国外，国际上还有6个国家拥有重水堆核电机组，并建设了重水堆核燃料元件厂，包括加拿大、韩国、印度、罗马尼亚、阿根廷以及巴基

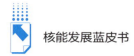

斯坦。根据 WNA 统计，2023 年，国际重水堆核燃料组件总产能为 4440 吨金属 / 年。其中，加拿大产能最大，为 2400 吨金属 / 年；其次是印度，为 1200 吨金属 / 年。

3. 氧化物燃料

目前，商用 MOX 燃料主要在法国 MELOX 工厂制造，并在比利时、瑞士、德国、法国和日本广泛使用。获得许可的反应堆通常装载 1/3 的 MOX 燃料，但一些反应堆将接受高达 50% 的 MOX 燃料，EPR 和 AP1000 等反应堆型有可能接受完全的 MOX 燃料装载。全球 MOX 燃料生产能力见表 10。

表 10　全球混合氧化物燃料制造能力				单位：tHM/yr
制造商	国家	位置	造粒	棒 / 组件
欧安诺集团	法国	马尔库尔	195	195
原子能部核燃料综合体公司	印度	塔拉普尔	50	50
JAEA	日本	东海村	5	5
JNFL	日本	六所村 *	130	130
采矿化学联合企业	俄罗斯	热列兹诺哥尔斯克	60	60
总计			440	440

* 到 2024 年投入使用

资料来源：WNA The Nuclear Fuel Report（2023）。

（五）乏燃料管理

根据 IAEA 统计[①]，全球乏核燃料正以每年 7000 吨重金属的速度积累，而贮存的存量约为 32 万吨重金属。目前，国际上真正掌握乏燃料后处理技术的只有联合国的常任理事国（中、俄、美、英、法），以及印度和日本共 7 个国家。法、俄、英、印、日采用闭式循环路线；美国选择了"一次通过"路线，

---

① 　IAEA，《总干事报告》，《2023 年核技术评论》，GC(67)/INF/4。

但实际上乏燃料处于"长期贮存"状态。受技术、经济性和核电规模的影响，部分国家没有选择在本国进行商用后处理，而是委托别国进行后处理（如比利时、荷兰等），或者采取乏燃料暂存策略，视后处理技术研究进展情况再做决策（如韩国等）。

2022 年 7 月，随着镁诺克斯后处理厂的关闭，英国停止了后处理业务，这导致了全球后处理能力大幅下降。但尽管全球乏燃料后处理能力总体上有所减弱，但人们对开发现有燃料先进再循环技术及支持先进堆部署和可持续性的再循环技术越来越感兴趣。

而对于那些制订了长期成熟核计划并奉行"一次通过"策略的国家来说，面临的主要挑战仍然是需要更多的乏核燃料贮存容量和处置前不断延长的贮存期。

（六）放射性废物管理

高放废物 (HLW) 主要来自乏燃料后处理和混合氧化物燃料制造过程。大多数国家认为深地质处置是目前可行的最佳处置方案，通过多重屏障系统将废物与人类环境隔离相当长的时间。一些国家已建或将建集中乏燃料贮存设施，作为后处理或处置前的临时贮存。高放废物深部地质处置库计划已经取得一些发展。芬兰废物管理组织芬兰核废物管理专家组织完成了前五个处置隧道的挖掘工作，为到 2025 年开始进行乏燃料最终处置做好了准备。2022 年 1 月，瑞典政府批准瑞典核燃料和废物管理公司开始在福什马克建造乏燃料处置库，并在奥斯卡港建造封装厂。随后在东哈马尔市场址进行的民意调查显示，超过 80% 的受访者赞成建造深部地质处置库，这是有史以来最高的支持率。法国的地质贮存工业中心项目 2022 年底前申请施工许可证。在俄罗斯联邦，为在克拉斯诺亚尔斯克地区建造深部地质处置库实验室而进行的岩体全面研究和实验室研究于 2023 年完成[①]。

中低放废物主要来自运行中的核设施，各国通常采用近地表处置或浅地

---

① IAEA，《总干事报告》，《2023 年核技术评论》，GC(67)/INF/4。

层处置这些废物。一些国家已在陆地或海底建造浅地层处置库。美国鼓励州区域处置和全国性商业化集中处置两种模式。法国、日本等国家有专门机构统一负责中低放废物的收集和处置。

五　发展政策

（一）欧盟

欧盟将核能纳入《净零工业法案》战略技术清单。2023 年 2 月，欧盟委员会提出《绿色协议产业计划》，该计划目的是降低欧洲大陆对其他国家清洁能源技术的依赖。2023 年 3 月，欧盟委员会提出《净零工业法案》，其总体目标是到 2030 年实现欧洲每年至少有 40% 的清洁能源设备由本土制造。该法案最初确定了一份仅涵盖 8 项技术的战略技术清单。随后，清单中的技术增至 17 种，并包括核裂变和核聚变技术（包括核燃料循环技术）。12 月，欧洲理事会表决通过《净零工业法案》，该法案将核能列入战略技术清单。

成立小堆产业联盟，大力推进小堆合作。2023 年 11 月，为响应核工业、研究界和核安全监管机构的呼吁，欧盟委员会成立致力于推进模块化小堆开发的产业联盟。该产业联盟是促进所有相关伙伴之间加强合作和联合行动的工具，通过联合行动，在实现欧盟关键政策目标方面发挥作用。12 个成员国包括保加利亚、芬兰、克罗地亚、法国、荷兰、匈牙利、波兰、罗马尼亚、捷克、斯洛伐克、瑞典和斯洛文尼亚。

（二）美国

截至 2023 年 12 月 31 日，美国共有 93 台在运核电机组，总装机容量9583.5 万千瓦；1 台在建机组，装机容量 111.7 万千瓦。

美国启动先进核能建设助力脱碳。美国能源部 2023 年 3 月发布《先进核能商业腾飞之路》报告，指出为实现净零排放目标，美国计划到 2050 年建成2 亿千瓦核电装机容量，在 2030 年启动先进核能的商业化部署。

美国首台 AP1000 投入商运。2023 年 7 月 31 日，美国乔治亚电力公司（Georgia Power）宣布，沃格特勒核电厂 3 号机组正式投入商业运营，该机组成为 21 世纪美国首个建设并投入使用的核电机组。该机组于 2023 年 3 月首次达到临界状态，5 月实现满功率运行。沃格特勒核电厂 4 号机组原定于 2023 年第四季度或 2024 年初投运，但由于反应堆冷却剂泵发生故障，将推迟至 2024 年第一季度投运。

持续推进小堆开发计划，提升小堆影响力。2023 年 9 月 7 日，美国总统气候特使约翰·克里在"三海倡议峰会"中宣布，将启动"核能加速能源转型"（Expediting the Energy Transition，NEXT）项目，该项目计划通过一站式服务支持欧洲及欧亚大陆国家建设小型模块化反应堆。NEXT 项目是美国 FIRST 项目的子计划，旨在通过深度、创新的合作扩大美国在世界核能领域的影响力。FIRST 项目是拜登 - 哈里斯政府为兑现气候危机承诺，于 2021 年启动的全球范围内小堆战略合作计划。

大力发展核能制氢，发布路线图。2023 年 6 月，美国能源部发布了《国家清洁氢战略和路线图》报告，其中核能被认为是生产清洁氢的关键能源之一。报告为核能制氢制定了具体的发展目标，即 2022~2023 年，建立一座拥有 1250 千瓦制氢电解槽的核能设施（2023 年 2 月，该目标已通过九英里峰电厂实现）；2024~2028 年，将实施至少 10 个清洁氢气生产示范项目，其中必须包含利用核能进行的制氢项目；此外，该报告还提出要掌握适用于高温电解制氢的 2 万千瓦级核热提取、分配和控制技术。

实现可复现聚变增益，布局国际合作与聚变商业化。美国劳伦斯·利弗莫尔国家实验室（LLNL）国家点火装置（NIF）在 2023 年三次复现能量增益结果，逐步印证聚变可行性。美国能源部 2023 年 5 月宣布，向 8 家公司提供 4600 万美元的资金，以推进聚变电厂的设计和研发，这是美国政府承诺未来 10 年内进行中试规模核聚变示范电厂的重要一步。2023 年 12 月，美国白宫发布报告称，美国将扩大国内及国际合作，在现有双边伙伴关系和 ITER 等多边项目的基础上，探索新的合作机会，以加快实现商业聚变能目标。

（三）俄罗斯

截至 2023 年 12 月 31 日，俄罗斯共有 37 台在运核电机组，总装机容量 2772.7 万千瓦；3 台在建机组，总装机容量 270 万千瓦。

俄罗斯将大力新建核电机组。2023 年 2 月，俄罗斯国家原子能集团公司宣布计划到 2045 年完成 29 台新核电机组的建设，其中 12 台预计在 2035 年前投运。到 2045 年，预计核电发电量将达到 3730 亿千瓦时，占俄罗斯总发电量的 25%。相比之下，2022 年，俄罗斯核电发电量为 2095 亿千瓦时，占总发电量的 19.6%。此外，俄罗斯 18 台现有机组将在 2045 年前将永久关闭。

积极推进小堆研发与市场开拓。2023 年 6 月，俄原集团和楚科奇政府签署微堆 SHELF-M 电厂建设协议，计划于 2024 年完成主要技术设计工作，并于 2030 年投运。11 月，俄原集团与诺里尔斯克镍业公司签订了一项意向协议，共同进行小堆电厂建设的研究工作。俄原集团在同月批准了模块化小堆 RITM-200N 的技术设计，该堆型是基于核动力破冰船动力堆 RITM-200 研发的小型压水堆。

俄罗斯持续投入先进核动力研发。2023 年 7 月，圣彼得堡孔雀石海洋机械设计局开始进行水下核电厂设计工作，该核电厂将配备 2 台机组，总装机容量 2 万千瓦，能够满足北极地区水下 400 的能源供应需求。

俄罗斯核燃料研发稳步推进。2023 年 6 月，俄原集团宣布在 VVER 反应堆燃料研发领域取得了两项重大进展：一是首批再生混合物（REMIX）燃料组件完成了 18 个月的首个换料周期的辐照测试；二是开始使用研究堆进行混合氧化物燃料的辐照测试。12 月，俄原集团进一步宣布首批三个包含次锕系元素的 MOX 燃料组件已成功生产且完成验收测试，并将接受为期一年半的辐照测试。

俄罗斯持续开拓核能国际市场。2023 年 2 月，俄原集团和缅甸科技部在仰光签署和平利用核能合作政府间协议。在协议框架内，双方将合作开发小型核电厂（SNPP）。12 月，于埃里温举行的俄罗斯－亚美尼亚政府间经济合作委员会第 22 次会议召开期间，两国签署了关于梅察莫尔 2 号机组的延寿合同。延寿工作将由俄原集团子公司俄罗斯原子能服务公司（Rusatom Service JSC）负责，合同价值 6500 万美元。

（四）法国

截至 2023 年 12 月 31 日，法国共有 56 台在运机组，总装机容量 6137 万千瓦；1 台在建机组，装机容量 163 万千瓦。

法国核电机组获准延寿。2023 年 6 月，法国核安全局批准了特里卡斯坦核电厂 1 号机组通过其第四次定期安全审查的决议，允许该机组准继续运行 10 年。该机组成为法首个获准运行超过 40 年的核电机组。

立法消除核电发展限制。2023 年 6 月法国政府颁布了第 2023-491 号法律，名为《关于加快在现有设施附近建造新的核设施和运行现有设施的程序》，此法简化了核电建设项目的行政审批流程，并取消了 2015 年制定的两个核电发展限制：一是到 2035 年法国核能发电量在总发电量中的比例不得超过 50%；二是核电的总装机容量不得超过 6320 万千瓦。

法国小堆进入预许可程序。2023 年 1 月，法国电力公司和波兰 Respect 能源公司签署协议，将合作在波兰多个厂址建设模块化小型压水堆 NUWARD。3 月，法电宣布成立一家全资子公司，与 NUWARD 同名的，专注于该小堆研发，目标是到 2030 年启动建设。7 月，法国电力公司向法国核安全局提交 NUWARD 小堆设计安全方案文件，标志着这一小堆设计进入预许可程序。

法国大力推进先进反应堆研发。2023 年，法国政府宣布将在其"法国 2030"计划框架下，为 8 家从事先进反应堆技术开发的企业提供资金支持。6 月，法国政府宣布将向 2 家企业提供资金支持，涉及的企业和技术分别是 Naarea 公司氯化物熔盐快堆和 Newcleo 公司的配备了高温储能装置的钠冷快堆。11 月，法国政府宣布将向 6 家企业提供资金支持，涉及的企业和技术包括吉米能源（Jimmy Energy）公司高温堆、复兴聚变（Renaissance Fusion）公司仿星器型聚变堆、Calogena 公司轻水堆、Hexana 公司钠冷快堆、Otrera 核能

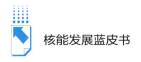
公司钠冷快堆和蓝色胶囊公司高温钠冷堆。

提升铀浓缩产能。欧安诺集团 10 月宣布将投资 17 亿欧元，在乔治·贝斯二期铀浓缩厂建设 4 座离心机级联，将该厂产能提升 2500 tSWU/a。乔治·贝斯二期 2011 年投运，2016 年达到 7500 tSWU/a 的设计产能。

（五）英国

截至 2023 年 12 月 31 日，英国共有 9 台在运机组，总装机容量 588.3 万千瓦；2 台在建机组，总装机容量 326 万千瓦。

英国立法推进能源转型，并成立大英核能机构。2023 年 3 月，英国成立大英核能机构。10 月，英国《2023 年能源法》正式生效，该法案旨在推动能源转型，确保能源安全、实现净零排放，并保持家庭能源账单的可承受性。该法案计划激励私营企业投资 1000 亿英镑用于清洁能源基础设施的建设。在核能方面，法案授权能源安全和净零排放大臣成立国有的大英核能机构，该机构专门负责监督和推动政府对核能项目的支持。

英国将核能视为重要基荷能源，并计划大幅提升核能占比。英国 2023 年 3 月发布政策文件《为英国提供电力》，描绘了实现 2022 年《英国能源安全战略》目标的未来发展蓝图。该文件强调核能是"未来能源系统的关键基本负荷"，并表示政府除了在塞兹韦尔 C 项目外，还计划启动更多的核电建设项目。预计到 2050 年，英国的核电装机容量将从目前的 588 万千瓦增至 2400 万千瓦，而核电在电力结构中的占比也将从 15% 提升至 25%。

英国启动小堆竞标。大英核能机构 2023 年 7 月启动模块化小堆竞标，10 月宣布法电、通用电气 – 日立、霍尔台克英国公司、纽斯凯尔电力公司、罗罗小堆和西屋公司 6 家企业入围下一阶段。竞标结果于 2024 年春季宣布，合同于夏季授予。

英国技术开发商宣布提升小堆装机容量。2023 年 9 月，MoltexFLEX 公司宣布对其新型熔盐堆 FLEX 设计进行升级，旨在不增加目标发电成本（低于 30 英镑 / 兆瓦时）的条件下，将反应堆的功率提高 50%：即将热功率从 4

万千瓦提升至 6 万千瓦（相应的电功率从 1.6 万千瓦提升至 2.4 万千瓦）。此外，为了更好地利用现有的核燃料供应链，公司还将调整燃料中铀-235 的丰度，从原来的 6% 降低到 5%。预计首座反应堆将在 2029 年建成并投入运行。

（六）日本

截至 2023 年 12 月 31 日，日本共有 33 台可运行机组，总装机容量 3167.9 万千瓦，但仅 12 台机组处于运行状态，总装机容量 1104.6 万千瓦；2 台在建机组，总装机容量 265.3 万千瓦。

日本计划充分利用核能，助力绿色能源转型。2023 年 3 月，日本内阁通过了绿色转型基本政策，该政策强调核能在未来能源结构中的重要性，不仅有助于保障能源供应安全，而且能实现深度脱碳。为了最大化核能利用，日本政府决定采取三项措施：一是尽可能多地重启现有的核电机组；二是将现有机组的运行寿期延长到现行法定的最高限制（60 年）以上；三是推动在现有的核电厂址建设先进的核电机组，以替换即将退役的核电机组。5 月，日本进一步颁布了《绿色转型脱碳电源法》，该法规定核监管机构审查、政府行政命令或指导导致的停机的时间不计算在核电机组运行寿期内。根据这一规定，部分核电机组有可能运行超 60 年。

日本重启多台核电机组。2023 年，日本在 2011 年福岛核事故后恢复运行的核电机组总数达到 12 台，迄今总计有 6 台机组获准延寿。高滨 1 号和 2 号机组分别于 7 月和 9 月重启，日本原子力规制委员会（NRA）11 月批准川内核电厂 1 号和 2 号机组延寿 20 年。

日本大力推进先进反应堆研发。2023 年 7 月，日本政府选定三菱重工（MHI）作为负责推进高温气冷堆和钠冷快堆研发的主导企业。该计划的目标是在 21 世纪 30 年代末建成高温气冷示范堆，在 40 年代建设钠冷快堆示范堆。

日本通过首份聚变能发展国家战略。日本内阁于 2023 年 4 月通过《聚变能源创新战略》，这是日本首份旨在推动聚变能发展的国家战略。该战略指出，日本将利用技术优势，加速推进聚变能产业化，进而抓住未来的市场

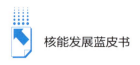

机遇。

日本广泛开展核聚变相关国际合作，首座聚变堆成功点火。2023 年 4 月，英国原子能管理局（UKAEA）与日本京都聚变工程公司（Kyoto Fusioneering）签署一项开发聚变相关技术的合作协议。7 月，英国托卡马克能源公司（Tokamak Energy）与日本住友株式会社同意在日本和世界范围内就商业核聚变能源的开发、实施和扩大规模进行合作，两家公司将共同制定托卡马克能源公司核聚变技术在日本和其他国家的早期市场准入战略。11 月，由日本和欧盟共同合作建造运行的 JT-60SA 聚变反应堆成功点火，证明了该装置实现了基本功能。日本计划到 2050 年，建造一座示范发电厂——DEMO，它将成为 JT-60SA 和 ITER 未来商业化运行的基础。

（七）韩国

截至 2023 年 12 月 31 日，韩国共有 26 台在运机组，总装机容量 2582.9 万千瓦；2 台在建机组，总装机容量 268 万千瓦。

韩国计划大力发展核电并提升核电比例。2023 年 1 月，韩国产业通商资源部发布了第 10 份《长期电力供需基本计划（2022—2036 年）》。根据该计划，核电在韩国总发电量中的比例预计将从 2021 年的 27.4% 增至 2030 年的 32.4%，2036 年进一步上升至 34.6%，使核能成为韩国最大的电力来源。

韩国大力推进核电海外开发。韩国近年来逐渐加快海外开发步伐，发展目标重点集中在欧洲、中东市场，并积极采取核能外交的方式开发海外核电。核能合作一直是韩国政府高层出访时的主要会谈议题之一，在访问捷克、波兰、荷兰等韩潜在市场时韩国政府高层曾重点就核能领域合作与受访国高层进行深入交流，为项目推进提供外交支持，并取得一定成效。2023 年 3 月，韩国水电核电公司的 APR1000 反应堆设计获得了欧洲用户要求组织（EUR）的正式认证。APR1000 是一种改进的压水堆技术，基于韩国收款标准压水堆设计 OPR1000 开发，主要目标是服务国际市场。

韩国公布聚变堆建设计划。2023 年 2 月，韩国科学和信息通信部宣布，韩国计划从 2035 年开始建设一座核聚变堆，并预计在 2050 年前后开始发电。根据韩国国家聚变委员会在 2 月批准的长期计划，该聚变堆的装机容量将为 50 万千瓦，主半径为 7 米。韩国政府在进行基础科学和工程研究的同时，于 2023 年成立工作组，该工作组负责初步定义新型聚变堆的功能和设计，并计划在 2035 年前完成最终设计。

（八）加拿大

截至 2023 年 12 月 31 日，加拿大共有 19 台在运机组，总装机容量 1362.4 万千瓦。

加拿大启动小堆商业化计划，大力推动小堆发展。2023 年 2 月，加拿大政府宣布启动"模块化小堆支持计划"，加速推动小堆技术的商业化进程。根据该计划，加拿大自然资源部将在接下来的 4 年内投入 2960 万加元（约 2180 万美元）的研发资金，支持小堆技术商业化。12 月，新不伦瑞克省发布了一份战略报告，该报告概述了该省的清洁能源转型路径并设定目标，计划到 2035 年在莱普罗角核电厂建立 60 万千瓦的核电装机容量，使得省内新省核电容量翻番。首座 15 万千瓦的小堆预计于 2030~2031 年并网，而其他 3 座小堆（总装机容量为 45 万千瓦）预计将在 2035 年并网。

加拿大计划新建、升级多个核电机组。2023 年 1 月，安大略电力公司（OPG）、通用电气-日立（GEH）、埃森-兰万灵公司（SNCLavalin）和爱康公司（Aecon）宣布签署一份商业合同，共同推动达灵顿 BWRX-300 建设项目，目标是使该反应堆在 2029 年并网发电。7 月，安大略省政府宣布支持 2 个核电项目，分别是布鲁斯核电厂增建 480 万千瓦的核电装机容量以及达灵顿核电厂增建 3 座模块化小型沸水堆 BWRX-300。此外，布鲁斯核电厂的 6 号机组和达灵顿核电厂的 3 号机组在完成翻新后，分别于 2023 年 9 月和 7 月恢复了商业运营。

先进反应堆研发取得进展。先进堆概念清洁能源加拿大公司（ARC Clean Energy Canada）在其钠冷快堆 ARC-100 建设项目上实现了两项重要进展：一是该公司与新不伦瑞克电力公司于 6 月宣布，已开始在莱普罗角核电厂进行小型钠冷快堆 ARC-100 的取证工作；二是在 3 月该公司与阿尔伯塔投资公司（Invest Alberta Corporation）签订了一份谅解备忘录，未来将合作推动 ARC-100 在阿尔伯塔省的部署。

推进微型堆研发与市场化进程。2023 年 5 月，加拿大原子能有限公司、全球第一电力公司（超安全核公司和安大略电力公司的合资企业）以及加拿大核实验室在乔克河实验室举行了庆祝仪式，宣布计划在乔克河一个停车场中建设加拿大首座商用模块化微堆。建设预计将在 2025 年开始，目标是在 2027 年投运。11 月，加拿大萨斯喀彻温省政府宣布将向萨斯喀彻温省研究委员会提供 8000 万加元（约 5900 万美元）的资金支持，用于建设微型热管堆 Vinci 示范堆。该堆由西屋公司设计建造，预计将在 2029 年建成并投入运营。目前，该项目的具体场址还未最终确定。

（九）其他国家

印度计划大幅增加核电装机容量。印度政府 2023 年 4 月宣布计划到 2031 年将核电装机容量从目前 679.5 万千瓦增至 2248 万千瓦，到 2047 年，核能发电量将占印度总发电量的近 9%（2022 年为 3.1%）。

意大利计划重启核电发展。2023 年 5 月，意大利国会下院通过了一项议案，该议案要求政府考虑将核能纳入国家的能源结构中，以加速意大利的脱碳进程。作为对这一议案的响应，意大利政府随后成立了"可持续核能国家平台"，该平台于 9 月举行了首次会议，旨在讨论并制定重启核能发展的路线图。

瑞典取消核电限制。2023 年 11 月，瑞典国会通过了一项能源法案，取消了核电发展中面临的两个限制条件：一是核电机组只能在现有的核电厂址建设；二是在运的核电机组总数不得超过 10 台。该法案为瑞典重启核电建设提供了法律基础。在此之前，瑞典政府已经发布了一份核电发展路线图，目标是到 2035 年至少建成 2 台大型核电机组，以及到 2045 年可能建成多达 10 台大型核电机组。

比利时延寿核电机组保障能源安全。自 2003 年以来，比利时政府开始逐步淘汰核能，出台相应法规禁止新建核电机组，并将现有核电机组运行寿期限制为 40 年。最终计划到 2025 年全面退出核能。随着俄乌冲突影响全球能源价格以及全球脱碳目标，为保障 2025 年之后的能源供应安全，比利时政府与运营商 Engie 公司于 2023 年 12 月签署了两台机组延寿 10 年的协议。

德国全面弃核。2023 年 4 月，德国永久关闭了其最后 3 台核电机组，正式结束核电时代，成为 21 世纪第一个完全放弃核能的国家。

西班牙陆续关闭核电机组。2023 年 12 月，西班牙政府批准了一项核废物计划的修订案，确定了至 2035 年关闭国内所有核电机组的时间表。根据该计划，西班牙将在 2027 年至 2035 年逐步关闭其全部 7 台核电机组。

伊朗计划实现自主设计建造核反应堆能力。2023 年 7 月，伊朗第一副总统莫赫贝尔建议，伊朗应该在设计和建设核反应堆方面实现独立自主。同时，伊朗原子能组织主任伊斯拉米表示，已进行新建核电厂选址研究。

捷克发布路线图，推进小堆发展。2023 年 11 月，捷克政府宣布批准中小型反应堆的发展路线图，该路线图设定了中小型反应堆的发展框架，提出了潜在的厂址和投资模式，并详列了需要实施的法律措施。捷克工业与贸易部表示希望从 21 世纪 30 年代到 40 年代，中小型反应堆能够作为大型反应堆的补充。

南非启动核电采购程序应对电力危机。2023 年 12 月，南非矿产资源和能源部（DMRE）宣布有意建设总装机容量为 250 万千瓦的新核电站，预计将于 2032 年或 2033 年完成第一座反应堆的建设工作。近年来，南非面临日益严重的电力危机，亟须解决 400~600 万千瓦的发电容量短缺。鉴于电力危机的加剧和火电机组逐步退役，南非加速发展可再生能源并转向清洁低碳能源已成为其电力发展的必然趋势。

巴西加强核技术应用产业发展。2023 年 10 月，巴西国家核能委员会（CNEN）和阿根廷国家原子能委员会（CNEA）签署谅解备忘录，将在和平利用核技术方面加强合作。该备忘录涉及放射性同位素的生产、燃料与材料的辐照测试及中子束的研究，还包括继续开发基于阿根廷 RA-10 研究堆的巴西多用途反应堆（RMB）。11 月，巴西核电公司（Eletronuclear）在关于可持续

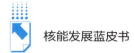

制氢的研讨会中介绍了安格拉核电厂 2 台机组年产 100 吨清洁氢气项目。此外，在安格拉 3 号机组投运后，预计氢气总产能将达到 167 吨 / 年。

阿根廷持续推进核能发展。阿根廷国家原子能委员会 2023 年 2 月与内乌肯省政府签署协议，将重启位于内乌肯省的重水生产厂，第一条生产线计划于 2025 年恢复运行。该厂曾为阿根廷加压重水堆核电机组提供重水，还可通过改造以生产氨和氢气等清洁燃料。2023 年 4 月，阿根廷公布了一批核能项目招标，包括阿图查一期延寿和在核电厂区建设第二个干式燃料储存设施项目，以支撑核能参与维持阿根廷能源系统的目标。2023 年，阿根廷 RA-10 多用途研究堆已经完成 80% 的整体建造工作，该堆预计于 2025 年 7 月启动运行前测试，2026 年投入运行。RA-10 研究堆是一座热功率为 3 万千瓦的池式反应堆，将用于医用放射性同位素生产，先进核燃料和材料的辐照测试、中子束研究等。投运后，RA-10 生产的钼-99 将可以满足全球 20% 的需求。

卢旺达开展新型反应堆合作。2023 年 9 月，卢旺达原子能委员会与加拿大双流体能源公司签署了一份合作协议，计划建设世界上首座双流体示范堆。根据该协议，该示范堆预计于 2026 年投运并于 2028 年完成示范技术验证，将用于发电、制氢和制造合成燃料。卢旺达政府承诺为该项目提供建设场地及基础设施支持，而双流体能源公司将负责提供技术供应和相关人员培训。

六　未来发展预测

地缘政治局势和军事冲突加快了全球能源格局的变化。气候变化和能源供应安全成为全球能源结构调整的主要驱动因素。在此背景下，越来越多的国家将核能视为一种有弹性、可靠和低碳的能源，各国加快发展核能。许多国家正在延长国内现有核反应堆的寿命，考虑或开始进行先进反应堆的设计和建造，并研究小型模块化反应堆，包括探索用于发电以外的应用，包括供热、海水淡化、制氢等多用途发展，旨在使核电厂更容易建造、更灵活部署、更便宜，以应对能源危机、气候变化和经济发展带来的挑战。

在第 28 届联合国气候变化大会上，国际原子能机构联合 40 余个成员国共同发表《净零需要核能》声明，表示进入 21 世纪以来，核能已帮助全球减少了约 300 亿吨温室气体排放。如今，核能为世界提供了 1/4 的清洁电力，为实现联合国可持续发展目标做出了重要贡献。同时，22 个国家联合发布了一份声明，呼吁到 2050 年全球核能装机容量增至 2020 年 3 倍，并邀请国际金融机构鼓励将核能纳入能源贷款政策，认识到核能在实现净零路径中的关键角色。据此推测，到 2050 年全球核能将突破 11 亿千瓦，核电需要增加 1 倍以上。根据科学、事实和证据，实现 2050 年净零排放目标离不开核能的支持。在未来较长时间内，加快推动核电发展势在必行，只有借助核能，才能实现 2050 年前全球碳中和的目标。

国际能源署于 2023 年 10 月发布《2023 年世界能源展望》中预测，能源相关的二氧化碳排放将在 2025 年达到峰值；全球石油、煤炭和天然气的需求将在 2030 年达到峰值，届时化石能源在世界能源供应中的份额将从几十年来的 80% 以上降至 73%。同时，全球能源供应方式的变革也在进行中，风能、太阳能、热泵和电动汽车等清洁能源技术的快速兴起发挥了关键作用。核电是当今仅次于水电的全球第二大低碳电力来源。根据现有能源政策，全球核电装机容量预计将从 2022 年的 4.17 亿千瓦增加到 2050 年的 6.2 亿千瓦。全球核能发电量将从 2022 年的 2.682 万亿千瓦时增加到 2050 年的 4.353 万亿千瓦时，而同期核电在总发电量中的占比从 9% 下降至 8%。同时指出，主要的核电市场前景均有所改善。美国、日本和韩国等发达经济体支持现有反应堆延寿，并寻求建设新项目来填补退役反应堆的缺口，而核电装机的主要增长来自中国和其他新兴市场以及发展中经济体。大型反应堆仍然是核电的主要形式，包括先进反应堆设计。

国际原子能机构在 2023 年版的《直至 2050 年能源、电力和核电预测》中表示，无论是在高值还是低值的情景下，到 2050 年，核能装机容量都将比 2020 年多出 1/4。最新预测指出，在高值情景中，核电装机容量将在目前每年 3.69 亿千瓦的基础上于 2050 年达到 8.9 亿千瓦；在低值情景中，装机容量将增加到 4.58 亿千瓦。与 2022 年的展望相比，当前的高值和低值情景预测分别上升了 2% 和 14%。预测还显示，到 2050 年，全球终端能源消费量将增长约 30%，用电量将增加 1 倍。在全球范围内，燃煤发电目前仍然在电力结构中占有重要份额，其份额自 1980 年以来一直变化不大，2022 年约占 35%。不过，核能、可再生能源、天然气发电的占比在过去 40 年迅速增长。

全球能源危机的直接压力有所缓解，但在能源市场、地缘政治和全球经济不稳定背景下以及俄乌冲突、中东局势持续影响下，全球能源仍面临着严峻的挑战。开发利用核能是解决能源危机的方法之一，是中长期有效替代化石能源、减少碳排放的重要手段，是缓解气候变暖的有效途径。综上所述，未来全球核电的装机容量将呈现持续走高趋势。

参考文献

[1] https://pris.iaea.org/pris/.

[2] AEA PRIS 数据网址：https://pris.iaea.org/pris/。

[3] 中国能源研究会核能专委会：《法国拟立法加速推进 EPR-2 核电项目》，https://www.smnpo.cn/gjhxw/1662519.htm。

[4] 《埃及达巴核电站第三台机组开工建设》，中国核电网，https://www.smnpo.cn/gjhxw/1662708.htm。

[5] 《中外核电建设成本大 PK》，澎湃新闻，https://www.thepaper.cn/newsDetail_forward_22833074。

[6] "UxC Report," Uranium Suppliers Annual, 2023.

[7] Kozeracki, J., Vlahoplus, C., Scot, K., Bates, M., Valderrama, B., Bickford, E., ... & Fanning, T. , "Pathways to Commercial Liftoff, Advanced Nuclear," US Department of Energy, 2023.

[8] Léger, M., La loi du 22 juin 2023: une loi pour accompagner la relance du nucléaire, Revue Juridique de l'Environnement (4), 753–759, 2023.

[9] Communications Department of ROSATOM, Rosatom State Atomic Energy Corporation ROSATOM Global Leader in Nuclear Technologies Nuclear Energy, 2023, February 6th.,https://www.rosatom.ru/en/press-centre/news/russia-and-myanmar-sign-intergovernmental-agreement-on-nuclear-energy-cooperation/.

[10] Department for Energy Security and Net Zero, Prime Minister's Office, 10 Downing Street, & Department for Business, E. & I. S., 2022, "British Energy Security Strategy, " https://www.gov.uk/government/publications/british-energy-security-strategy.

[11] European Commission(2023a), *Net-Zero Industry Act*,European Commission Press Release, 0081.

[12] European Commission (2023b), "The Green Deal Industrial Plan," European Commision (Issue June 2023).

[13] Government of Canada, "Canada's Small Modular Reactor (SMR) Action Plan," 2023, https://smractionplan.ca/.

[14] "The Integrated Innovation Strategy Promotion Council Provisional (translation)," 2023, Fusion Energy Innovation Strategy, https://www8.cao.go.jp/cstp/fusion/230426_strategy.pdf#2.%20Vision%20for%20a%20National%20Strategy.

[15] "Energy Act 2023," https://bills.parliament.uk/bills/3311.

[16] US Department of Energy, "U.S. National Clean Hydrogen Strategy and Roadmap | Hydrogen Program, " 2023, https://www.hydrogen.energy.gov/library/roadmaps-vision/clean-hydrogen-strategy-roadmap.

[17] US Government, "NEXT-Nuclear Expediting the Energy Transition-Foundational Infrastructure for Responsible Use of SMR Technology (FIRST) Program," https://www.smr-first-program.net/next/.

[18] 中国国家原子能机构:《瑞典议会通过能源法案为核电扩建扫清道路》，https://www.caea.gov.cn/n6760338/n6760343/c10438200/content.html。

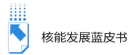

[19] 国际能源署:《2023 年世界能源展望》，2023 年 10 月，https://www.
iea.org/reports/world-energy-outlook-2023。

[20] 国际原子能机构:《直至 2050 年能源、电力和核电预测》，2023 年，
https://www.iaea.org/publications/15487/energy-electricity-and-nuclear-
power-estimates-for-the-period-up-to-2050。

附录一

2023 年涉核国际机构的核能相关重要会议及活动

（一）IAEA

2 月　国际原子能机构在阿拉伯联合酋长国阿布扎比举行第六届有效核和辐射监管系统国际会议。

3 月　国际原子能机构理事会 2023 年第一次会议在奥地利维也纳召开。

3 月　国际原子能机构《核安全公约》缔约方第八次和第九次联席审议会议在维也纳举行。

4 月　2023 年放射性药物发展趋势国际研讨会 (ISTR-2023) 在国际原子能机构总部维也纳举办。

5 月　国际原子能机构主办的"核燃料循环中的铀原料：勘探、开采、产品、供需、经济和环境国际研讨会"在奥地利维也纳举行。

5 月　国际原子能机构在奥地利维也纳总部召开核设施退役国际会议。

6 月　国际原子能机构六月理事会在奥地利召开。

7 月　国际原子能机构发布关于日本福岛核污染水排海问题的综合评估报告。

8 月　国际原子能机构发布了 2023 年版《国家核电概况》（CNPP）。

9 月　国际原子能机构第六十七届大会在奥地利维也纳国际中心开幕。

9 月　国际原子能机构九月理事会在维也纳国际中心开幕。

10 月　第二届气候变化与核能作用国际大会 9 日在维也纳开幕。

10 月　国际原子能机构在英国伦敦主办第二十九届国际原子能机构聚变能源会议，并在开幕式上发布《2023 年世界聚变展望》报告。

10 月　国际原子能机构亚太地区地下水同位素国际会议在北京开幕。

10 月　国际原子能机构发布了《世界核电反应堆（2023 年版）》报告。

10 月　国际原子能机构发布了 2023 年版的《直至 2050 年能源、电力和核电预测》报告。

11 月　国际原子能机构十一月理事会在奥地利召开。

12 月　国际原子能机构再次任命拉斐尔·马里亚诺·格罗西为总干事，担任第二个四年任期的职务。

（二）WANO

3 月　世界核电运营运者协会和核能机构（NEA）在 WANO 伦敦总部签署了两个组织之间的续签协议。根据谅解备忘录，NEA 和 WANO 将涉及多个合作领域，包括改善核设施运行，安全运行先进反应堆，改善培训和安全文化，解决人力、技术和组织因素。

4 月　世界核电运营者协会上海办公室应 WANO 东京中心邀请，派出两名评估员参加了韩国月城第二核电厂同行评估工作。

6 月　世界核电运营者协会对红沿河核电开展了为期 5 天的 CPO 评估，标志着红沿河核电 2023 年 WANO 评审第一阶段圆满结束。

9 月　WANO 东京中心在漳州核电现场开展漳州核电 1 号机组 WANO 运行准备支持活动。

（三）WNA

7 月　世界核协会发布《世界核电厂运行实绩报告（2023）》。

8 月　世界核协会与中核战略规划研究总院共同发布《世界核电厂运行实绩报告（2023）》（中文版）。

8 月　世界核协会发布《2023 年世界核供应链》报告。

1月5日　阿拉山口天然铀保税库首批进口天然铀入库工作完成，标志着阿拉山口天然铀保税库一期工程正式启动运营。

1月11日至13日　生态环境部副部长、国家核安全局局长应香港特区政府保安局邀请率团出席"棋盘三"应变计划演习。该演习是香港特区政府每5年举行一次的大型跨部门核事故综合应急演练。

1月12日　国家电投所属国核铀业自主研制的医用小回旋加速器——核创旋龙16i成功出束，标志着国家电投首台自主质子加速器样机研制成功。

2月2日　巴基斯坦举办卡拉奇核电站3号机组(K-3)落成仪式。至此，中国核电重大创新成果、自主三代核电"华龙一号"出口巴基斯坦2台百万千瓦机组在建成投产后正式交付巴方。

2月11日　为提升原子能产业核心竞争力，更好地发挥计量对原子能产业的技术支撑和保障作用，国家市场监管总局批准依托中国原子能科学研究院筹建国家原子能产业计量测试中心。

2月15日　国家电投、上海电气、申能集团签署战略合作框架协议，三方将在核能投资与装备研发、重大能源保供项目建设等领域深化合作，共同打造央地合作典范。

2月21日　中国先进研究堆（CARR）2023年度首次启堆运行并全面对外开放。至2023年底实现安全稳定运行140余天，新增需求用户140余家，创历史最佳运行业绩；完成130余项实验任务，在国家需求和国际前沿学科领域彰显国家大型科学装置作用。

2月22日　2022年（第29批）国家企业技术中心认定名单正式发布，中核武汉首次入选榜单，正式入列科技创新"国家队"。这也是中国核电旗下首家单位荣获该资格。

2月28日　由国家电投主办的"国和一号"产业链联盟第二届会员大会暨党建联盟成立大会在沪召开。产业链联盟成立以来，其产业链建设取得重要成效，2023年将实现整机100%国产化能力。

2月28日　根据国资委国资厅发改革〔2023〕4号文《关于印发创建世界一流示范企业和专精特新示范企业名单的通知》，中核集团所属中国核电、同方威视；国家电投所属国核锆业、上海核工院；中广核所属北京广利核入选，成为全国首批200家创建世界一流专精特新示范企业。

3月1日　由中央电视台、中国国际电视总公司、中国核工业集团有限公司出品，中国核电、核动力院、中核工程、中国中原、秦山核电、福清核电，鹿鸣影业、曲江影视、美霖文化等联合出品的电视剧《许你万家灯火》正式登陆CCTV-1综合频道。

3月2日　近日，第九届中国快堆论坛暨快堆产业化技术创新战略联盟第九次成员大会在北京召开。

3月6日　国家核安全局发布重新修订的《核动力厂厂址评价安全规定》（HAF101）。

3月6日　由中核集团统筹组织、核工业西南物理研究院主导编制、中核战略规划研究总院核工业标准化研究所参与编制的国际标准《反应堆技术—核聚变反应堆—核聚变堆高温承压部件的热氦检漏方法》正式发布。该标准不仅是我国首项核聚变领域的国际标准，也是ISO发布的首项核聚变领域国际标准。

3月16日　中广核岭澳核电站1号机组连续安全运行天数突破6000天，不断刷新全球同类机组的世界纪录。

3月18日　山东省人民政府与国家电投、中国华能集团签署《共同组织实施"核动未来"科技示范工程的框架协议》。

3月中旬　中国民航局领导到深圳机场调研智慧民航建设，考察并通过了同方股份全球首台民用航空集装箱 CT（计算机断层扫描）安检系统全流程测试情况。

在 2023"科创中国"年度会议上，同方股份与清华大学共同研制的"基于碳纳米管冷阴极分布式 X 射线源的静态 CT 智能查验系统"入选"科创中国"先导技术榜，使我国成为全球第一个掌握全新 X 射线源技术的国家。

3 月 22 日　浙江三门核电 4 号机组开工建设。

3 月 22 日至 23 日　第六届中法核能技术创新研讨会在法国巴黎成功召开。会议回顾了双方过去多年来的总体合作进展，并对下一步的合作内容进行了深入讨论和展望。

3 月 23 日　生态环境部副部长、国家核安全局局长率中国政府代表团在国际原子能机构圆满完成《核安全公约》缔约方第八次和第九次联合审议大会中国国家报告审议，中国履约情况获各缔约方高度肯定。

3 月 25 日　我国西部地区首台"华龙一号"核电机组——中国广核集团广西防城港核电站 3 号机组正式具备商业运行条件。

3 月 27 日　国家能源局印发《关于成立第二届核电厂消防专家委员会的通知》。

3 月 27 日至 4 月 4 日　国家能源局局长应邀率团访问德国、纳米比亚和安哥拉。在纳米比亚期间，国家能源局局长赴湖山铀矿项目调研，听取中广核工作汇报；出席在罗辛铀矿召开的中核集团纳米比亚工程技术研发中心启动会并致辞。

3 月 28 日　国家能源局印发《关于加快推进能源数字化智能化发展的若干意见》，该文件提出，推动数字技术深度应用于核电设计、制造、建设、运维等各领域各环节，打造全面感知、智慧运行的智能核电厂，全面提升核安全、网络安全和数据安全等保障水平。

3 月 29 日　中法核能科技合作 40 周年纪念活动在中国原子能科学研究院举行。中国国家原子能机构、法国原子能和替代能源委员会等来自中法两国政府、企业界、科技界的代表和专家学者共聚一堂，共忆合作历史、共促合作未来。

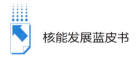

3 月 29 日至 30 日　为进一步加强我国的核保障管理，促进和规范对美核合作，国家核安保技术中心在京组织召开了核保障与中美核合作研讨活动。

4 月 6 日　在中国国家主席习近平与法国总统马克龙的共同见证下，中核集团董事长、中国广核集团党委副书记与法国电力集团董事长分别签署《关于"核能支持低碳发展前瞻性研究"蓝皮书谅解备忘录》《关于核能领域设计与采购、运维、研发合作协议的签署声明》。

4 月 7 日　中国核电在武汉召开首届科技创新大会，以"创新驱动·科技赋能"为主题，发布中国核电科技创新工作重大成果，对中国核电科技创新工作作出全面部署。

4 月 7 日　中核集团全模块一体化核医疗项目发布暨中国核工业数字核医疗专科联盟成立大会在成都举行。

4 月 10 日　《中华人民共和国和法兰西共和国联合声明》提出，为实现能源体系低碳转型的共同愿望，中法两国在政府间和平利用核能合作协定框架下，开展民用核能务实合作。两国致力于在中国国家原子能机构和法国原子能和替代能源委员会协议等基础上，继续推进在核能研发领域前沿课题中的合作。两国支持双方企业研究在核废料后处理等问题上加强工业和技术合作的可能性。

4 月 12 日　国家能源局发布《2023 年能源工作指导意见》，提出积极推进核电水电项目建设。在确保安全的前提下，有序推动沿海核电项目核准建设，建成投运"华龙一号"示范工程广西防城港 3 号机组等核电项目，因地制宜推进核能供暖与综合利用。继续抓好核电重大专项实施管理。稳步有序推进核电数字化转型发展。加快《能源法》立法进程，做好《核电管理条例》等制修订工作。

4 月 12 日　中国全超导托卡马克核聚变实验装置创造新的世界纪录，成功实现稳态高约束模式等离子体运行 403 秒。

4 月 15 日　全民国家安全教育日核安全领域北京主场暨第十一届"魅力之光"核科普活动启动仪式在京举办。

4 月 16 日　欧洲最大核电机组芬兰奥尔基洛托核电站 3 号机组结束试

运行，开始正常发电。这是中广核集团参与调试启动全过程的首个国际核电项目。

4月17日　能源行业核电标准化技术委员会在京召开2022年度委员全体会议（年会），总结2022年标准化工作，提出2023年工作计划，审议通过《中国先进压水堆核电标准体系建设三年行动计划（2022—2025年）》《2023年度能源行业核电标准立项建议》等四项文件。

4月21日　国家能源局发布"十四五"首批国家能源研发创新平台认定公告，正式批准由上海核工院牵头，联合上海交通大学、上海电气核电集团、山东核电有限公司共同建设"国家能源非能动核能共性技术研发中心"。10月27日，中心在沪正式揭牌。

4月22日　山东海阳核电4号机组开工建设。

4月23日　秦山核电在秦三厂112大修中完成国内首个商用堆同位素研发平台的安装、冷态调试和系统标识，标志着该研发平台开始投用，这是继商用重水堆辐照生产钴-60和碳-14后，中国核电在核能多用途综合利用方面的又一次突破。

4月25日至26日　为积极响应国际原子能机构(IAEA)"希望之光"倡议，在国家原子能机构和中国驻尼日利亚大使馆指导下，由中核集团主办的首期中国–尼日利亚"肿瘤诊断和治疗"培训在云端举办。

4月26日　由中国核能行业协会主办的"2023年春季国际高峰会议暨第十五届国际核电展"在京举行。本次会议以"双碳背景下核能高质量发展"为主题，同期举办创新驱动发展、数字转型发展两个分论坛，共有近60位政府官员、院士、国内外专家学者和企业高管发言。

4月27日　在第十五届中国国际核电工业展览会举办期间，中国华能发布核电公众沟通品牌——"连心桥"，同时发布两项核电公众沟通最新成果——在行业内率先推出高温气冷堆科普手册和推广手册，为国内首个乡村电力（核能）科普展览馆揭牌。

4月29日　国家核安全局颁发首个核电站废旧金属熔炼运行许可证，填补了国内人工核素污染废旧金属循环再利用产业的空白。

5月5日　我国自主三代核电技术"华龙一号"全球首堆示范工程——福清核电5、6号机组正式通过竣工验收。

5月10日　为进一步加强核电厂操纵员培养和消防工作，保障核电安全、推动核电高质量发展，国家能源局在京召开第九届核电厂操纵人员资格审查委员会和第二届核电厂消防专家委员会第一次会议。

5月10日　以"中国品牌，世界共享；品牌新力量，品质新生活"为主题的2023年中国品牌日活动在上海世博展览馆开幕。中核集团、中广核集团、国家电投携"华龙一号""国和一号""玲龙一号""和睦"系列核电数字化仪控系统等自主品牌亮相中国自主品牌博览会。

5月14日　在2023年中国品牌发展国际论坛"行业·协会品牌建设论坛"上，中国核能行业协会成为"品牌协会成长计划"全国性行业协会商会中23家成长良好的协会商会之一。

5月16日　中共中央政治局委员、广东省委书记到阳江核电基地、中广核先进燃料研制中心进行实地调研。

5月17日　中核集团海水提铀海试平台建成投用并首次对外开放。该平台是我国南海海域建成的国内最大海水提铀试验平台，具备开展真实海洋情况下的材料验证与放大实验能力。

5月17日至19日　国家主席习近平与哈萨克斯坦共和国总统卡瑟姆若马尔特·托卡耶夫举行会谈。双方商定采取措施保障中哈原油管道、中国－中亚天然气管道哈萨克斯坦境内段的长期安全稳定运营和按计划稳定供应，继续深化石油、天然气、天然铀等领域合作，积极拓展风电、光伏、光热、核电等清洁能源领域合作。

5月19日　中国国家主席习近平在中国—中亚峰会上发表主旨讲话，在扩大能源合作中提出，发展能源全产业链合作，加强新能源与和平利用核能合作。

5月22日至26日　应国家原子能机构邀请，国际原子能机构总干事拉斐尔·马里亚诺·格罗西来华访问。这是格罗西自2019年就任IAEA总干事后首次访华。访华期间，CAEA主任与格罗西签署了《中国国家原子能机构与国际原子能机构关于小型模块化反应堆和核电基础设施开发领域合作实际安排》，并共同见证CAEA、中核集团、中国科学院合肥物质科学研究院、原子能院等与IAEA签署多项合作文件。

5月22日　国际原子能机构与生态环境部核与辐射安全中心在京签署IAEA全球首个核与辐射安全协作中心合作协议，并正式授牌。IAEA总干事格罗西出席并致辞。

5月24日至25日　为交流核技术应用产业最新技术和应用成果，推动国际合作和产业供应链发展，共商核技术应用产业发展前景和挑战，中国核能行业协会在浙江海盐举办2023年核技术应用产业国际大会。会议发布了首份《中国核技术应用产业发展报告（2023）》。报告估计，2022年底我国核技术应用产值已接近7000亿元，预计2025年可达万亿元。

5月25日　由原子能院自主研发的50MeV质子回旋加速器设施正式交付业主中国科学院国家空间科学中心，为多项国家重大科研项目提供了保障，为后续怀柔科学城的科技平台发展奠定了基础。

5月28日　以"加强材料研发、促进核工业高质量发展"为主题的首届核工业特殊材料研讨会在京举办，与会的有关领导、行业内外专家共同就核工业特殊材料的前沿技术、发展与前景等进行了深入研讨。

5月29日　国家原子能机构在北京召开核医疗与辐照产业高质量发展座谈会。强调要坚持战略统筹，实现有为政府和有效市场协同发力，合理配置资源，进一步提升核技术应用产业能力和科技水平，推动核技术应用产业健康可持续发展。

5月31日　田湾核电二期工程（3、4号机组）、三期工程（5、6号机组）正式通过竣工验收。

6月5日　国际原子能机构六月理事会在维也纳召开。中国国家原子能机构主任、国际原子能机构理事会中国理事出席会议并阐述中方立场。

6月6日　国务院办公厅印发《国务院2023年度立法工作计划》。预备提请全国人大常委会审议原子能法草案。

6月7日　国家核安全局发布《关于颁发2MWt液态燃料钍基熔盐实验

堆运行许可证的通知》。

6月9日　第十八届中国企业社会责任国际论坛在北京举办。中国广核集团发布2022年度企业社会责任报告，系统展示过去一年积极履行社会责任的实践和成效。

6月21日　三门核电有限公司与台州市海投集团、临海市人民政府、三门县人民政府、荣盛新材料（台州）有限公司共同签署了《台州核能零碳智慧供汽项目合作备忘录》，推动核能综合利用产业的多元化发展。

6月22日　中国国务院总理李强在巴黎会见法国总统马克龙。李强指出，中法、中欧各有优势，要进一步加强合作，在深化核能、航空航天等传统领域合作的同时，挖掘在环保、数字经济、人工智能、先进制造等新兴领域的合作潜力，实现互利共赢。

6月22日　中国国务院总理李强在巴黎同法国总理博尔内举行会谈。会谈后，两国总理共同见证了航空、空间研究、核能等领域多项双边合作文件的签署。中广核集团与法国原子能和替代能源委员会共同签署《CGN-CEA核研究与技术领域合作协议修正案》。

6月23日　中广核集团在法国巴黎召开海外可持续发展报告发布会，以中英法三语向全球披露企业落实可持续发展理念、履行社会责任和保护生态环境的整体情况。

6月25日　国家核事故应急办公室印发《国家核事故应急法规标准体系（2023版）》。

6月27日　"中核集团（北京）核医疗中心项目"正式启动，并落户北京市房山区。

6月29日　国家原子能机构在山东海阳核电厂成功举办"风暴—2023"核安保综合演练。本次演练以山东海阳核电厂实际地理环境为背景，结合核安保面临的新形势、新威胁、新挑战，首次开展"陆、海、空、网"全要素综合演练。

7月3日　以"核力共创 携手未来"为主题的中核集团2023年度供应商大会暨首届供应链伙伴发展大会在福建厦门举办，上海电气与中核集团签署了联采联储框架协议。

7月3日　中核内蒙古矿业数字化地浸远程控制中心升级改造项目正式投入运行，建成国内首个地浸铀矿山智能化远程管控中心。

7月5日　生态环境部国家核安全局相关负责人就国际原子能机构发布日本福岛核污染水处置综合评估报告答记者问；中国国家原子能机构就日本福岛核污染水排海问题对外发声。

7月7日　由国家电投所属上海核工院与秦山核电共建的重水堆联合技术中心正式揭牌。

7月8日　以"协同创新 合作发展"为主题的"首届稳定同位素技术产业高质量发展研讨会"在天津召开。

7月9日　由中广核技下属中广核达胜与清华大学核研院联合研发的"电离辐射技术处理抗生素废水及菌渣"科学技术成果通过专家鉴定。

7月12日　由中核武汉与南华大学、西安中核核仪器股份有限公司共建的，教育部所属先进核能技术设计与安全重点实验室在武汉举行揭牌仪式。

7月14日　巴基斯坦恰希玛核电站5号机组（C-5）破土动工。这是我国自主三代核电"华龙一号"出口巴基斯坦的第3台机组，也是中核集团出口巴基斯坦的第7台核电机组，是中巴两国核能合作的又一重要里程碑。

7月17日　习近平总书记出席全国生态环境保护大会并发表重要讲话强调："要确保核与辐射安全。坚持理性、协调、并进的核安全观，构建严密的核安全责任体系，严格监督管理，全面提高核安全监管能力，建成同我国核事业发展相适应的现代化核安全监管体系，推动核安全高质量发展。积极参与核安全国际合作。"

7月21日　中核集团铀矿勘查高质量推进会在内蒙古呼和浩特市开幕。会上发布，近十年来，我国新增的铀矿资源量占我国开展铀矿勘探以来查明总量的1/3，其中优质可采资源量占比超过70%。根据最新全国铀矿资源潜力评价预测，我国铀资源总量超过280万吨。

7月22日　山东核电"暖核一号"品牌案例入选国资委2022年度国有企业品牌建设典型案例。

7月24日　由中国国家原子能机构和经合组织核能署共同主办的首届中国—经合组织核能署核设施退役与放射性废物管理国际交流会在北京召开。

7月24日　国和系列核能产业供需对接大会暨国和核能产业共建共享平台启动仪式在山东济南举行。上海核工院、国核设备等42家单位现场签约。

7月25日　泰国首台托卡马克实验装置TT—1的启动仪式在泰国中部那空那育府举行，标志着这台中泰合作的核聚变实验装置正式开始运行。

7月25日　中国核动力研究设计院与上海电气核电集团签订《华龙核电机组主设备设计制造技术联合研发合作协议》；同时在双方领导见证下，"华龙机型主泵研发及创新中心"正式揭牌，标志着上海电气核电集团与中国核动力院的合作迈上新的台阶。

7月25日至26日　中广核集团在宁德核电基地举办了首届核安保职业技能比武。

7月26日　第一个全国生态日（8月15日）即将到来之际，生态环境部和科学技术部联合公布第8批国家生态环境科普基地名单，中广核红沿河核电站成为入选的36家单位之一。

7月31日　国务院总理李强主持召开国务院常务会议，决定核准山东石岛湾、福建宁德、辽宁徐大堡核电项目。会议强调，安全是核电发展的生命线，要坚持安全第一、质量第一，按照全球最高安全要求建设新机组，按照最新安全标准改进已建机组，强化全链条全领域安全监管，提升关键核心技术国产化水平，确保万无一失。

8月1日至5日　生态环境部副部长、国家核安全局局长应巴基斯坦核监管局邀请率团出席第11届中巴核安全合作指导委员会会议并赴卡拉奇和恰希玛核电厂开展现场联合监督。

8月7日　中国核电工程有限公司与国际原子能机构的联合研究合同正式生效。该项目将研究适用于模块化小堆的基于风险指引的人因工程设计方法，并将其应用于中国首个模块化小型压水堆ACP100的设计过程中。

8月9日　由中国科学院近代物理研究所自主研发、承担建设的质子位移损伤效应模拟试验装置（PREF）—60MeV(兆电子伏)质子加速器建成出束，首次成功储存、加速、慢引出质子到实验终端。

8 月 23 日　全国人大环境与资源保护委员会主任委员鹿心社率队到中核集团原子能院，围绕原子能法立法工作开展专题调研。

8 月 23 日　作为金砖国家领导人第十五次峰会的重要配套活动，2023 金砖国家工商论坛在南非约翰内斯堡举行。中广核集团董事长出席南非总统府电力部与中国企业联合合作备忘录签约仪式并发言。

8 月 25 日　新一代人造太阳"中国环流三号"取得重大科研进展，首次实现 100 万安培等离子体电流下的高约束模式运行，再次刷新我国磁约束聚变装置运行纪录。

8 月 26 日　广东陆丰核电 6 号机组开工建设。

8 月 28 日至 29 日　生态环境部党组书记赴山东省烟台市，就推动绿色低碳转型发展和核电安全监管工作开展调研。

8 月 28 日　国际原子能机构"利用电离辐射进行废水处理的质量管理"国际技术研讨会在苏州吴江中广核加速器科创中心开幕。

8 月 30 日　2023 碳达峰碳中和会议系列专题会议"2023 核应急管理体系与能力现代化建设专题会议"在山东省烟台市召开。会议由国家核应急响应技术支持中心、山东省核应急委员会办公室、中核集团联合主办。

8 月 31 日　中核集团主导修订的国际标准 ISO 22188:2023《放射性物质非故意转移和非法运输的监测》正式发布。该标准是中核集团首个主导修订的 ISO 国际标准。

9 月 4 日　由国际原子能机构与中国国家原子能机构共同主办，中国核能电力股份有限公司承办的小型模块堆技术发展和应用跨地区研讨会在海南召开。来自 IAEA 以及 50 多个国家和地区的 200 余名政府官员和专家学者深入交流研讨。

9 月 4 日至 8 日　国家级操纵员大赛 2023 年全国核能系统核反应堆操纵人员职业技能竞赛在三门核电基地成功举办。本次大赛由中国核能行业协会、中国就业培训技术指导中心主办，中核集团承办。

9 月 7 日　新华社受权发布十四届全国人大常委会立法规划，共 130 件。

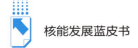

第一类项目为"条件比较成熟、任期内拟提请审议"的法律草案，共79件，包括原子能法等。

9月7日 以"核力创造 美好未来"为主题的核技术应用产业高质量发展大会在湖南衡阳举办。国家有关部委、地方政府、企业、协会、高校多方共襄盛会、共谋发展。

9月7日 习近平总书记主持召开新时代推动东北全面振兴座谈会并发表重要讲话。他要求，积极培育新能源、新材料、先进制造、电子信息等战略性新兴产业，积极培育未来产业，加快形成新质生产力，增强发展新动能。加快发展风电、光电、核电等清洁能源，建设风光火核储一体化能源基地。

9月8日 中央企业可控核聚变领域协同创新发展研讨会在成都召开。18家央企齐聚一堂，深入贯彻落实国资委关于科技创新的战略布局，充分发挥国资央企科技创新主体作用，共谋可控核聚变发展大计。12月29日，由中核集团牵头，25家央企、科研院所、高校等组成的可控核聚变创新联合体正式宣布成立。

9月16日 由国家原子能机构与广西壮族自治区政府共同主办，中核集团共办，中国核电承办的"'核'美家园"——第二届中国—东盟和平利用核技术论坛成功举办。

9月17日 第二十届中国—东盟博览会在广西南宁开幕。中国广核集团连续第十三年应邀参展，携"华龙一号""和睦系统"等科研成果，以及在助力共建"一带一路"绿色发展方面的生动实践亮相本届东博会。

9月17日至23日 全国科普日期间，中广核策划实施了丰富多彩的清洁能源科普主题系列活动，覆盖了全国的18个省（区、市）以及中广核各清洁能源项目周边超过100所学校。

9月19日至23日 中国辐射防护学会2023年辐射防护大会在四川成都顺利召开，国内外辐射防护领域800余名专家学者参加本次大会。

9月24日 "华龙一号"海南核电3、4号机组DCS龙鳍®平台首台/套出厂见证活动在中核控制山东海阳基地举行。龙鳍®平台成功供货，标志着中核集团具备完全自主知识产权全厂非安全级DCS的供货能力，实现了核电厂数字化仪控系统（DCS）全覆盖（安全级＋非安全级），全面建成核电站全厂 DCS 供货能力和完整解决方案。

9 月 25 日　国际原子能机构第 67 届大会在奥地利维也纳开幕，中国国家原子能机构副主任率团参会，全面阐述中国积极支持 IAEA 致力于维护国际和平和安全，促进和平利用核能核科技，造福广大发展中国家的立场主张。

9 月 25 日　中国国家原子能机构和国际原子能机构在维也纳签署《关于在应急准备与响应领域开展教育、培训、知识网络构建和管理及人力资源开发合作的实际安排》。

9 月 25 日至 26 日　2023 年（第六届）核能公众沟通交流大会在深圳召开。本次会议由中国核能行业协会主办。大会围绕新时代我国核能公众沟通的新形势、新任务、新挑战展开深入交流。在大会召开之际，中广核大亚湾核能科技馆举办云揭幕仪式正式开馆。

9 月 26 日　中广核铀业斯科有限公司在纳米比亚首都温得和克举办 2022 年可持续发展报告发布会，这是斯科公司连续第四年发布可持续发展报告，新华社对此进行了聚焦报道。

9 月 29 日　广东廉江核电 1 号机组开工建设。

9 月 29 日　华龙系列核主泵自主化电机样机在上海电气凯士比核电泵阀有限公司全流量试验台架上顺利通过全流量试验验证，标志着华龙系列核主泵的所有关键部件均已实现国产化制造，如期实现华龙系列主泵 100% 国产化、自主化的战略目标。

10 月 3 日　由核工业北京地质研究院研究发现的新矿物铌包头矿获得国际矿物协会新矿物、命名及分类委员会的正式批准。这是我国核地质系统成立近 70 年来发现的第 13 个新矿物。

10 月 7 日　全球首台全高温超导托卡马克装置 HH-70 主机系统发运仪式暨新一代主机系统合作协议签订仪式在上海电气核电集团有限公司举行。

10 月 7 日　海阳核电 2 号机组在完成主泵变频器"四用一备"可靠性提升工程试验后达到满功率运行状态，标志着海阳核电 2 号机组成为国内 AP1000 首台具备主泵变频器备用切换能力的机组，三代核电主泵供电可靠性

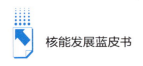

取得重大突破。

10 月 9 日　中国国家原子能机构主任率团出席在维也纳国际原子能机构召开的第二届气候变化与核能作用国际大会，阐述中国立场主张。

10 月 10 日　国务院新闻办公室发布《共建"一带一路"：构建人类命运共同体的重大实践》白皮书。将"中国与巴基斯坦合作建设的卡拉奇核电站 K2、K3 两台"华龙一号"核电机组建成投运，中国与哈萨克斯坦合资的乌里宾核燃料元件组装厂成功投产，中国—东盟和平利用核技术论坛为共建国家开展核技术产业合作、助力民生和经济发展建立了桥梁和纽带"，作为产业合作深入推进的案例。

10 月 16 日　中核集团核理化院 / 公司通过自主研发首次获得公斤级丰度 99% 钼 -100 同位素，这是我国首次实现钼同位素关键材料自主化供应的重大突破，改变了长期以来钼同位素完全依赖进口的局面。

10 月 17 日　以"深入贯彻党的二十大精神，全力推动核科技自立自强"为主题的中国核学会 2023 年学术年会在西安开幕。

10 月 18 日　中国核能行业协会在核应急领域首次举办的以"新时代核应急能力提升"为主题的核能行业核应急交流大会在厦门召开。

10 月 25 日　中核集团旗下中国宝原下属上市公司中国同辐在天津宣布：我国高端医疗领域首款国产新型双螺旋断层放疗产品 Tomo C 正式自主批量生产，弥补了国内高端放疗产品市场国产化生产空白。

10 月 27 日　中共中央政治局召开会议，审议《关于进一步推动新时代东北全面振兴取得新突破若干政策措施的意见》。中共中央总书记习近平主持会议。会议强调，要牢牢把握东北在维护国家"五大安全"中的重要使命，牢牢把握高质量发展这个首要任务和构建新发展格局这个战略任务，统筹发展和安全，坚持加大支持力度和激发内生动力相结合，强化东北的战略支撑作用。要加快发展风电、光电、核电等清洁能源，建设风光火核储一体化能源基地。

10 月 27 日　第八届高校学生课外"核 +X"创意大赛总决赛暨对话交流活动在吉林大学顺利举行。

10 月 28 日至 29 日　生态环境部部长在出席中国生态文明论坛济南年会期间，分别前往华能山东石岛湾核电厂、"国和一号"示范工程，调研核与辐射安全监管工作。

10 月 28 日　以"开放 融合 携手 共赢"为主题的第一届国际天然铀产业发展论坛大会在北京召开。中核集团发布，在铀矿勘查方面，通过建立"天空地深"一体化勘查技术，我国发现了一批万吨至十万吨级铀矿床。

10 月 30 日　"国际原子能机构针对涉及脱离监管核材料的犯罪行为或未经授权行为管理与响应国家框架制定国际研讨培训班"以及"IAEA 亚洲及太平洋区域核安保支持中心人力资源发展地区研讨班"在国家核安保技术中心同时举办。

11 月 3 日　由东方电气集团承制的 ITER18 套极向场线圈 PFCS3-4 悬挂梁在广州交付，将运往 ITER 法国现场，标志着由中国独立承担制造的磁体支撑系统全面交付。

11 月 5 日　第 37 届 ARC 国际年报大赛和美国媒体专业联盟（LACP）有关年报和环境、社会及管治报告（"ESG 报告"）相关评奖榜单相继揭晓，中国广核电力有限公司 2022 年度报告和 2022 年 ESG 报告荣获多项大奖。

11 月 6 日　人力资源和社会保障部发布《关于授予 2021—2022 年度职业技能竞赛优秀选手全国技术能手称号的决定》，其中中核集团 19 名技能人才上榜，全国技术能手达到 109 人；中国广核集团 3 名员工上榜，全国技术能手已有 14 人。

11 月 7 日　国家电投核能总工程师、首席科学家、"国和一号"总设计师郑明光出任国际原子能机构核能常设咨询组主席。

11 月 8 日　中广核广西防城港核电站"核光风储"绿色能源示范基地首期项目正式开工，该项目是我国西部核电基地中首个有效结合了核电与新能源多能互补的项目。

11 月 9 日至 10 日　由中国核能行业协会、法国核电规范标准协会共同主办的第三届中法核电经验交流研讨会在京召开。

11 月 11 日　浙江省发展改革委公布了 2023 年省工程研究中心名单，秦山核电同位素制备和应用技术浙江省工程研究中心被成功认定。

11月11日 2023中核智库论坛——核能"三步走"发展40年在京成功召开。论坛重点回顾了40年来中国核能发展的重大成就，展望我国未来核能发展新路径，为推动核能"三步走"发展战略凝聚了共识。

11月14日 中法核安全合作指导委员会会议在京召开。生态环境部副部长、国家核安全局局长与法国核安全局局长出席会议并代表两国核安全监管机构续签了合协作议。

11月14日 由中广核集团主办的中广核核电设备国产化联合研发中心全体理事会暨"华龙一号"产业链建设会议在深圳召开。在共建、共享、共赢的共识下，高质量推进"华龙一号"现代化产业链建设。

11月15日 辽宁徐大堡核电站1号机组开工建设。

11月15日 近日，中核集团原子能院同位素电磁分离技术团队首次分离出丰度大于99%、纯度大于99.5%的镱-176同位素，其中镥-174丰度小于0.5%。这一突破，增强了我国医用同位素无载体镥-177前体材料——高丰度镥-176同位素的国产化制备能力，填补了国内空白。

11月15日 以"中国核能现代化发展之路"为主题的2023年第二届中国核能高质量发展大会暨深圳国际核能产业创新博览会在深圳国际会展中心开幕。本次大会由中国能源研究会、深圳市发展改革委、中广核集团联合中国核工业集团、国家电力投资集团、华能集团、大唐集团、国家能源集团等多家单位共同策划举办。

11月18日 上海核工院荣获亚太质量组织（APQO）"2023年度创新奖"最高奖（STAR创新奖），系中国核电企业首次获此殊荣。

11月20日至23日 全国人大常委会委员、全国人大环资委副主任委员于忠福率队赴川，就原子能法立法工作开展调研。

11月22日 2023年两院院士增选结果正式揭晓，中核集团首席专家、中国原子能科学研究院研究员叶国安当选中国科学院院士；中核集团首席专家、中国原子能科学研究院副总工程师胡石林当选中国工程院院士。

11月23日 中核集团中国原子能科学研究院"BNCT强流质子回旋加速

器样机研制"项目顺利通过技术验收，这标志着国内首台基于强流回旋加速器的硼中子俘获治疗样机成功研制，为下一步开展 BNCT 商品机定型和临床技术研究提供了坚实保障。

11月25日　在国家发展改革委和国家能源局的推动下，我国首个跨地级市核能供热工程——国家电投"暖核一号"三期核能供热项目正式投运，海阳核电在给烟台海阳市供暖的同时，供暖区域到达威海乳山市。本供暖季"暖核一号"供暖面积合计达1250万平方米，可满足约40万人口的冬季清洁取暖需求。

11月28日　为期三天的第五届世界核能工业博览会在法国巴黎开幕。本届博览会的主题是"将核能与世界连接起来：应对能源与环境挑战"，共有来自70多个国家的720家参展商参展。由中国核能行业协会牵头组织中核、中广核、国家电投等12家中国企业参展，是除法国本土展团外最大的国际展团。

11月30日　生态环境部国家核安全局联合国务院国资委、国家能源局在北京组织召开全面加强核电行业核安全管理专项行动启动会，生态环境部副部长、国家核安全局局长出席会议并讲话。

11月30日　中核集团三门200MW滩涂光伏项目顺利实现100MWp容量首次并网，标志着全国首个"核光储多能耦合"及中核汇能首个自主开发建设的滩涂光伏项目正式并网发电。

12月1日　中国质量协会年会暨第二届全球追求卓越大会在北京召开，会上正式揭晓第二十届全国质量奖获奖名单，中核核电运行管理有限公司、中核四〇四有限公司、中广核阳江核电有限公司荣获第二十届全国质量奖，在14家获奖单位中占据三席。

12月1日　在阿联酋召开的第28届联合国气候变化大会上，国际原子能机构联合40余个成员国共同发表《净零需要核能》声明。中方对此表示欢迎，并已积极加入这一声明。

12月6日　国家重大科技专项标志性成果、全球首座第四代核电站——山东荣成石岛湾高温气冷堆核电站商业示范工程正式投入商业运行，标志着中国在第四代核电技术研发和应用领域达到世界领先水平。该示范工程于2012年12月正式开工，由华能集团、清华大学、中核集团共同建设，具有完全自主知识产权。

12月9日 近日，由中国同辐、原子高科联合承研的国家原子能机构核能开发科研项目"诊疗一体化关键核素铜64制备技术及相关药物研究"通过验收，获评"优秀"。这意味着我国正式具备铜64核素批量化市场供应能力。

12月10日 "华龙一号"示范工程福清核电5、6号机组工程荣获2022~2023年度国家优质工程金奖。这是福清核电继3、4号机组荣获核能行业首个国家优质工程金奖之后的"二次加冕"，成为唯一两获国家优质工程金奖的核电基地。

12月11日 国际原子能机构核与辐射安全领导力研讨活动在国家核与辐射安全监管技术研发基地开幕。

12月12日至13日 由中国广核集团主办的中广核2023年（首届）数字化生态大会在上海召开。该大会在"洞见、赋能、携手"的共识下，深入解析探讨能源行业数字经济发展趋势、数字化新兴技术与能源行业深度融合等议题，共同推动数字化生态高质量发展。

12月14日 国家核事故应急办公室主任在京会见香港天文台台长一行，推动内地和香港特区核应急合作。

12月14日 在法国卡达拉奇，中核集团核工业西南物理研究院与国际热核聚变实验堆总部签署协议，宣布新一代人造太阳"中国环流三号"面向全球开放，邀请全世界科学家来中国集智攻关，共同追逐"人造太阳"能源梦想。

12月17日 中国北山地下实验室主竖井掘砌达到-590米设计深度，提前实现年度节点目标，为-280米辅助试验水平和-560米主试验水平平行掘进奠定了坚实基础。

12月20日 中国核动力研究设计院顺利完成华龙后续安全系统冷管段小破口等首批典型工况试验，获得了重要试验数据，为华龙后续机型的原型设计及软件验证，以及安全审评提供重要的数据支撑，也标志着华龙后续机型研发进入了重要的设计验证新阶段。

12 月 21 日 秦山核电申报的《秦山核电 320MW 核电机组许可证延续和增容》项目，荣获"2023 年全国电力行业设备管理标杆工程"称号，这也是 2023 年全国唯一获得标杆工程项目的核电机组。

12 月 22 日 "国和一号 +"荣成零碳谷综合智慧能源项目在山东省荣成市举行开工仪式。该项目位于荣成核电规划场址内，将依托国家重大科技专项"国和一号"平台，集光储综合智慧能源系统、智慧多能管控平台于一体，创建核电场址保护的新模式。

12 月 25 日 国家能源局正式印发《中国先进压水堆核电标准体系项目表（2023 年版）》。该体系项目表共设置标准项目 1126 项，其中能源行业核电标准 973 项、相关标准 153 项。

12 月 29 日 国务院总理李强主持召开国务院常务会议，决定核准广东太平岭、浙江金七门核电项目。会议强调，核电安全极端重要，必须坚持安全第一，按照全球最高安全标准和要求，稳步有序推进项目建设，加强全链条、全领域安全监管，确保绝对安全、万无一失。要进一步加大核电产业创新发展支持力度，全面提升核电装备及相关产业竞争力。

12 月 29 日 原子能院 230MeV 超导质子回旋加速器及治疗端通过验收技术测试。这意味着中核集团布局治癌回旋加速器及治疗端技术取得又一重要突破，我国成为全球少数几个掌握具有自主知识产权质子治疗高端医疗装备技术的国家之一。

12 月 31 日 中广核纳米比亚湖山铀矿实现产品量、净利润双突破，创造历史最优水平。全年产品量、剥采总量、磨矿量均创新高。2023 年是中广核铀业斯科公司湖山铀矿矿建十周年，纳米比亚开国总统努乔马参加湖山铀矿矿建十周年纪念活动。

附录三
2023 年我国核电工程建设大事记

2 月 2 日　"华龙一号"海外首个工程两台机组（卡拉奇 K-2/K-3 机组）正式交付巴基斯坦。

2 月 21 日　昌江核电厂 3 号机组内穹顶吊装完成。

3 月 22 日　三门核电厂 4 号机组核岛浇筑第一罐混凝土。

3 月 25 日　防城港核电厂 3 号机组正式具备商运条件。

4 月 22 日　海阳核电厂 4 号机组核岛浇筑第一罐混凝土。

5 月 5 日　福清核电厂 5、6 号机组完成竣工验收。

5 月 7 日　防城港核电厂 4 号机组冷试结束。

5 月 31 日　田湾核电厂二期工程（3、4 号机组）、三期工程（5、6 号机组）完成竣工验收。

6 月 11 日至 6 月 16 日　中国核能行业协会对漳州核电厂 3、4 号机组开展工程建设沙盘推演活动。

6 月 30 日　三澳核电厂 2 号机组核岛安装开始。

7 月 25 日　徐大堡核电厂 3 号机组穹顶吊装就位。

7 月 31 日　山东石岛湾核电厂 1、2 号机组，福建宁德核电厂 5、6 号机组及辽宁徐大堡核电厂 1、2 号机组，总计 6 台核电机组获国家核准。

8 月 23 日　太平岭核电厂 2 号机组内穹顶封顶。

8 月 26 日　陆丰核电厂 6 号机组核岛浇筑第一罐混凝土。

8 月 29 日至 9 月 1 日　中国核能行业协会对海阳核电厂二期工程开展建设沙盘推演。

9月5日至6日　中国核能行业协会在武汉举办核电工程建设同行评估培训班。

9月13日至15日　中国核能行业协会对徐大堡核电厂1、2号机组开展FCD前工程建设沙盘推演。

9月25日　防城港核电厂4号机组热试开始。

9月28日　三澳核电厂2号机组穹顶吊装就位。

9月29日　廉江核电厂1号机组核岛浇筑第一罐混凝土。

10月16日　漳州核电厂1号机组冷试开始。

10月16日至20日　中国核能行业协会对陆丰核电厂5、6号机组开展核岛安装工程沙盘推演。

10月23日至27日　中国核能行业协会对太平岭核电厂1、2号机组开展工程建设阶段生产准备专项同行评估。

10月30日　中国核能行业协会主办的"2023年核电建设质量大会"在深圳召开。

11月12日　防城港核电厂4号机组热试完成。

11月15日　徐大堡核电厂1号机组核岛浇筑第一罐混凝土。

11月30日　田湾核电厂7号机组内壳穹顶混凝土浇筑完成。

12月6日　全球首座具有四代特征的核电站——华能石岛湾高温气冷堆核电站示范工程正式投入商业运行。

12月9日　"华龙一号"示范工程福清核电厂5、6号机组荣获2022~2023年度国家优质工程金奖。这是福清核电厂继3、4号机组荣获该金奖之后的"二次加冕"。两个优质工程皆由中国核能行业协会推荐。

12月19日　廉江核电厂1号机组安全壳底封头吊装就位。

12月22日　太平岭核电厂1号机组冷试开始。

12月27日　昌江核电厂4号机组内穹顶吊装完成。

12月28日　漳州核电厂2号机组外穹顶吊装完成。

12月29日　金七门核电项目1、2号机组和太平岭核电厂二期工程3、4号机组，4台核电机组获国家核准。

Abstract

Nuclear energy development has become an important consensus of the international community to address climate change and ensure energy security. As of the end of December 2023, there were 413 nuclear reactors in operation worldwide, with a total installed capacity of 371,510 MWe, distributed in 31 countries. In 2023, five new reactors were connected to the grid: one each in China, Slovakia, the United States, Belarus and South Korea. Five were permanently shut down: one in Belgium, one in Taiwan, China, and three in Germany. Construction started on five reactors: four in China and one in Egypt. Nuclear energy, by virtue of its energy endowment and inherent advantages, has become a strategic choice for all countries to strengthen climate governance, accelerate energy structure transformation and respond to international risks and challenges. Around the world, nuclear energy is on an upward trend. Generation III nuclear reactors is undergoing large-scale commercial deployment worldwide. Small Modular Reactors (SMR) have become the focus of future development. Advanced nuclear energy technologies, such as Generation IV nuclear energy systems and fusion reactors, are developing competitively, and the pace of reshaping the nuclear fuel market and the pattern of supply and demand is accelerating day by day. According to the IEA's projection in 2023, the global installed capacity of nuclear power is expected to increase from 417 million kilowatts in 2022 to 620 million kilowatts in 2050. The rapid development of nuclear energy globally has aroused widespread concern in the international community.

This report comprehensively and systematically introduces the latest progress of China's nuclear energy industry development in 2023. In terms of the high-quality development of the nuclear energy industry, the number of commercially operated nuclear reactors reached 55 in 2023, with an installed capacity of 57.03 million kilowatts, ranking the third in the world. The cumulative power generation capacity was 433.371 billion kilowatt-hours, ranking the second in the world and accounting for 4.86% of China's cumulative power generation capacity. As of the end of December 2023, China had 26 nuclear reactors under construction, with a total installed capacity of 30.3 million kilowatts, and the construction scale continued to be the first in the world. The utilization hours of nuclear power equipment continued to remain high, and the operational safety of commercial nuclear reactors maintained the highest level worldwide. The scenarios for the comprehensive utilization of nuclear energy were constantly expanding, the application of nuclear energy in non-electric fields such as heating, industrial heating, seawater desalination was gradually unfolding, and the role of nuclear energy in realizing the "dual carbon goals" continued to be highlighted. The nuclear energy industrial chain and supply chain capability continued to improve, and the nuclear fuel cycle industry and nuclear power equipment supply system continued to be perfected. A batch of key equipment and materials had been localized successively, a number of international leading large-scale test benches and facilities had been constructed and many professional and technical talents had been trained. The nuclear technology application industry developed rapidly, the maturity of the industry improved significantly, the ability of independently supplying core platforms, equipment and materials enhanced continuously, and the applications in industry, agriculture, medical care, environmental protection, social security and other fields widely expanded, becoming important boosters for the construction of a healthy, beautiful and safe China. In terms of scientific and technological innovation in nuclear energy, by 2023, the major scientific and technological projects for large-scale advanced Pressurized Water Reactors (PWR) and High-Temperature Gas-cooled Reactors

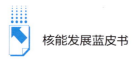

(HTGR) continued to advance, the demonstration HTGR project officially entered commercial operation, new breakthroughs continued to be made in key technologies such as sodium-cooled fast reactors, bismuth reactors, molten-salt reactors, small reactors, fusion reactors, etc., and new advances had been made in a series of technologies of the whole nuclear fuel cycle industrial chain. In terms of international cooperation in nuclear energy, China achieved fruitful results in international multilateral and bilateral cooperation, making new progress in international cooperation in science and technology innovation, actively participating in bilateral cooperation in nuclear energy, and making new achievements in international cooperation in nuclear power construction, natural uranium and technical services. In terms of nuclear energy industry management and safety security, in 2023, the construction of the nuclear energy industry policy and regulatory system was steadily advanced, nuclear and radiation safety supervision capabilities continued to improve, industry management was orderly carried out, nuclear emergency management was continuously improved, nuclear security and nuclear material control was further strengthened, exchanges in the nuclear energy industry were more extensive, and the modernization level of management system and capacity continued to improve. In terms of popularization of nuclear energy, the government had set up columns on nuclear energy science and actively organized and guided various kinds of popularization activities. Enterprises had cooperated with schools, media and social organizations to continuously innovate the contents and forms of nuclear energy popularization. Science and technology associations and societies had made active efforts to play the role of main social forces in popularizing nuclear energy.

This report analyzes the new situation and challenges in the current development of nuclear energy, and puts forward some suggestions: China will continue the large-scale development of nuclear energy to help realize the"dual carbon goals", strengthen the leadership of scientific and technological innovation to ensure the sustainable development of nuclear energy, introduce relevant policies to support and promote the incorporation of nuclear energy into the green and low-carbon policy system, enhance the overall planning to promote the high-quality development of the nuclear technology application industry, further optimize the environment for the development of nuclear energy, and strengthen nuclear-related public communication and popularization.

Keywords: High-quality Development of Nuclear Energy; Nuclear Power Technology; Nuclear Technology; Advanced Nuclear Energy; Comprehensive Utilization of Nuclear Energy

Contents

I   Theme Report

Abstract: This report provides a comprehensive overview of the latest progress in the high-quality development of China's nuclear energy industry in 2023. In 2023, China's commercial nuclear power units reached 55, with the annual nuclear power generation of 433.371 billion kWh, an increase of 3.98% year-on-year. The scale of nuclear power units under construction continues to rank the first in the world. At the same time, the multi-purpose utilization scenarios of nuclear energy continue to expand, and the role of nuclear energy in helping to achieve the goal of "dual carbon" continues to be prominent. The capacity of the industrial chain and supply chain of nuclear energy has been continuously improved, and new progress has been made in natural uranium production, nuclear fuel processing, spent fuel and radioactive waste management, nuclear power equipment manufacturing, and nuclear technology application. China has made a series of new achievements in nuclear energy scientific and technological innovation,national science and technology major project HTR-

PM nuclear power plant put into commercial.China steadily promoted fast reactor and fusion reactor technical research and development, and Steady progress has been made in international cooperation on nuclear energy, and remarkable results have been achieved in the industry's management and safety guarantee. In view of the new situation and new challenges facing the future development of nuclear energy, this report puts forward relevant policy recommendations from the aspects of promoting the large-scale development of nuclear energy, strengthening the leadership of scientific and technological innovation, clarifying the clean and low-carbon attributes of nuclear energy, coordinating the development of nuclear technology application industry, and optimizing the environment for nuclear energy development.

Keywords: Nuclear Energy Industry; Nuclear Science and Technology Innovation; International Cooperation on Nuclear Energy; Nuclear Safety; Green and Low-carbon

II Industrial Reports

Abstract: The world's nuclear power technology has basically completed the transformation and upgrading of advanced Generation III nuclear power, and entered the stage of research and development of Generation IV nuclear power technology, engineering demonstration and verification of some reactors. Recently, small modular reactors, Generation IV nuclear energy systems and fusion reactors have become the focus of advanced nuclear energy technology research and development in the world. In 2023, China has made a series of research achievements in the field of advanced nuclear energy such as SMRs, Generation IV reactors, fusion reactors, nuclear fuel and materials.

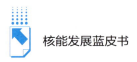

Keywords: Advanced Nuclear Energy; Small Modular Reactor; Fusion Reactor; Nuclear Fuel and Materials

B.3 Comprehensive Analysis Report on Nuclear Power Operation in China (2024)

The China Nuclear Energy Association Technical Committee for

Nuclear Power Plant Operation / 058

Abstract: In 2023, the operating nuclear power units in Chinese Mainland continue to maintain safe and stable operation, and the major performance indicators remain among the top in the world. At the same time, the nuclear energy comprehensive utilization industry has entered an accelerated period of multi-regional practice and diversification. Each nuclear power plant continues to conduct in-depth research on important issues that affect safe and stable operation, and actively takes multiple measures to improve performance and management, which has achieved good results. In the future, the china nuclear power industry will continue to gather industry strength, enhance technology and management research, continuously improve its ability to respond to challenges, and jointly ensure the safe and stable operation of the units.

Keywords: Current Situation of Nuclear Power Units; Events of Nuclear Power Operation; Management of Nuclear Power Operation

B.4 The Report on Nuclear Power Engineering Construction (2024)

The China Nuclear Energy Association

Technical Committee for Nuclear Power Plant Engineering and Construction / 078

Abstract: As of the end of December 2023, the number of units under construction and the total installed capacity in our country continued to rank first in the world. The overall construction of nuclear power projects under construction advanced steadily and orderly. Design, procurement, construction, commissioning, etc. were carried out normally as planned, and the safety and quality of the project construction were generally controllable. In response to the actual problems faced at this stage, the industry actively innovated management means. Through the adoption of multiple management measures such as establishing benchmark indicators and a joint supervision system, "intensive" management, and building an intelligent site impact management platform, the efficiency of nuclear power construction and the intelligent and digital construction level of nuclear power construction have been further enhanced, and good effects have been obtained, which can help China's nuclear power projects achieve high-quality construction.

Keywords: Nuclear Power Engineering Construction; Nuclear Power Engineering Safety Quality; Nuclear Power Engineering Safety Culture

B.5 The Research Report on Nuclear Power Equipment Manufacturing Industry (2024)

The Equipment Manufacturing

Compilation Group of the China Nuclear Energy Development Report / 097

Abstract: With the continuously development of batch construction in China nuclear power industry, the product and service scope of our nuclear power equipment manufacturing enterprises have coved various reactor technology, including HPR1000, CAP1400, CAP1000, VVER, HTR, CFR, ACP100, etc. This report presents the achievements for main equipment of nuclear island and conventional island, large forging, key part and component in China 2023, analyzes the existing challenges, and provides suggestions and proposed solutions.

Keywords: Nuclear Island Main Equipment; Conventional Island Main Equipment; Large Forging; Nuclear Power Equipment Manufacturing

B.6 The Report on China Nuclear Technology Application Industry Development (2023)

The China Nuclear Energy Association Professional Committee for

Nuclear Technology Applications / 114

Abstract: At present, China nuclear technology application industry is experiencing a sustained expansion of economic scale and rapid expansion of the industry. However, there are still problems such as insufficient solid foundation in basic industries, imperfect market mechanisms for industry applications, lack of top-level planning documents, and insufficient in-depth popular science work. This report introduces the overall situation of the nuclear technology application industry, the development of nuclear technology applications at home and abroad, analyzes the new situations and new tasks of the development of China's nuclear technology application industry, and studies and proposes relevant suggestions.

Keywords: Nuclear Technology Application; Radiation Device; Isotope; Radiation Detector; Nuclear Electronics

Ⅲ Monographic Study Reports

B.7 The Research Report On The "Three-Step" Development Strategy of China's Nuclear Energy in the New Era

Zhang Ming, Jiang Heng, Li Linwei, Cui Zengqi and Su Jiqiang / 144

Abstract: The development of nuclear energy in China has lasted for more than

40 years, with continuous hard work and innovation. Thermal reactor technology, fast reactor technology, and fusion reactor technology have made significant progress, promoting the development of China's nuclear energy industry from scratch and from small to large, achieving remarkable achievements that have attracted worldwide attention, and making outstanding contributions to national energy security and economic construction. In the current and future period, China's nuclear energy development is in the most important strategic opportunity period. Deeply implementing the "three-step" development strategy of nuclear energy, continuously expanding the scale of thermal reactor development, promoting the commercial application of fast reactors through technological innovation, and conquering the key core technology of controllable nuclear fusion are effective ways for the large-scale sustainable development of nuclear energy.

Keywords: Nuclear Energy "Three-step" Development Strategic; Thermal Reactor; Fast Reactor; Fusion Reactor

Abstract: The Huaneng Shandong Shidao Bay HTR-PM Nuclear Power Plant Demonstration Project (the "Demonstration Project") is the world's first Generation-IV nuclear power plant put into commercial operation. This report reviews the research, development and construction background of the Demonstration Project, studies and summarizes the main experience in construction, operation and maintenance, and points out based on studies the important significance of the commercial operation of the Demonstration Project in China's seizure of the high ground of Generation-IV nuclear power technology and cultivation of new quality productive forces

in the nuclear energy industry. Besides, this report also provides an outlook of the future development of the HTR-PM technology in terms of heat supply as a substitute, mass hydrogen production and power generation as a supplement.

Keywords: Generation-Ⅳ Nuclear Power; HTR-PM; Shidao Bay HTR-PM Nuclear Power Plant

B.9   The Research Report on the Innovation and Development of Nuclear Scientific Popularization in the New Era

Chen Rong, Jia Ziwei and Chen Fuqiang / 173

Abstract: Science popularization of nuclear energy has increasingly become a basic and strategic task for building social consensus and ensuring the positive, safe and orderly development of nuclear industry. Since the start of China's nuclear power industry, relevant government departments and the nuclear industry have been actively carrying out nuclear science popularization and have achieved certain results. However, in today's networked society, nuclear science popularization is facing new situations and new requirements. The report suggests that nuclear science popularization should be deeply integrated into "National Science Popularization System", to formulate the program of nuclear science popularization; strengthen innovation in nuclear science popularization content; strengthen innovation in nuclear science popularization methods; strengthen the construction of talent teams for nuclear science popularization; deepen the cooperation mechanism of science popularization in the nuclear industry; carry out international exchanges and learning mutual reference in nuclear science popularization.

Keywords: Nuclear Scientific Popularization; Approach to Nuclear Security; Personnel Training of Scientific Popularization

Contents ↖↘

Abstract: Under the backdrop of the "dual-carbon" goal and the accelerated planning and construction of a new energy system, nuclear district heating technology is rapidly developing and being promoted domestically. This report reviews the development history of domestic nuclear district heating technology and, based on the exploration and practice of the nuclear district heating demonstration projects in Units 1 and 2 of Shandong Nuclear Power Company Ltd., summarizes the main achievements and experiences in the development, safety evaluation, project promotion, and engineering demonstration of nuclear district heating technology. It looks ahead to the future direction of nuclear district heating technology development and proposes policy recommendations for the promotion of nuclear district heating.

Keywords: Nuclear District Heating; Low-carbon Cleaning; Shandong Nuclear Power Company Ltd.

IV   International Report

Abstract: Under the ongoing influence of geopolitical situations and military conflicts, climate change and energy supply security have become the main drivers of global energy restructuring. More and more countries are looking to nuclear energy as a resilient, reliable and low-carbon source of energy,and move to nuclear power

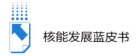

will accelerate. Many countries have adjusted their energy policies and increased the development of nuclear power to cope with the challenges brought by the energy crisis, climate change and economic development. The forecast data of international authoritative institutions show that the installed capacity of global nuclear power will continue to rise in the future.

Keywords: Nuclear Power; Nuclear Power Technology; Nuclear Fuel Cycle; Energy Structure Transition

社会科学文献出版社

皮 书

智库成果出版与传播平台

✤ 皮书定义 ✤

皮书是对中国与世界发展状况和热点问题进行年度监测，以专业的角度、专家的视野和实证研究方法，针对某一领域或区域现状与发展态势展开分析和预测，具备前沿性、原创性、实证性、连续性、时效性等特点的公开出版物，由一系列权威研究报告组成。

✤ 皮书作者 ✤

皮书系列报告作者以国内外一流研究机构、知名高校等重点智库的研究人员为主，多为相关领域一流专家学者，他们的观点代表了当下学界对中国与世界的现实和未来最高水平的解读与分析。

✤ 皮书荣誉 ✤

皮书作为中国社会科学院基础理论研究与应用对策研究融合发展的代表性成果，不仅是哲学社会科学工作者服务中国特色社会主义现代化建设的重要成果，更是助力中国特色新型智库建设、构建中国特色哲学社会科学"三大体系"的重要平台。皮书系列先后被列入"十二五""十三五""十四五"时期国家重点出版物出版专项规划项目；自2013年起，重点皮书被列入中国社会科学院国家哲学社会科学创新工程项目。

皮书网

（网址：www.pishu.cn）

发布皮书研创资讯，传播皮书精彩内容
引领皮书出版潮流，打造皮书服务平台

栏目设置

◆关于皮书

何谓皮书、皮书分类、皮书大事记、
皮书荣誉、皮书出版第一人、皮书编辑部

◆最新资讯

通知公告、新闻动态、媒体聚焦、
网站专题、视频直播、下载专区

◆皮书研创

皮书规范、皮书出版、
皮书研究、研创团队

◆皮书评奖评价

指标体系、皮书评价、皮书评奖

所获荣誉

◆2008 年、2011 年、2014 年，皮书网均
在全国新闻出版业网站荣誉评选中获得
"最具商业价值网站"称号；

◆2012 年，获得"出版业网站百强"称号。

网库合一

2014年，皮书网与皮书数据库端口合
一，实现资源共享，搭建智库成果融合创
新平台。

皮书网

"皮书说"
微信公众号

权威报告·连续出版·独家资源

皮书数据库
ANNUAL REPORT(YEARBOOK)
DATABASE

分析解读当下中国发展变迁的高端智库平台

所获荣誉

- 2022年，入选技术赋能"新闻+"推荐案例
- 2020年，入选全国新闻出版深度融合发展创新案例
- 2019年，入选国家新闻出版署数字出版精品遴选推荐计划
- 2016年，入选"十三五"国家重点电子出版物出版规划骨干工程
- 2013年，荣获"中国出版政府奖·网络出版物奖"提名奖

皮书数据库

"社科数托邦"
微信公众号

成为用户

登录网址www.pishu.com.cn访问皮书数据库网站或下载皮书数据库APP，通过手机号码验证或邮箱验证即可成为皮书数据库用户。

用户福利

- 已注册用户购书后可免费获赠100元皮书数据库充值卡。刮开充值卡涂层获取充值密码，登录并进入"会员中心"—"在线充值"—"充值卡充值"，充值成功即可购买和查看数据库内容。
- 用户福利最终解释权归社会科学文献出版社所有。

数据库服务热线：010-59367265
数据库服务QQ：2475522410
数据库服务邮箱：database@ssap.cn
图书销售热线：010-59367070/7028
图书服务QQ：1265056568
图书服务邮箱：duzhe@ssap.cn

社会科学文献出版社 皮书系列
SOCIAL SCIENCES ACADEMIC PRESS (CHINA)
卡号：349139528854
密码：

S 基本子库
SUB DATABASE

中国社会发展数据库（下设 12 个专题子库）

紧扣人口、政治、外交、法律、教育、医疗卫生、资源环境等 12 个社会发展领域的前沿和热点，全面整合专业著作、智库报告、学术资讯、调研数据等类型资源，帮助用户追踪中国社会发展动态、研究社会发展战略与政策、了解社会热点问题、分析社会发展趋势。

中国经济发展数据库（下设 12 专题子库）

内容涵盖宏观经济、产业经济、工业经济、农业经济、财政金融、房地产经济、城市经济、商业贸易等 12 个重点经济领域，为把握经济运行态势、洞察经济发展规律、研判经济发展趋势、进行经济调控决策提供参考和依据。

中国行业发展数据库（下设 17 个专题子库）

以中国国民经济行业分类为依据，覆盖金融业、旅游业、交通运输业、能源矿产业、制造业等 100 多个行业，跟踪分析国民经济相关行业市场运行状况和政策导向，汇集行业发展前沿资讯，为投资、从业及各种经济决策提供理论支撑和实践指导。

中国区域发展数据库（下设 4 个专题子库）

对中国特定区域内的经济、社会、文化等领域现状与发展情况进行深度分析和预测，涉及省级行政区、城市群、城市、农村等不同维度，研究层级至县及县以下行政区，为学者研究地方经济社会宏观态势、经验模式、发展案例提供支撑，为地方政府决策提供参考。

中国文化传媒数据库（下设 18 个专题子库）

内容覆盖文化产业、新闻传播、电影娱乐、文学艺术、群众文化、图书情报等 18 个重点研究领域，聚焦文化传媒领域发展前沿、热点话题、行业实践，服务用户的教学科研、文化投资、企业规划等需要。

世界经济与国际关系数据库（下设 6 个专题子库）

整合世界经济、国际政治、世界文化与科技、全球性问题、国际组织与国际法、区域研究 6 大领域研究成果，对世界经济形势、国际形势进行连续性深度分析，对年度热点问题进行专题解读，为研判全球发展趋势提供事实和数据支持。

法律声明

"皮书系列"（含蓝皮书、绿皮书、黄皮书）之品牌由社会科学文献出版社最早使用并持续至今，现已被中国图书行业所熟知。"皮书系列"的相关商标已在国家商标管理部门商标局注册，包括但不限于LOGO（）、皮书、Pishu、经济蓝皮书、社会蓝皮书等。"皮书系列"图书的注册商标专用权及封面设计、版式设计的著作权均为社会科学文献出版社所有。未经社会科学文献出版社书面授权许可，任何使用与"皮书系列"图书注册商标、封面设计、版式设计相同或者近似的文字、图形或其组合的行为均系侵权行为。

经作者授权，本书的专有出版权及信息网络传播权等为社会科学文献出版社享有。未经社会科学文献出版社书面授权许可，任何就本书内容的复制、发行或以数字形式进行网络传播的行为均系侵权行为。

社会科学文献出版社将通过法律途径追究上述侵权行为的法律责任，维护自身合法权益。

欢迎社会各界人士对侵犯社会科学文献出版社上述权利的侵权行为进行举报。电话：010-59367121，电子邮箱：fawubu@ssap.cn。

社会科学文献出版社